工程造价全过程管理 系列丛书

施工图预算

SHIGONGTU YUSUAN

张金明 ◎ 主编

中国电力出版社
CHINA ELECTRIC POWER PRESS

内 容 提 要

施工图预算是根据施工图、预算定额、各项取费标准、建设地区的自然及技术经济条件等资料编制的建筑安装工程造价文件。本书主要内容有施工图预算编制概述、工程费用组成及其计算（建筑安装工程费、直接费、工料分析及材料价差调整）、土石方工程工程量相关规定及计算、桩基及脚手架工程工程量相关规定及计算、砌筑工程工程量相关规定及计算、混凝土及钢筋混凝土工程工程量相关规定及计算、门窗及木结构工程工程量相关规定及计算、土建施工图预算编制实例等。

书中采用当前最新的建设文件及相应规范编写，深入浅出，阐述简明、精炼，于理论之中添加经验补充说明，既适用于刚刚参与造价工作的新手，也适用于造价业务有一定经验尚需更进一步加强的专业人士。

图书在版编目（CIP）数据

施工图预算/张金明主编. —北京：中国电力出版社，2016.1（2022.12重印）
（工程造价全过程管理系列丛书）
ISBN 978 - 7 - 5123 - 8295 - 4

Ⅰ.①施…　Ⅱ.①张…　Ⅲ.①建筑预算定额　Ⅳ.①TU723.3

中国版本图书馆 CIP 数据核字（2015）第 226970 号

中国电力出版社出版发行
北京市东城区北京站西街 19 号　100005　http://www.cepp.sgcc.com.cn
责任编辑：王晓蕾　联系电话：010-63412610
责任印制：蔺义舟　责任校对：王开云
三河市航远印刷有限公司印刷·各地新华书店经售
2016 年 1 月第 1 版·2022 年 12 月第 7 次印刷
787mm×1092mm　1/16·17.5 印张·405 千字
定价：46.00 元

前　言

　　工程造价控制管理是一项系统工程，需要进行全过程、全方位的管理和控制，即在投资决策阶段、设计阶段、建设项目发包阶段、建设实施阶段和竣工结算阶段，把工程预期开支或实际开支的费用控制在批准的限额内，以保证项目管理目标的实现。造价控制是工程项目管理的重要组成部分，且是一个动态的控制过程。只有有效控制了工程造价，协调好质量、进度和安全等关系，才能取得较好的投资效益和社会效益。

　　为了有效控制工程建设各个环节的工程造价，做到有的放矢，应对不同的阶段采取不同的控制手段和方法，使工程造价更趋真实、合理，并有效防止概算超估算、预算超概算、结算超预算现象的发生。具体来说，对应各个阶段的造价工作主要包括工程估算、设计概算、施工图预算、承包合同价、竣工结算价、竣工决算等。

　　其中，投资估算阶段，投资估算应由建设单位提出，事实上，由于建设单位通常不是投资估算和造价专业人员，对工艺流程及方案缺乏认真的研究，而且工程尚在模型阶段，易造成计价漏项，如果再没有动态的方案比优，那么估算数据是难以准确的；设计阶段，工程项目的设计费虽然是总投资的 1%，但是对工程造价的实际影响却占了 80% 之多，往往是业主或是设计单位，未真正做到标准设计和限额设计，存在重进度和设计费用指标，而轻工程成本控制指标的问题；在招投标阶段，编制标价时，常常存在没有对施工图准确解读，造成施工图预算造价失真的情况，由此为以后工程索赔埋下了伏笔；施工实施阶段，对工程项目的投资影响相对较小，但却是建筑产品的形成阶段，是投资支出最多的阶段，也是矛盾和问题的多发阶段，合作单位常常是重一次性合同价管理，而轻项目全过程造价管理跟踪，从而引发造价争议；工程结算时则主要涉及漏项、无价材料的询价等问题。

　　由此可知，造价全过程管理是一项不确定性很强的工作。由于造价贯穿于工程管理的始终，任何环节出了问题都会给工程造价留下隐患，影响工程项目功能和使用价值，甚至会酿成严重的造价事故，只有遵循客观规律，重视各个环节的造价监督与控制，从根本上消除造价缺陷与隐患，才能确保整个工程项目顺利高效地进行。

　　对于造价相关人员来讲，每一个阶段都需要根据不同情况来作分析、研究，以精准地计算、编制以及控制工程造价。实际工作中，无论是建设单位还是施工单位，亦或是造价咨询单位的造价人，除了按照必要规范和文件进行编制以外，也应该参考经验性的指导资料来辅助工作，而参考书籍是很好的途径。从图书市场上研究和分析，能把造价工作拆分做细的造价资料还是比较少的，从差异中求发展，如果将建设工程造价内容按阶段划分，分别去讲述和研究，应该对造价管理有针对性的作用，也会提升实际工程建设的经济效益。

　　本丛书正是根据此需求来编写的，对于建设单位、施工单位、设计单位及咨询单位从事工程造价工作的人员认真细致地做好相关工作具有很重要的参考价值。

　　本书在编写过程中得到了众多业内人士的大力支持和帮助，在此表示衷心的感谢。由于时间紧迫，加之水平有限，编写过程中还存在不足之处，望请广大读者朋友批评指正。

编者

目　　录

第一章 绪 论

第一节 施工图预算编制简介

一、施工图预算的概念

从传统意义上讲,施工图预算是指在施工图设计完成后,工程开工前,根据已批准的施工图纸,在施工方案或施工组织设计已确定的前提下,按照国家或省市颁发的现行预算定额、费用标准、材料预算价格等有关规定,进行逐项计算工程量、套用相应定额、进行工料分析、计算直接费、并计取间接费、计划利润、税金等费用,确定单位工程造价的技术经济文件。

从现有意义上讲,只要是按照施工图纸以及计价所需的各种依据在工程实施前所计算的工程价格,均可以称为施工图预算价格。该施工图预算价格可以是按照主管部门统一规定的预算单价、取费标准、计价程序计算得到的计划中的价格,也可以是根据企业自身的实力和市场供求及竞争状况计算的反映市场的价格。

二、施工图预算分类

建筑安装工程预算包括建筑工程预算和设备及安装工程预算。

建筑工程预算又可分为一般土建工程预算、给水排水工程预算、暖通工程预算、电气照明工程预算、构筑物工程预算及工业管道、电力、电信工程预算;设备及安装工程预算又可分为机械设备及安装工程预算和电气设备及安装工程预算。

三、施工图预算的作用

(1) 确定工程造价的依据。施工图预算可作为建设单位招标的"标底",也可以作为建筑施工企业投标时"报价"的参考。

(2) 实行建筑工程预算包干的依据和签订施工合同的主要内容。通过建设单位与施工单位协商,征得建设银行认可,可在施工图预算的基础上,考虑设计或施工变更后可能发生的费用增加一定系数作为工程造价一次包死。同样,施工单位与建设单位签定施工合同,也必须以施工图预算为依据;否则,施工合同就失去约束力。

(3) 建设银行办理拨款结算的依据。根据现行规定,经建设银行审查认定后的工程预算,是监督建设单位和施工企业根据工程进度办理拨款和结算的依据。

(4) 施工企业安排调配施工力量,组织材料供应的依据。施工单位各职能部门可依此编制劳动力计划和材料供应计划,做好施工前的准备。

(5) 建筑安装企业实行经济核算和进行成本管理的依据。正确编制施工图预算和确定工程造价，有利于巩固与加强建筑安装企业的经济核算，有利于发挥价值规律的作用。

（6）是进行"两算"对比的依据。

四、施工图预算编制的一般规定

（1）施工图总预算应控制在已批准的设计总概算投资范围以内。

（2）施工图预算总投资包含建筑工程费、设备及工器具购置费、安装工程费、工程建设其他费用、预备费、建设期贷款利息、固定资产投资方向调节税及铺底流动资金。

（3）施工图预算的编制应保证编制依据的合法性、全面性和有效性，以及预算编制成果文件的准确性、完整性。

（4）施工图预算应考虑施工现场实际情况，并结合拟建建设项目合理的施工组织设计编制。

五、编制依据

编制依据是指编制建设项目施工图预算所需的一切基础资料。建设项目施工图预算的编制依据主要有以下方面：

（1）国家、行业、地方政府发布的计价依据、有关法律法规或规定。

（2）建设项目有关文件、合同、协议等。

（3）批准的设计概算。

（4）批准的施工图设计图纸及相关标准图集和规范。

（5）相应预算定额和地区单位估价表。

（6）合理的施工组织设计和施工方案等文件。

（7）项目有关的设备、材料供应合同、价格及相关说明书。

（8）项目所在地区有关的气候、水文、地质地貌等自然条件资料。

（9）项目的技术复杂程度，以及新技术、专利使用情况等。

（10）项目所在地区有关的经济、人文等社会条件。

六、建设项目施工图预算的组成

建设项目施工图预算由总预算、综合预算和单位工程预算组成。建设项目总预算由综合预算汇总而成。综合预算由组成本单项工程的各单位工程预算汇总而成。单位工程预算包括建筑工程预算和设备及安装工程预算。

1. 单位工程预算

（1）单位工程预算的编制应根据施工图设计文件、预算定额（或综合单价）以及人工、材料及施工机械台班等价格资料进行编制。主要编制方法有单价法和实物量法；其中，单价法分为定额单价法和工程量清单单价法。

（2）定额单价法是用事先编制好的分项工程的单位估价表来编制施工图预算的方法。

（3）工程量清单单价法是指根据招标人按照国家统一的工程量计算规则提供工程数量，采用综合单价的形式计算工程造价的方法。

（4）实物量法是依据施工图纸和预算定额的项目划分及工程量计算规则，先计算出分部分项工程量，然后套用预算定额（实物量定额）来编制施工图预算的方法。

2. 综合预算和总预算

（1）综合预算造价由组成该单项工程的各个单位工程预算造价汇总而成。

（2）总预算造价由组成该建设项目的各个单项工程综合预算以及经计算的工程建设其他费、预备费、建设期贷款利息、固定资产投资方向调节税汇总而成。

3. 建筑工程预算编制

（1）建筑工程预算费用内容及组成，应符合《建筑安装工程费用项目组成》（建标〔2013〕44号）的有关规定。

（2）建筑工程预算采用"建筑工程预算表"（表1-9），按构成单位工程的分部分项工程编制，根据设计施工图纸计算各分部分项工程量，按工程所在省（自治区、直辖市）或行业颁发的预算定额或单位估价表，以及建筑安装工程费用定额进行编制。

4. 安装工程预算编制

（1）安装工程预算费用组成应符合《建筑安装工程费用项目组成》（建标〔2013〕44号）的有关规定。

（2）安装工程预算采用"设备及安装工程预算表"（表1-11），按构成单位工程的分部分项工程编制，根据设计施工图计算各分部分项工程工程量，按工程所在省（自治区、直辖市）或行业颁发的预算定额或单位估价表，以及建筑安装工程费用定额进行编制计算。

5. 设备及工具、器具购置费组成

（1）设备购置费由设备原价和设备运杂费构成；工具、器具购置费一般以设备购置费为计算基数，按照规定的费率计算。

（2）进口设备原价即该设备的抵岸价，引进设备费用分外币和人民币两种支付方式，外币部分按美元或其他国际主要流通货币计算。

（3）国产标准设备原价即其出厂价，国产非标准设备原价有多种不同的计算方法，如综合单价法、成本计算估价法、系列设备插入估价法、分部组合估价法、定额估价法等。

（4）工具、器具及生产家具购置费，是指按项目初步设计要求，保证初期正常生产必须购置的没有达到固定资产标准的设备、仪器、生产家具和备品、备件等的购置费用。

6. 工程建设其他费用、预备费等

工程建设其他费用、预备费及应列入建设项目施工图总预算中的几项费用的计算方法与计算顺序，应参照《建设项目设计概算编审规程》CECA/GC 2—2007第5.2节的规定编制。

7. 调整预算的情况及编制要求

（1）工程预算批准后，一般情况下不得调整。由于重大设计变更、政策性调整及不可抗力等原因造成的可以调整。

（2）调整预算编制深度与要求、文件组成及表格形式同原施工图预算。调整预算还应对工程预算调整的原因做详尽分析说明，所调整的内容在调整预算总说明中要逐项与原批

准预算对比，并编制调整前后预算对比表，见表 1-18～表 1-21，分析主要变更原因。在上报调整预算时，应同时提供有关文件和调整依据。需要进行分部工程、单位工程，人工、材料等分析的，请参见表 1-14～表 1-16。

七、文件组成及表格格式

施工图预算根据建设项目实际情况可采用三级预算编制或二级预算编制形式。当建设项目有多个单项工程时，应采用三级预算编制形式。三级预算编制形式由建设项目施工图总预算、单项工程综合预算、单位工程施工图预算组成。当建设项目只有一个单项工程时，应采用二级预算编制形式。二级预算编制形式由建设项目施工图总预算和单位工程施工图预算组成。

三级预算编制形式的工程预算文件的组成如下：

（1）封面、签署页及目录。

（2）编制说明。

（3）总预算表。

（4）综合预算表。

（5）单位工程预算表。

（6）附件。

二级预算编制形式的工程预算文件的组成如下：

（1）封面、签署页及目录。

（2）编制说明。

（3）总预算表。

（4）单位工程预算表。

（5）附件。

建设项目施工图预算文件的预算表格格式如下：

（1）总预算表（表 1-3），总预算表（表 1-4）。

（2）其他费用表（表 1-5）。

（3）其他费用计算表（表 1-6）。

（4）综合预算表（表 1-7）。

（5）建筑工程取费表（表 1-8）。

（6）建筑工程预算表（表 1-9）。

（7）设备及安装工程取费表（表 1-10）。

（8）设备及安装工程预算表（表 1-11）。

（9）补充单位估价表（表 1-12）。

（10）主要设备材料数量及价格表（表 1-13）。

（11）分部工程工料分析表（表 1-14）。

（12）分部工程工种数量分析汇总表（表 1-15）。

（13）单位工程材料分析汇总表（表 1-16）。

（14）进口设备材料货价及从属费用计算表（表 1-17）。

调整预算表格规定：

（1）调整预算"正表"表格格式同上述。

（2）调整预算对比表格：

①总预算对比表（表1-18）。

②综合预算对比表（表1-19）。

③其他费用对比表（表1-20）。

④主要设备材料数量及价格对比表（表1-21）。

注意事项：

（1）建设项目施工图预算文件签署页应按编制人、审核人、审定人等顺序签署，其中编制人、审核人、审定人还需加盖执业或从业印章，具体见表1-2。

（2）表格签署要求：总预算表（表1-3、表1-4）、综合预算表（表1-7）签编制人、审核人、项目负责人等，其他各表（表1-5、表1-6、表1-8～表1-21）均签编制人、审核人。

（3）建设项目施工图预算应签署齐全后方能生效。

工程预算封面、签署页、目录、编制说明式样

（1）工程预算封面式样（表 1-1）。

表 1-1　　　　　　　　　　工 程 预 算 封 面 式 样

（工程名称）

设 计 预 算

档 案 号：

共　册　　第　册

【设计（咨询）单位名称】

证书号（公章）

年　月　日

（2）工程预签署页式样（表1-2）。

表 1 - 2 工程预算签署页式样

（工程名称）

工 程 预 算

档 案 号：

共 册 第 册

编 制 人：_____（执业或从业印章）_____
审 核 人：_____（执业或从业印章）_____
审 定 人：_____（执业或从业印章）_____
法定代表人或其授权人：_____

（3）工程预算目录式样。

目　　录

序号	编号	名　　称	页次
1		编制说明	
2		总预算表	
3		其他费用表	
4		预备费计算表	
5		专项费用计算表	
6		×××综合预算表	
7		×××综合预算表	
		…	
9		×××单项工程预算表	
10		×××单位工程预算表	
		…	
12		补充单位估价表	
13		主要设备、材料数量及价格表	
14		…	

（4）编制说明式样。

编 制 说 明 式 样

编 制 说 明

1. 工程概况
2. 主要技术经济指标
3. 编制依据
4. 工程费用计算表
　建筑、设备、安装工程费用计算方法和其他费用计取的说明
5. 其他有关说明的问题

工程预算表及附表格式

总预算表（表1-3、表1-4）。

表1-3　　　　　　　　　　　　总　预　算　表

总预算编号：_____　　工程名称：_____　　（单位：万元）共　页　第　页

序号	预算编号	工程项目或费用名称	建筑工程费	设备购置费	安装工程费	其他费用	合计	其中：引进部分		占总投资比例（%）
								美元	折合人民币	
一		工程费用								
1		主要工程								
		×××××								
		×××××								
2		辅助工程								
		×××××								
3		配套工程								
		×××××								
二		其他费用								
1		×××××								
2		×××××								
三		预备费								
四		专项费用								
1		×××××								
2		×××××								
		建设项目预算总投资								

编制人：　　　　　　　　　审核人：　　　　　　　　　项目负责人：

表 1-4　　　　　　　　　　　总 预 算 表

总预算编号：_____　　工程名称：_____　　（单位：万元）　共 页 第 页

序号	预算编号	工程项目或费用名称	设计规格或主要工程量	建筑工程费	设备购置费	安装工程费	其他费用	合计	其中：引进部分		占总投资比例（%）
									美元	折合人民币	
一		工程费用									
1		主要工程									
(1)	×××	×××××									
(2)	×××	×××××									
2		辅助工程									
(1)	×××	×××××									
3		配套工程									
(1)	×××	×××××									
二		其他费用									
1		×××××									
2		×××××									
三		预备费									
四		专项费用									
1		×××××									
2		×××××									
		建设项目预算总投资									

编制人：　　　　　　　　　审核人：　　　　　　　　　项目负责人：

其他费用表（表1-5）。

表1-5 其 他 费 用 表

工程名称：_____ （单位：万元） 共 页 第 页

序号	费用项目编号	费用项目名称	费用计算基数	费率（%）	金额	计算公式	备注
1							
2							
		合计					

编制人： 审核人：

其他费用计算表（表1-6）。

表1-6 其 他 费 用 计 算 表

其他费用编号：_____ 费用名称：_____ （单位：万元） 共 页 第 页

序号	费用项目名称	费用计算基数	费率（%）	金额	计算公式	备注
	合计					

编制人： 审核人：

综合预算表（表1-7）。

表1-7　　　　　　　　　　**综 合 预 算 表**

综合预算编号：＿＿＿＿＿＿＿　工程名称（单项工程）：＿＿＿＿＿＿＿

（单位：万元）　共 页 第 页

序号	预算编号	工程项目或费用名称	设计规模或主要工程量	建筑工程费	设备购置费	安装工程费	合计	其中：引进部分	
								美元	折合人民币
一		主要工程							
1	×××	××××××							
2	×××	××××××							
二		辅助工程							
1	×××	××××××							
2	×××	××××××							
三		配套工程							
1	×××	××××××							
2	×××	××××××							
		单项工程预算费用合计							

编制人：　　　　　　　　　审核人：　　　　　　　　　项目负责人：

建筑工程取费表（表1-8）。

表1-8　　　　　　　　**建 筑 工 程 取 费 表**

单项工程预算编号：_____　　　工程名称（单位工程）：_____　　　共 页 第 页

序号	工程项目或费用名称	表达式	费率（%）	合价（元）
1	定额直接费			
2	其中：人工费			
3	其中：材料费			
4	其中：机械费			
5	措施费			
6	企业管理费			
7	利润			
8	规费			
9	税金			
10	单位建筑工程费用			

编制人：　　　　　　　　　审核人：

建筑工程预算表（表1-9）。

表1-9　　　　　　　　**建 筑 工 程 预 算 表**

单项工程预算编号：_____　　　工程名称（单位工程）：_____　　　共 页 第 页

序号	定额号	工程项目或定额名称	单位	数量	单价（元）	其中人工费（元）	合价（元）	其中人工费（元）
一		土石方工程						
1	×××	×××××						
2	×××	×××××						
二		砌筑工程						
1	×××	×××××						
2	×××	×××××						
三		楼地面工程						
1	×××	×××××						
2	×××	×××××						
		分部分项工程费						

编制人：　　　　　　　　　审核人：

设备及安装工程取费表（表 1 - 10）。

表 1 - 10　　　　　　　　　　设备及安装工程取费表

单项工程预算编号：_____　　　工程名称（单位工程）：_____　　　共 页 第 页

序号	工程项目或费用名称	表达式	费率（%）	合价（元）
1	定额直接费			
2	其中：人工费			
3	其中：材料费			
4	其中：机械费			
5	其中：设备费			
6	措施费			
7	企业管理费			
8	利润			
9	规费			
10	税金			
11	单位设备及安装工程费用			

编制人：　　　　　　　　　　　　　审核人：

设备及安装工程预算表（表 1 - 11）。

表 1 - 11　　　　　　　　　　设备及安装工程预算表

单项工程预算编号：_____　　　工程名称（单位工程）：_____　　　共 页 第 页

序号	定额号	工程项目或定额名称	单位	数量	单价（元）	其中人工费（元）	合价（元）	其中人工费（元）	其中设备费（元）	其中主材费（元）
一		设备安装								
1	×××	×××××								
2	×××	×××××								
二		管道安装								
1	×××	×××××								
2	×××	×××××								
三		防腐保温								
1	×××	×××××								
2	×××	×××××								
		定额直接费合计								

编制人：　　　　　　　　　　　　　审核人：

补充单位估价表（表 1-12）。

表 1-12　　　　　　　　　补 充 单 位 估 价 表

子目名称：_____

工作内容：_____　　　　　　　　　　　　　　　　　　共 页 第 页

补充单位估价表编号					
基价					
人工费					
材料费					
机械费					
名　称	单位	单价		数　量	
综合工日					
材					
料					
其他材料费					
机					
械					

编制人：　　　　　　　　　　　　　审核人：

主要设备材料数量及价格表（表 1-13）。

表 1-13　　　　　　　主要设备材料数量及价格表

序号	设备材料名称	规格型号	单位	数量	单价（元）	价格来源	备注

编制人：　　　　　　　　　　　　　审核人：

分部工程工料分析表（表1-14）。

表 1 - 14　　　　　　　　　　　　　　**分部工程工料分析表**

项目名称：_____　　　　　　　　　　　　　　编号：_____

序号	定额编号	分部（项）工程名称	单位	工程量	人工（工日）	主 要 材 料					其他材料费（元）
						材料1	材料2	材料3	材料4	…	

编制人：　　　　　　　　　　　　审核人：

分部工程工种数量分析汇总表（表1-15）。

表 1 - 15　　　　　　　　　　　　**分部工程工种数量分析汇总表**

项目名称：_____　　　　　　　　　　　　　　编号：_____

序号	工 种 名 称	工 日 数	备 注
1	木工		
2	瓦工		
3	钢筋工		
…	…		

编制人：　　　　　　　　　　　　审核人：

单位工程材料分析汇总表（表 1 - 16）。

表 1 - 16　　　　　　　　　　　　单位工程材料分析汇总表

项目名称：＿＿＿＿＿＿＿＿＿＿　　　　　　　　　　　　　　　编号：＿＿＿＿＿＿＿＿＿

序号	材 料 名 称	规格	单位	数量	备注
1	烧结普通砖				
2	中砂				
3	河流石				
...	...				

编制人：　　　　　　　　　　审核人：

进口设备材料货价及从属费用计算表（表 1 - 17）。

表 1 - 17　　　　　　　　　　进口设备材料货价及从属费用计算表

序号	设备、材料规格、名称及费用名称	单位	数量	单价（美元）	外币金额（美元）					折合人民币（元）	人民币金额（元）						合计（元）
					货价	运输费	保险费	其他费用	合计		关税	增值税	银行财务费	外贸手续费	国内运杂费	合计	

编制人：　　　　　　　　　　审核人：

总预算对比表（表 1 - 18）。

表 1 - 18　　　　　　　　　总 预 算 对 比 表

综合概算编号：＿＿＿＿　　工程名称：＿＿＿＿　　　　　（单位：万元）　共 页 第 页

序号	工程项目或费用名称	概　算					预　算					差额（预算—概算）	备注
		建筑工程费	设备购置费	安装工程费	其他费用	合计	建筑工程费	设备购置费	安装工程费	其他费用	合计		
一	工程费用												
1	主要工程												
(1)	×××××												
(2)	×××××												
2	辅助工程												
(1)	×××××												
3	配套工程												
(1)	×××××												
二	其他费用												
1	×××××												
2	×××××												
三	预备费												
四	专项费用												
1	×××××												
2	×××××												
	建设项目总投资												

编制人：　　　　　　　　　　　　　　　　审核人：

综合预算对比表（表1-19）。

表1-19　　　　　　　　　　　综合预算对比表

综合预算编号：_____　　　　工程名称：_____　　　　　　（单位：万元）　共　页　第　页

序号	工程项目或费用名称	概　算				预　算				差额（预算－概算）	调整的主要原因
		建筑工程费	设备购置费	安装工程费	合计	建筑工程费	设备购置费	安装工程费	合计		
一	主要工程										
1	××××××										
2	××××××										
二	辅助工程										
1	××××××										
2	××××××										
三	配套工程										
1	××××××										
2	××××××										
	单项工程费用合计										

编制人：　　　　　　　　　　　　　审核人：

其他费用对比表（表 1 - 20）。

表 1 - 20　　　　　　　　　　　　　其 他 费 用 对 比 表

工程名称：_____　　　　　　　　　　　　　　　　　　（单位：万元）　共 页 第 页

序号	费用项目编号	费用项目名称	费用计算基数	费率（%）	概算金额	预算金额	差额	计算公式	调整主要原因	备注
1										
2										
		合计								

编制人：　　　　　　　　　　　　　　　审核人：

主要设备材料数量及价格对比表（表 1 - 21）。

表 1 - 21　　　　　　　　　　主要设备材料数量及价格对比表

序号	概　算						预　算						差额	调整原因
	设备材料名称	规格型号	单位	数量	单价（元）	价格来源	设备材料名称	规格型号	单位	数量	单价（元）	价格来源		

编制人：　　　　　　　　　　　　　　　审核人：

八、施工图预算的编制步骤

1. 收集编制预算的基础文件和资料

这些基础文件和资料主要包括：

（1）施工图设计文件。

（2）施工组织设计文件。

（3）设计概算文件。

（4）建筑工程预算定额。

（5）建设工程费用定额。

（6）材料预算价格表。

（7）工程承包合同文件。

（8）预算工作手册等文件。

（9）资料。

2. 熟悉预算基础文件

在编制工程预算时，预算人员必须认真、详细地熟悉和审查全部施工图设计文件，发现图纸中的错误和问题，头脑中形成一个清晰、完整和系统的工程实物形象，以便加快预算工作速度。

按44号文规定的施工图预算编制程序如图1-1所示。

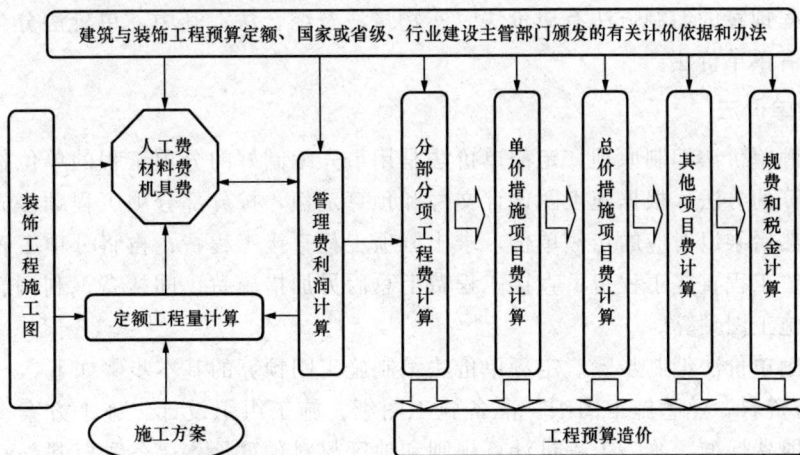

图1-1 按44号文规定建筑装饰工程预算编制程序示意图

其编制程序可以描述为：

（1）根据施工图、预算定额、施工方案列出分部分项工程项目和单价措施项目，并进行定额工程量计算。

（2）根据分部分项和单价措施项目名称，套用预算定额后，分别用工程量乘以定额对应单价，计算定额人工费、定额材料费、定额机具费。

（3）根据分部分项和单价措施项目的定额人工费和规定的管理费率、利润率计算管理费和利润。

（4）将分部分项的定额人工费、材料费、机具费、管理费和利润汇总成装饰单位工程分部分项工程费。

（5）将单价措施项目定额人工费、材料费、机具费、管理费和利润汇总成单位工程单价措施项目费。

（6）根据定额人工费（或定额人工费＋定额机具费）和总价措施项目费费率，计算总价措施项目费。

（7）根据分包工程的造价和费率计算其他项目费的总承包服务费。

（8）根据有关规定计算其他项目费。

（9）根据定额人工费（或定额人工费＋定额机具费）和规费费率，计算规费。

（10）根据分部分项工程费、单价措施项目费、总价措施项目费、其他项目费和规费之和及税率计算税金。

（11）将分部分项工程费、单价措施项目费、总价措施项目费、其他项目费、规费、税金之和汇总为工程预算造价。

九、施工图预算编制的方法

建设工程项目施工图预算由总预算、综合预算和单位工程预算组成。建设工程项目总预算由综合预算汇总而成；综合预算由组成本单项工程的单位工程预算汇总而成；单位工程预算包括建筑工程预算和设备及安装工程预算。

单位工程预算的编制方法有单价法、实物量法及综合法；其中，单价法分为定额单价法和工程量清单单价法。

1. 定额单价法

（1）定额单价法编制原理。定额单价法是用事先编制好的分项工程的单位估价表来编制施工图预算的方法。根据施工图设计文件和预算定额，按分部分项工程顺序先计算出分项工程量，然后乘以对应的定额单价，求出分项工程直接工程费；再将分项工程直接工程费汇总为单位工程直接工程费；直接工程费汇总后另加措施费、间接费、利润、税金生成单位工程的施工图预算。

（2）定额单价法编制步骤。定额单价法编制施工图预算的基本步骤如下。

1）准备资料，熟悉施工图纸。准备施工图纸、施工组织设计、施工方案、现行建筑安装定额、取费标准、统一工程量计算规则和地区材料预算价格等各种资料。在此基础上详细了解施工图纸，全面分析工程各分部分项工程，充分了解施工组织设计和施工方案，注意影响费用的关键因素。

2）计算工程量。工程量计算一般按如下步骤进行。

根据工程内容和定额项目，列出需计算工程量的分部分项工程；

根据一定的计算顺序和计算规则，列出分部分项工程量的计算式；

根据施工图纸上的设计尺寸及有关数据，代入计算式进行数值计算；

对计算结果的计量单位进行调整，使其与定额中相应的分部分项工程的计量单位保持一致。

3）套用定额单价，计算直接工程费。

核对工程量计算结果后，利用地区统一单位估价表中的分项工程定额单价，计算出各分项工程合价，汇总求出单位工程直接工程费。

单位工程直接工程费计算公式如下：

$$单位工程直接工程费 = \sum(分项工程量 \times 定额单价)$$

计算直接工程费时需注意以下几项内容。

分项工程的名称、规格、计量单位与定额单价或单位估价表中所列内容完全一致时，可以直接套用定额单价；

分项工程的主要材料品种与定额单价或单位估价表中规定材料不一致时，不可以直接套用定额单价；需要按实际使用材料价格换算定额单价；

分项工程施工工艺条件与定额单价或单位估价表不一致而造成人工、机械的数量增减时，一般调量不换价；

分项工程不能直接套用定额、不能换算和调整时，应编制补充单位估价表。

4）编制工料分析表。根据各分部分项工程项目实物工程量和预算定额项目中所列的用工及材料数量，计算各分部分项工程所需人工及材料数量，汇总后算出该单位工程所需各类人工、材料的数量。

5）按计价程序计取其他费用，并汇总造价。根据规定的税率、费率和相应的计取基础，分别计算措施费、间接费、利润、税金。将上述费用累计后与直接工程费进行汇总，求出单位工程预算造价。

6）复核。对项目填列、工程量计算公式、计算结果、套用的单价、采用的取费费率、数字计算、数据精确度等进行全面复核，以便及时发现差错，及时修改，提高预算的准确性。

7）编制说明、填写封面。编制说明主要应写明预算所包括的工程内容范围、依据的图纸编号、承包方式、有关部门现行的调价文件号、套用单价需要补充说明的问题及其他需说明的问题等。封面应写明工程编号、工程名称、预算总造价和单方造价、编制单位名称、负责人和编制日期以及审核单位的名称、负责人和审核日期等。

定额单价法的编制步骤如图 1-2 所示。

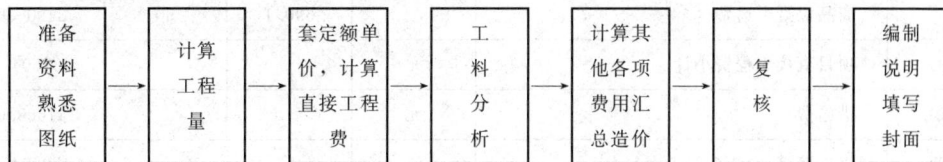

```
准备          计算      套定额单      工      计算其      复    编制
资料    →     工    →   价，计算 →   料  →   他各项 →   核 →  说明
熟悉          程        直接工程     分      费用汇           填写
图纸          量        费           析      总造价           封面
```

图 1-2 定额单价法的编制步骤

（3）定额单价法实例。以下定额单价法编制施工图预算采用的预算定额套用的是 2000 年建筑工程单位估价表中有关分项工程的定额单价，并考虑了部分材料价差。

采用定额单价法编制某住宅楼基础工程预算书见表 1-22。

表 1 - 22　　　　　　　　采用定额单价法编制某住宅楼基础工程预算书

工程定额编号	工程费用名称	计量单位	工程量	金额/元	
				单价	合价
1 - 48	平整场地	100m²	20.21	112.55	2274.64
1 - 149	机械挖土	1000m²	2.78	1848.42	5138.61
8 - 15	碎石掺土垫层	10m³	31.45	1004.47	31590.58
8 - 25	C10 混凝土垫层	10m³	21.1	2286.4	48243.04
5 - 14	C20 带形钢筋混凝土基础（筋模）	10m³	37.23	2698.22	100454.73
5 - 479	C20 带形钢筋混凝土筋模	10m³	37.23	2379.69	88595.86
5 - 25	C20 独立式混凝土筋模	10m³	4.33	2014.47	8722.66
5 - 481	独立式混凝土	10m³	4.33	2404.48	10411.40
5 - 110	矩形柱筋模（1.8m）	10m³	0.92	5377.06	4946.90
5 - 489	矩形柱混凝土	10m³	0.92	3029.82	2787.43
5 - 8	带形无筋混凝土基础模板（C10）	10m³	5.43	604.38	3281.78
5 - 479	带形无筋混凝土	10m³	5.43	2379.69	12921.72
4 - 1	砖基础 M5 砂浆	10m³	3.5	1306.9	4574.15
9 - 128	基础防潮层平面	100m²	0.32	925.08	296.03
3 - 23	满堂红脚手架	100m²	10.3	416.16	4286.45
1 - 51	回填土	100m³	12.61	720.45	9084.87
16 - 36	挖土机场外运输				0.00
16 - 38	推土机场外运输				0.00
	C10 混凝土差价		265.3	84.9	22523.97
	C20 混凝土差价		424.8	101.14	42964.27
	商品混凝土运费		690.1	50	34505.00
（一）	项目直接工程费小计	元			437604.08
（二）	措施费	元			41650.00
（三）	直接费［（一）+（二）］	元			479254.08
（四）	间接费［（三）×10%］	元			47869.13
（五）	利润［（三）+（四）］×5%	元			26328.02
（六）	金［（三）+（四）+（五）］×3.41%	元			18853.50
（七）	造价总计［（三）+（四）+（五）+（六）］	元			571741.98

2. 工程量清单单价法

工程量清单单价法是根据国家统一的工程量计算规则计算工程量，采用综合单价的形式计算工程造价的方法。

综合单价是指分部分项工程单价综合了直接工程费及直接工程费以外的多项费用内容。按照单价综合内容的不同，综合单价可分为全费用综合单价和部分费用综合单价。

（1）全费用综合单价。全费用综合单价即单价中综合了直接工程费、措施费、管理费、规费、利润和税金等，以各分项工程量乘以综合单价的合价汇总后，就生成工程承发包价。

（2）部分费用综合单价。我国目前实行的工程量清单计价采用的综合单价是部分费用综合单价，分部分项工程单价中综合了直接工程费、管理费、利润，以及一定范围内的风险费用，单价中未包括措施费、其他项目费、规费和税金，是不完全费用综合单价。以各分项工程量乘以部分费用综合单价的合价汇总，再加上项目措施费、其他项目费、规费和税金后，生成工程承发包价。

3. 实物量法

（1）实物量法编制原理。实物量法是依据施工图纸和预算定额的项目划分及工程量计算规则，先计算出分部分项工程量，然后套用预算定额（实物量定额）来编制施工图预算的方法。

用实物量法编制施工图预算，主要是先用计算出的各分项工程的实物工程量，分别套取预算定额中工、料、机消耗指标，并按类相加，求出单位工程所需的各种人工、材料、施工机械台班的总消耗量，然后分别乘以当时当地各种人工、材料、机械台班的单价，求得人工费、材料费和施工机械使用费，再汇总求和。对于措施费、利润和税金等费用的计算则根据当时当地建筑市场供求情况予以具体确定。

（2）实物量法编制步骤。采用实物量法编制施工图预算的步骤具体如下。

1）准备资料、熟悉施工图纸。全面收集各种人工、材料、机械的当时当地的实际价格，应包括不同品种、不同规格的材料预算价格；不同工种、不同等级的人工工资单价；不同种类、不同型号的机械台班单价等。要求获得的各种实际价格应全面、系统、真实、可靠。

2）计算工程量。步骤的内容与定额单价法相同。

3）套用消耗定额，计算人料机消耗量。定额消耗量中的"量"在相关规范和工艺水平等未有较大变化之前具有相对稳定性，据此，确定符合国家技术规范和质量标准要求，并反映当时施工工艺水平的分项工程计价所需的人工、材料、施工机械的消耗量。

根据预算人工定额所列各类人工工日的数量，乘以各分项工程的工程量，计算出各分项工程所需各类人工工日的数量，统计汇总后确定单位工程所需的各类人工工日消耗量。同理，根据材料预算定额、机械预算台班定额分别确定出单位工程各类材料消耗数量和各类施工机械台班数量。

4）计算并汇总人工费、材料费、机械使用费。根据当时当地工程造价管理部门定期发布的或企业根据市场价格确定的人工工资单价、材料预算价格、施工机械台班单价分别乘以人工、材料、机械消耗量，汇总即为单位工程人工费、材料费和施工机械使用费。计算公式为：

单位工程直接工程费 $= \sum$（工程量×材料预算定额用量×当时当地材料预算价格）$+$ $\sum$（工程量×人工预算定额用量×当时当地人工工资单价）$+ \sum$（工程量×施工机械预算定额台班用量×当时当地机械台班单价）

5）计算其他各项费用，汇总造价。对于措施费、间接费、利润和税金等的计算，可以采用与定额单价法相似的计算程序，只是有关的费率是根据当时当地建筑市场供求情况予以确定。将上述单位工程直接工程费与措施费、间接费、利润、税金等汇总即为单位工程造价。

6）复核。检查人工、材料、机械台班的消耗量计算是否准确，有无漏算、重算或多算；套取的定额是否正确；检查采用的实际价格是否合理。其他内容可参考定额单价法相应步骤的介绍。

7）编制说明、填写封面。本步骤的内容和方法与定额单价法相同。

实物量法的编制步骤如图 1-3 所示。

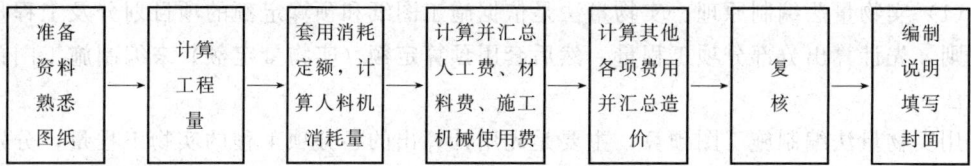

图 1-3　实物量法的编制步骤

实物量法编制施工图预算的步骤与定额单价法基本相似，但在具体计算人工费、材料费和机械使用费及汇总三种费用之和方面有一定区别。实物量法编制施工图预算所用人工、材料和机械台班的单价都是当时当地的实际价格，编制出的预算可较准确地反映实际水平，误差较小，适用于市场经济条件波动较大的情况。由于采用该方法需要统计人工、材料、机械台班消耗量，还需搜集相应的实际价格，因而工作量较大、计算过程烦琐。但随着建筑市场的全面开放、价格信息系统的建立、竞争机制作用的发挥以及计算机的普及，实物法将是一种与统一"量"、指导"价"、竞争"费"的工程造价管理机制相适应，与国际建筑市场接轨，符合发展潮流的施工图预算与投标报价的编制方法。另外，采用实物法编制施工图预算的过程中，直接计算并统计了人工、材料和施工机械消耗量，为编制相应工程的施工材料供应计划和施工成本计划等提供了方便，并为施工过程中实施限额领料与成本控制提供依据。

（3）实物量法实例。

实物量法编制同一工程的预算，采用的定额与定额单价法采用的定额相同，但资源单价为当时当地的价格。

【例 1-1】　采用实物量法编制某住宅楼基础工程预算书见表 1-23。

表 1 - 23　　　　　　采用实物量法编制某住宅楼基础工程预算书

序号	人工、材料、机械费用名称	计量单位	实物工程数量	金额/元	
				当时当地单价	合价
1	人工（综合工日）	工日	2049	35	71715.00
2	土石屑	m³	292.94	65	19041.10
3	黄土	m³	160.97	18	2897.46
4	C10 素混凝土	m³	265.3	175.1	46454.03
5	C20 钢筋混凝土	m³	417.6	198.86	83043.94
6	M5 砂浆	ms	8.26	128.59	1062.15
7	烧结普通砖	块	18125	0.2	3625.00
8	脚手架材料费				0.00
9	蛙式打夯机	台班	84.02	29.28	2460.11
10	挖土机	台班	7.34	600.53	4407.89
11	推土机	台班	0.75	465.7	349.28
12	其他机械费				84300.00
13	其他材料费				21200.00
14	基础防潮层				296.00
15	挖土机运费				3500.00
16	推土机运费				3057.00
17	混凝土差价				57487.00
18	混凝土运费				42964.00
（一）	项目直接工程费小计	元			447859.95
（二）	措施费	元			41650.00
（三）	直接费[（一）+（二）]	元			491558.95
（四）	间接费[（三）×10%]	元			48951.00
（五）	利润[（三）+（四）]×5%	元			26923.05
（六）	税金[（三）+（四）+（五）]×3.41%	元			19279.59
（七）	造价总计[（三）+（四）+（五）+（六）]	元			584663.59

4. 综合法

这种编制方法就是采用单价法、实物法以至适用我国政策法令的一些国际工程造价计算方法来编制施工图预算。但是要实施该方法就必须依照工程项目的设计、施工具体情况，以遵守国家和地区的政策法令为前提，按实计取工程各项费用。

5. 按44号文费用划分施工图预算工程造价计算程序设计

（1）依据44号文确定工程造价费用项目。根据44号文确定的分部分项工程费、措施项目费、其他项目费、规费、税金的费用划分，来确定施工图预算工程造价的费用划分。

（2）计算标准的确定。计算基数（础）可以是定额直接费，可以是定额人工费，也可以是定额人工费加定额机具费。究竟采用什么方法，具体由地区工程造价主管部门根据实际情况确定。

（3）计价程序设计。根据建标〔2013〕44号文件规定的费用项目划分和地区工程造价管理部门的规定，设计出的施工图预算工程造价计算程序见表1-24。

表1-24　　　　　　　　　建筑安装工程施工图预算造价计算程序

序号	费用名称			计 算 基 数	计 算 式
1	分部分项工程费		人工费	分部分项工程量×定额基价	∑（工程量×定额基价）（其中定额人工费：　　）
			材料费		
			机械费		
			管理费	分部分项工程定额人工费＋定额机具费	∑（分部分项工程定额人工费＋定额机具费）×管理费率
			利润	分部分项工程定额人工费＋定额机具费	∑（分部分项工程定额人工费＋定额机具费）×利润率
2	措施项目费	单价措施项目	人工费、材料费、机具费	单价措施工程量×定额基价	∑（单价措施项目工程量×定额基价）
			单价措施项目管理费、利润	单价措施项目定额人工费＋定额机具费	∑（单价措施项目定额人工费＋定额机具费）×（管理费率＋利润率）
		总价措施	安全文明施工费	分部分项工程定额人工费＋单价措施项目定额人工费	（分部分项工程、单价措施项目定额人工费）×费率
			夜间施工增加费		
			二次搬运费		
			冬雨季施工增加费		
3	其他项目费		总承包服务费	招标人分包工程造价	
			……		
4	规费		社会保险费	分部分项工程定额人工费＋单价措施项目定额人工费	（分部分项工程定额人工费＋单价措施项目定额人工费）×费率
			住房公积金		
			工程排污费	按工程所在地规定计算	
5	人工价差调整			定额人工费×调整系数	
6	材料价差调整			见材料价差调整计算表	
7	税金			序1＋序2＋序3＋序4＋序5＋序6	（序1＋序2＋序3＋序4＋序5＋序6）×税率
	工程预算造价			（序1＋序2＋序3＋序4＋序5＋序6＋序7）	

十、编制施工图预算应注意的问题

施工图预算主要是以施工图为编制依据，而施工图是介于工程设计和实施阶段的产物。施工图预算不仅只是反映一个工程的经济文件，还能起到一个对工程造价控制的作用。因此，施工图预算编制的质量高低反映预算与工程的实际造价之间差距的大小。所以，要准确编制好施工图预算编制人员应从以下几个方面下手。

1. 做好准备工作

在编制施工图预算前要收集到与工程有关的各类资料，包括工程勘察地质报告、施工现场的环境、各类材料的运输情况等，作为建设单位还应该了解更具体的情况，使施工图预算造价与实际的工程造价更接近。

2. 认真熟悉图纸

施工图纸是建筑工程的"语言"。在计算前，要认真熟悉图纸，认真阅读设计说明，了解设计者的意图。一般先粗看后精读，使该工程在头脑中形成立体图形，知道它的结构形式，内外装饰的要求，采用了哪些建筑材料等。看图顺序一般先由建筑施工图开始，使我们对该工程有一个大致的了解，最后看结构施工图，注重核对结构图和施工图的标高、尺寸是否一致，发现互相矛盾或不清楚的地方要随时记录下来，在图纸会审时提出来，由设计单位解答清楚。

3. 熟练掌握工程量计算规则，提高计算速度

要想又快又准地计算工程量，必须得熟练掌握工程量计算规则和计算方法。建筑工程的特点是图纸张数多、施工项目杂、需要计算的工程量大，因此在计算工程量时一定要把计算式写清楚。在进行工程量合并时，要按定额上对分项工程的划分标出每一个分项工程量的来源。计算方法：首先确定"三线一面"的尺寸作为基数，运用"统筹法"的基本原理来计算工程量，避免出现漏项、重复计算和计算错误等现象的发生，做到工程量计算既快又准。总之，建筑工程的工程量计算，是一项比较复杂的工作，它是土建预算编制的关键环节。计算方法正确，不但能提高计算工程量的速度，还能保证土建预算编制的质量，为确定合理的工程造价起到可靠保证。

4. 了解现行的施工规范，保证预算的准确性

为了准确地计算工程量，预算人员必须了解现行规范中的主要要求，否则容易出现漏算的现象。如有的施工图中，混凝土圈梁、地圈梁没有标明拐角处，T形接头处设置构造钢筋，构造柱与墙体的拉结筋，现浇板中的拉结筋下的架立筋等，如不了解施工规范，这部分钢筋往往容易出现漏算。在单位工程中，这部分钢筋的数量直接影响到预算的准确性。

5. 掌握现行的各种标准图集

图集的特点是可以重复利用，熟练掌握标准图集的使用方法和常用数据，对快速、准确地计算工程量也是很关键的。因此，在平时的工作中，要注意常用数据的收集和整理。如现在由住房和城乡建设部批准使用的现浇混凝土框架、剪力墙、框架-剪力墙、框支剪

力墙结构《混凝土结构施工图平面整体表示方法制图规则和构造详图》11G101－1 标准图集，如果平时不熟练掌握它的计算规则、方法和各种数据，在计算工程量时即拖延了计算速度，又保证不了计算的质量。

6. 编制人员对工程相关信息要有"超前"认识

一项建设工程要经历决策、设计和实施三个阶段，施工图是实施阶段前的产物，这对建设单位来说要控制好工程造价，自己要对工程建设所需的资金做到"心中有数"，还要求编制人员对工程的信息有"超前"的认识，具体表现为以下两个方面。

(1) 对材料价格在工程期内的正确分析。随着市场经济制度改革的深入，建筑材料价格是由市场确定的，对材料价格分析是否正确将对工程造价的影响非常大。因此，建设单位要编制一个与工程实际成本相接近的施工图预算，编制人员不仅要熟悉材料近期的价格，而且还要对未来的材料价格的形势做出一个正确的分析，只有这样建设单位才能清楚地认识到工程建设所需要的资金，从而利于建设单位对资金的筹集，也有利于承发包双方的利益。

(2) 对施工组织、变更量大小的认识。施工图是在实施阶段前的产物，它只是反映设计者们对拟建物的认识与追求。而作为预算人员，我们在认同设计者的意图时还应从工程造价的角度上来考虑。因此，在施工图出来时预算人员应该仔细研究图纸，测算各种施工方案对造价的影响，以便我们在施工时作出正确的选择，找出图纸上与实际施工时产生矛盾或设计不合理的地方，使实施阶段完全能够"按图施工"，减少工程的变更量。只有这样做到了"事前控制"，才能更好地控制工程造价，使自己编制出来的预算更准确。

(3) 对国家政策变动的预测。作为一个预算人员，要正确预测工程项目的工程造价，就要求我们对国家政策的变动作一个预测，建设单位编制的施工图预算也就是我们通常说的标底，它可以帮建设单位控制工程造价。然而，在经济高速发展的今天，国家对一些建筑工程规定收取的费用也随着经济的发展而变动，如人工费、各种规费及税金等的计取。因此，预算人员在编制施工图预算时必须要对国家政策的变动作一个正确的分析，使取费更加正确、合理。

综合上述，要准确编制好土建施工图预算，不仅要求预算人员要熟悉预结算编制的程序和方法，而且更重要的是熟悉建筑工程的相关知识，如施工工艺、施工技术、工程力学、材料等和相关的合同管理、法律文件，只有这样才能准确编制施工图预算。

十一、运用施工组织设计编制施工图预算

施工组织设计是由施工技术人员根据工程特点、建筑工地实际情况及其他有关条件编制的，作为确定施工方案、指导施工进行现场平面布置等方面的依据。同时，又是编制施图预算的依据。如何运用施工组织设计编制施工图预算，将直接影响施工图预算的准确程度。

1. 编制施工图预算过程中有关施工组织设计的几个问题

编制施工预算过程中，应该注意施工组织设计中影响编制施工图预算的因素，以便准确的选用定额项目和子目，通常建筑工程施工组织设计包括工程概况和施工条件；施工方

案；施工进度计划；主要建筑材料、构件、劳动力、施工机具需用计划；施工平面图；质量和安全措施。

通过掌握施工组织设计内容可以了解到房屋建筑所需材料、构件劳动力、施工机具的堆放地点和仓库及管线临时设施的布置情况，从而为各种材料、构件、机具的运输距离的确定提供依据。同时，了解哪种材料、构件、机具需要二次搬运，工程的自然条件和技术经济条件如何等，由自然条件可知工程施工时期各月气温、土壤、地下水位及主导风向，由技术经济条件可知电力、给水、交通运输及构件加工等所采取的节省开支的措施。除此之外，对有些比较特殊复杂的工程和施工作业面比较窄小的工程，仅仅掌握这些还不足以指导编制施工图预算，还需要进一步掌握以下几方面的情况。

（1）运输工具。了解水平运输和垂直运输都采用哪些机械，起重机的型号、起重量的大小、回转半径有多大，是采用卷扬机还是其他机械。对于特殊性工程机械的效能是否能够充分地发挥出来，技术人员要同预算人员一道在现场实地探测，对机械设备进行考核。测试后，与预算定额相比，做出一个施工图以外的预算造价。

（2）运输距离。了解余土、回填土、混凝土（钢筋混凝土）、金属及木构件运输和运输方法。

（3）预制构件的预制和吊装形式。了解预制构件是现场预制还是预制厂预制，吊装采用什么方式和方法，吊装时吊车的类型及台数等。

（4）土石方工程。了解工程的挖土方式，是机械挖土还是人工挖土，是否为人工施工的大型土石方工程以及余土、缺土和土方的倒运等情况。如果是特殊大型地下室的土方工程，我们就要通过施工编制设计的内容，对土石方采用什么设备挖土，开挖土方的前后顺序及开挖土方的深度和水位的高低，对我们挖土方有什么影响等进行了解分析，以便掌握施工的全部过程，确保挖土工程施工预算的完善性。比如某邮电工程，这个工程的现场比较窄，施工位置三面临街，一面临建筑物，为一个井式的挖土方施工，由于位置比较特殊，它只有一面放坡，但是坡度还不能放得太大，主要现场没有位置，所以，从施工设计编制到实际挖土的过程都是在边研究边施工的过程。预算人员应深入施工现场的每个施工环节，以及施工过程都要了解、掌握，为编制好施工预算提供依据，这样才能将此项工程的分部、分项工程、施工预算，体现出一个完整的工程造价。

（5）脚手架工程。主要了解脚手架的搭设形式和种类。

2. 运用施工组织设计编制施工图预算的尺度

在编制施工图预算过程中，除定额中规定允许调整外，均不得因具体工程的施工组织操作方法和材料消耗与定额不同而改变。但对出现特殊的情况与定额规定不符，使施工企业无法进行施工或对工程质量有明显影响者，可经定额主管部门审定和批准方可调整。

凡是具备下列诸条件中的任何一条，都可以运用施工组织设计编制施工图预算。

（1）建筑机械。按合理的施工组织设计必须使用特种机械时可以换算。

（2）土石方工程。

1）人工挖土方，挖地槽、地坑，需要放坡和支挡土板时，护坡桩等应根据施工组织设计的规定，如无规定又需放坡和支挡土板时，可按定额规定执行。

2）基础工程施工中，所需要增加的工作面，按施工组织设计规定计算。如无规定时，可按定额规定执行。

3）因场地狭小，无堆放土地点，挖土、土方的处理应根据施工组织设计规定的数量、运距及运输工具计算。

4）土石方工程中运距应根据施工组织设计规定计算，如无施工组织设计，可按定额规定执行。

（3）脚手架工程。单项脚手架应根据施工组织设计采用单排和双排脚手架，按相应定额执行。

（4）构筑物工程。砖烟囱、烟道如设计要求采用加工楔形砖时，其数量应按施工组织设计规定的数量列项计算。

（5）轨道铺设拆除。塔式起重机、打桩机的轨道铺拆，根据施工组织设计确定，按延长米计算。塔式起重机的台数及吨位大小也应根据施工组织设计确定。

（6）超高脚手架。基价中未包括临时敷设措施，市容维护措施及埋深超过 2.2m 以上的深基础（地下室除外）的支模和浇灌混凝土所需的脚手架，如需搭设时，可按施工组织设计规定执行。

3. 深入施工现场，了解和掌握现场情况

单纯从施工组织设计中了解施工条件、施工方法、技术组织措施、施工设备器材供应等情况是不够的，况且施工组织设计不可能考虑到工程施工过程中的全部情况。比如土石方工程中出现的流砂、滑坡和塌方。构件吊装工程中，机械可能达不到要求等特殊情况，对这些情况工程中又是采用什么方法处理的。因此，为正确地确定定额项目和子目，确保施工图预算的完善，还必须了解施工现场的具体情况。

施工图组织设计为编制施工图预算提供依据，而运用施工组织设计，不要受现行《建筑工程预算定额》有关规定的制约。所以，在编制施工图预算时，只有严格遵循定额的规定、标准，才能合理、准确地确定工程造价。

十二、施工图预算的编制主体

1. 建设单位施工图预算

（1）建设单位施工图预算原理。建设单位施工图预算是施工图设计阶段确定建设工程项目造价的依据，是设计文件的组成部分，建设单位在施工期间要根据施工图预算安排建设资金计划和使用建设资金，并且按照施工组织设计、施工工期、施工顺序、各个部分预算造价安排建设资金计划，以确保资金有效使用，从而保证项目建设的顺利进行。

（2）建设单位施工图预算的意义。在建设单位，施工图预算是招投标的重要基础，既是工程量清单的编制依据，也是标底编制的依据。《招标投标法》实施以后，市场竞争日趋激烈，特别是推行工程量清单计价方法后，传统的施工图预算在投标报价中的作用将逐渐弱化。但是，由于现阶段人们对工程量清单计价方法掌握能力的限制，施工图预算还在招标投标中大量应用，是招标投标的重要基础，施工图预算的原理、依据、方法和编制程序仍是投标报价的重要参考资料。同时，现阶段工程量清单计价基础资料系统还没有建立起来，特别是投标企业还没有自己的企业定额，这样，预算定额、预算编制模式和方法是

工程量清单的编制依据。对于建设单位来说，标底的编制是以施工图预算为基础的，通常是在施工图预算的基础上考虑工程特殊施工措施费、工程质量要求、目标工期、招标工程的范围、自然条件等因素编制的。即使采用工程量清单计价方法招投标，其计价基础还是预算定额，计价方法还是预算方法，所以施工图预算是标底编制的依据。

2. 工程造价咨询公司编制施工图预算

工程造价咨询公司作为第三方为委托方做出施工图预算，其原理与建设单位编制预算一样，做预算时工程造价咨询公司尽可能客观、准确地展现其业务水平、素质和信誉。

对于工程造价管理部门而言，施工图预算是监督检查执行定额标准、合理确定工程造价、测算造价指数及审定招标工程标底的重要依据。

3. 施工单位编制施工图预算

施工图预算是施工企业内部在工程施工前，以单位工程为对象，根据施工劳动定额与补充定额编制的，用来确定一个单位工程中各楼层、各施工段上每一分部分项工程的人工、材料、机械台班需要量和直接费的文件。

在施工单位，施工图预算是确定投标报价的依据。在竞争激烈的建筑市场，施工单位需要根据施工图预算造价，结合企业的投标策略，确定投标报价。

施工单位在施工前组织材料、机具、设备及劳动力供应，施工图预算是施工单位编制进度计划、统计完成工作量、进行经济核算的参考依据。施工图预算的工、料、机分析，为施工单位材料购置、劳动力及机具和设备的配备提供参考。施工图预算可作为向班组签发施工任务单和限额领料卡的依据；是计算工资和奖金、开展班组经济核算的依据。

施工图预算在施工单位起到的是控制施工成本的作用。施工单位根据施工图预算确定的中标价格来签订施工合同，是施工单位收取工程款的依据，施工单位只有合理利用各项资源，采取技术措施、经济措施和组织措施降低成本，将成本控制在施工图预算以内，才能获得良好的经济效益。

十三、施工图预算的审查

施工图预算的审查是合理确定工程造价的必要程序及重要组成部分。但由于施工图预算的审查对象不同，要求的进度不同，投资规模不同，审查方法也不一样，在建筑安装工程中，土建工程占投资比例较高（工业建设约 50%，民用建筑约 80%，公共建筑约 70%）。因此，审查的重点往往在土建工程施工图预算。

1. 施工图预算审查一般规定

（1）施工图预算文件的审查，应当委托具有相应资质的工程造价咨询机构进行。

（2）从事建设工程施工图预算审查的人员，应具备相应的执业（从业）资格，需在施工图预算审查文件上签署注册造价工程师执业资格专用章或造价员从业资格专用章，并出具施工图预算审查意见报告，报告要加盖工程造价咨询企业的公章和资质专用章。

（3）施工图预算审查的主要内容包括。

1）审查施工图预算的编制是否符合现行国家、行业、地方政府有关法律、法规和规定要求。

2）审查工程量计算的准确性、工程量计算规则与计价规范规则或定额规则的一致性。

3）审查在施工图预算的编制过程中，各种计价依据使用是否恰当，各项费率计取是否正确；审查依据主要有施工图设计资料、有关定额、施工组织设计、有关造价文件规定和技术规范、规程等。

4）审查各种要素市场价格选用是否合理。

5）审查施工图预算是否超过概算以及进行偏差分析。

（4）施工图预算的审查可采用全面审查法、标准预算审查法、分组计算审查法、对比审查法、筛选审查法、重点审查法、分解对比审查法等。

2. 常见审核方法

（1）全面审核法。这种方法实际上是审查人重新编制施工图预算。首先，根据施工图全面计算工程量；然后，将计算的工程量与审核对象的工程量一一进行对比；同时，根据定额或单位估价表逐项核实审核对象的单价，这种方法常常适用于以下情况。

1）初学者审查的施工图预算。

2）投资不多的项目，如维修工程。

3）工程内容比较简单（分项工程不多）的项目，如围墙、道路挡土墙、排水沟等。

4）建设单位审查施工单位的预算，或施工单位审核设计单位设计单价的预算。

这种方法的优点是：审查后的施工图预算准确度较高；缺点是：工作量大，实质是重复劳动。在投资规模较大。

审核进度要求较紧的情况下，这种方法是不可取的，但建设单位为严格控制工程造价，仍常常采用这种方法。

（2）重点审查法。这种方法类同于全面审查法，其与全面审核法之区别仅是审核范围不同而已。该方法有侧重、有选择地根据施工图计算部分价值较高或占投资比例较大的分项工程量。如砖石结构（基础、墙体）、钢筋混凝土结构（梁、板、柱）、木结构（门窗）、钢结构（屋架、檩条、支撑），以及高级装饰等；而对其他价值较低或占投资比例较小的分项目工程，如普通装饰项目、零星项目（雨篷、散水、坡道、明沟、水池、垃圾箱）等，审核者往往有意忽略不计，重点核实与上述工程量相对应的定额单价，尤其重点审核定额子自档次易混淆的单价（如构件断面、单体体积），其次是混凝土强度等级、砌筑、抹灰砂浆的强度等级核算。这种方法在审核进度较紧张的情况下，常常适用于建设单位审核施工单位的预算或施工单位审核设计单位的预算。

这种方法与全面审核法比较，工作量相对减少，效果还好。

（3）分析对比审查法。由于上述两种方法类似编制施工图预算，工作量大，审查周期长，预算人员在长期的工作中摸索出另一种方法，即分析对比审核法。该方法是在总结分析预结算资料的基础上，找出同类工程造价及工料消耗的规律性，整理出用途不同、结构形式不同、地区不同的工程造价、工料消耗指标。然后根据这些指标对审核对象进行分析对比，从中找出不符合投资规律的分部分项工程，针对这些子目进行重点审核，分析其差异较大的原因。常用的指标有以下几种类型：

1）单方造价指标（元、$/m^2$、元$/m^2$、元$/m$……）。

2）分部工程比例。

①基础；②楼板屋面；③门窗；④围护结构等各占定额直接费的比例。

3）各种结构比例。

①砖石；②混凝土及钢筋混凝土；③木结构；④金属结构；⑤装饰；⑥土石方等各占定额直接费的比例。

4）专业投资比例。

①土建；②给排水；③采暖通风；④电气照明等各专业占总造价的比例。

5）工料消耗指标。即钢材、木材、水泥、砂、石、砖、瓦、人工等主要工料的单方消耗指称。

（4）通病审查法。由于预算人员所处地位不同，对定额熟悉程度不同，在预算编制过程中，会不同程度地出现以下一些通病：

1）工程量计算错误。

①毛石、钢筋混凝土基础 T 形交接重叠处重复计算。

②楼地面孔洞、沟通所占面积不扣。

③墙体中的单梁及单柱所占面积不扣。

④不注意原始地坪标高，挖地槽、地坑土方常常出现"挖空气"现象，放坡计算不正确。

⑤钢筋计算常常不扣保护层。

⑥梁、板、柱交接处受力筋或箍筋重复计算。

⑦现浇肋梁不扣板厚。

⑧设计变更部分该减的不减和漏减等。

2）定额单价高套。

①不注意混凝土等级、石子粒径而引起的。

②不注意构件断面、单件体积而引起的。

③不注意砌筑、抹灰砂浆标号及配合比而引起的。

④水泥用量不按实际品种调整。

⑤有梁式条基高套基础梁定额，现浇肋梁高套框架梁定额。

⑥地坑、地槽、土方三者之间的界限不清。

⑦土石方的分类界限不清等。

3）项目重复。

①块料面层下找平层。

②满堂脚手架和抹灰脚手架。

③预制构件的铁件。

④属于建筑工程范畴的给排水设施。在采用综合定额预算的项目中，这种现象尤其普遍。

4）材料差价计算时漏算负材差，如空板等购入构件没有回扣等。

5）综合费用计算错误。

①计有包干费的工程按实调整时没有扣除原包干费。

②综合费项目内容与定额已考虑的内容重复。

③综合费用项目内容与冬雨季施工增加费、临时设施费中内容重复。

④甲供水电费未回扣。

由于上述通病具有普遍性，审查施工图预算时，可以顺藤摸瓜，剔除其不合理部分，补充完善预算内容，准确计算工程量，合理取定定额单价，以达到合理确定工程造价之目的。

(5) 分组计算审查法。施工图预算项目繁多，数据各异，对于初学者来说，各项目、各数据之间好像毫无关系，其实不然。这些项目和数据之间有着千丝万缕的联系，只要认真总结、仔细分析，就可以摸索出它们的规律。我们可以把有一定内在联系的项目编为一组，先详细审查某个分项工程量，再利用工程量之间具有相同或相似计算基础的关系，判断同组中其他几个分项工程量计算的准确程度，利用这种方法还能找出一些漏项和重项。常见的分组有：

1) 与建筑面积相关的项目和工程量数据。

2) 与基础土方相关的项目和工程量数据。

3) 与墙体面积相关的项目和工程量数据。

4) 其他相关项目与数据。

对于一些规律性较差的工程量数据，我们可以采用前述的重点审查法。分组计算审查法实质是工程量计算统筹法在预算审查工作中的应用。应用这种方法，可使审查速度大大加快，工作效率大大提高。

土建施工图预算审查是一项复杂而系统的工作，不同的审查对象、不同的时间要求、不同的审查目的，应选用不同的审查方法。我们只有充分理解上述审查方法，灵活地综合运用几种审查法，才能准确、合理地确定土建施工图的预算造价。

土建工程施工决算的审查，比对预算书的审查更为严格和细致，因为后者仅作工程投资预估总量，而前者才是真实体现工程造价和成本的实际支出量。同时，由于施工的技术复杂性、市场价格的变动在工期中的反映和因各种原因引起的对设计图纸的局部修改等因素，决算与预算相比，一般会有一定或较大出入，故对决算的审查可以参考上述方法，以原预算为基础，重点核实施工中各种已经签证有效的修改通知和施工记录（特别是隐蔽工程记录），全面地审查整个决算内容，防止漏算现象的发生。

3. 施工图预算审查应注意的问题

(1) 重视搜集完备的依据性文件。审查人员必须向有关部门和人员搜集完备的编制预算的依据文件、材料，包括：

1) 建筑和结构专业提交的全套土建施工图。

2) 提交的土石方工程和道路、挡土墙、围墙等构筑物的平立剖图。

3) 工程所在地区的综合预算定额、建筑材料预算价格、间接费用和计取费用的有关规定文件。

4) 工程所在地的类似工程预算文件及技术经济指标。

(2) 抓住审查重点。

1) 工程量和单价的审查。审查时应注意：编制预算时所使用的综合预算定额是否适用于本工程；预算书中不得重列综合定额中已包含的工程量范围；是否按定额规定的规则计算工程量；防止出现张冠李戴，错套单价的现象。

各分部审核的重点如下：

①土石方分部。应注意本分部仅适用于土石方、满堂基础及基础定额中未综合的土石方项目。

②基础分部。打桩分部的定额仅适用于工业和民用建筑的陆上桩基工程，不适用打试桩及在室内或支架上打桩。

审查时应注意有否忘列各类桩基所对应的机械进、退场费用及组装、拆卸费用。对于冲（钻）孔桩，灌注桩、人工挖孔桩等 1m 内的砍桩头费用，定额已包括，不得重列。超过 1m 砍桩头及吊运机械费用，不得漏计。

人工挖孔桩定额已包含扩孔 5cm 混凝土工程量，预算中不得重计，泥砂找平层工程量工挖孔桩的弃土工程量不得漏列。

③墙体分部。砌石墙定额仅适用于平墙。非平墙每立方米应增加 1.4 工日。

墙基与墙身的分界线划分应符合规定。内墙、外墙、框架间墙与非框架间墙应分别计算。墙体工程量不应包括门、窗洞口及 0.3m³ 以上的孔洞数量。

④脚手架分部。审查时应注意满堂脚手架的计算有否漏计增加层；住宅底层层高低于 2.2m 的防火间不能计算脚手架；六层以上或檐高达 20m 以上应计算高层建筑增加费；临街房屋应增加防护措施增加费；天棚高度超过 3.6m 时应计算满堂脚手架；有装饰墙面（天棚）之一为装饰、刷浆或勾缝时满堂脚手架应计算 50%；墙面和（天棚）均为勾缝或刷浆时应计算 20% 的满堂脚手架。砌砖女儿墙高度超过 1.2m 者应计算双排脚手架。

在高层建筑中，裙房和主楼由于标高不一，应分别套用相应脚手架定额。

⑤柱、梁、板分部。本分部适用于按图示尺寸以立方米实体积计算梁、板、柱的工程量。审查钢筋混凝土冈梁、过梁与板，冈梁、过梁与有梁板、平板的界线要分清楚，钢筋混凝土挑檐反口高度（或者悬挂檐高度）在 1m 以上者应按相应钢筋混凝土墙计算，小于 1m 者，按钢筋混凝土檐沟计算。

有梁板计算中要注意梁高必须扣除板厚，主梁长应扣柱位，次梁长应扣主梁宽。柱与板交接，当柱断面大于 0.3m² 者，应扣板中柱位（柱头）体积。

钢筋混凝土阳台、雨篷的长、宽超过定额规定范围及宽雨篷或带反梁雨篷，不能按阳台、雨篷套价，应按有梁板计算，钢筋混凝土量也由投影面积改为立方米体积计算。

⑥门、窗分部。门、窗工程量应与砖墙中所扣除的门、窗面积相符；不同种类的门、窗（如门连窗）应分别套价。审查门、窗数量时要注意门窗表中数量与各层平面图的门、窗数之和是否相符。门、窗数量计算还要注意配套玻璃种类、厚度是否与定额相同，否则必须换算。

⑦楼地面分部。审查时要注意各层地面面积总和应与相应建筑面积相符。

地面是水磨石，防滑地砖面层时，计算面层工程量后还需另计进行换算。块料面层设计所采用材料与定额不符时应进行换算。当设墙裙时，应在相应的地面项目中扣除所含踢脚线含量。

⑧屋面分部。定额中屋面防水及檐沟防水已包括防水材料用量，如与定额不同时应予换算。定额中规定屋面隔热层垫砖高为 3 皮砖（12cm×12cm×18cm），如设计不同时应予

换算。

屋面找坡：用砂浆防水层，找坡套用细石混凝土找平层，不用砂浆防水层，找坡就直接套细石混凝土面层。

屋面面积之和应和一层相应建筑面积相符。

⑨装修分部。审查时应注意勒脚装修有否漏计，檐口高度在 3.6m 以内的单层建筑外墙粉刷应扣卷扬机费；严格区分普通、中等、高级抹灰，按类套价；刷"106"（或水泥漆）等涂料时，应扣除室内抹灰定额内的石灰浆含量；外墙面喷塑应增列打底子项；主梁净高超过 50cm 域每个井面积在 5m² 内的井字架梁天棚和梁净距在 0.7m 内的有梁板天棚，其抹灰工程量应乘 1.4 系数；块料面层按实铺面积计算。

⑩构配件分部。应注意：不得把阳台台板及墙合并套用栏杆单价，以引起造价增加。审查构配件项目时，要注意不得漏计面层装饰工程量。

2）各项费用审查。各项费用计取基数应按一般工程项目、打桩项目、装修项目分别计算。

①打桩。制作兼打桩按一般土建取费率的 80% 计算间接费；单独打桩（不施工上部工程）按土建取费率的 40% 计算间接费。无论是"单打"和"制打"都以桩的制作和打桩的直接费合计数为计费基数。打桩不计取塔式起重机费用。

②高级装饰。按规定其取费率为土建工程取费率的 40% 计算间接费。对无定额可套而用市场造价套价的特殊材料项目不能计取间接费，只能计取税金。

（3）做好复核工作。完成预算审查后，为了检验审核成果的可行性，必须采用类比法。即利用工程所在地的类似工程的技术经济指标进行分析比较，进行可行性判断。如差距过大，应寻找原因，如设计错误，应予纠正。

4. 竣工决算超施工图预算的原因分析及防治

在基本建设项目实施过程中，施工图预算超设计概算、竣工决算超施工图预算，所谓"节节高"现象普遍存在，久治不愈，特别是近年来，"竣工决算超施工图预算"的幅度呈增大的趋势，致使建设项目资金失控，计划难以严格执行，影响了工程建设的顺利进行。因此，针对这一问题，深入分析其原因所在并提出合理的解决办法，显得尤为必要。

（1）竣工决算超施工图预算的原因分析。

1）施工图预算与竣工决算的"先天差异"。施工图预算与竣工决算在编制上有着明显的区别：首先，编制时间上施工图预算明显早于竣工决算，两者存在绝对的时差；其次，编制依据不同。竣工决算考虑全面，既考虑了施工图实体和施工手段的消耗部分，又考虑了图纸会审要增加内容，特殊施工方案的实施和设计的变更及现场签证也增加费用，还考虑了国家政策性调价和主要材料的价差等。而施工图预算只考虑了工程在理想状态下的实体消耗部分和施工手段消耗部分，基本是按施工图编制出的理想模型，这充分说明两者存在着"先天差异"性。

2）施工图预算与竣工决算在具体操作中存在的问题。

①施工图预算存在着"先天不足"与"后天失调"。施工图预算未考虑国家政策性调价。施工图预算编制时间明显早于竣工决算，有时甚至是 3～4 年。由于国家每年的政策性调价文件下发滞后，施工图预算未能充分考虑，而国家政策性调价一般呈上升的趋势，

所以，必然导致竣工决算超出施工图预算。

施工图预算未考虑主要材料价差。在基本建设程序中，施工图设计与竣工验收中间还要做好建设准备、列入年度计划、组织施工和生产准备四个阶段，因此，施工图预算的编制未能考虑主要材料逐年递增的差价，这也是竣工决算超施工图预算的一个比较重要的原因。

施工图预算未考虑设计变更及现场签证。近年来，在建工程施工中出具核定单的现象较为普遍，这些核定单有设计人员提出的，也有甲、乙双方建议提出的，核定单数量越来越多，增加的费用也越来越大。从类别上划分，有地质原因造成的衬砌形式改变、基础加深、抛填片石的；有工艺变更、改变结构形式、材料代换的；有提高装修标准、增加工程内容的等。往往是一项工程施工完毕，设计修改通知单就有几十张，乃至上百张，相应发生的费用也较大。这是竣工决算超施工图预算的一个比较重要的因素。

施工图预算未考虑特殊施工技术措施费。工程造价主要是由工程实体消耗部分和施工手段消耗部分决定。若实体消耗部分是按施工图科学计算的，不应有较大出入。但是，施工方法和施工手段则是千差万别的。对于必须采用特殊施工方案的工程，施工措施费造价往往也较高，这是一个不容忽视的竣工决算超施工图预算的原因。

②竣工决算不完善。主要材料控制价的制定存在很大弊端。定额站规定的主要材料种类很多，但只提供了少部分主要材料控制价，大部分主要材料价格有很大的余地，造成只能凭单方决算，存在很大弊端；另一方面，由于原材料价格上涨过快，造成主要材料价格不成比例地大幅度上涨，现有的主要材料控制价大部分已不适应市场行情，给决算工作带来一定的难度，此亦造成竣工决算比施工图预算偏高的一个因素。

进入决算的核定单、现场签证等，其具体实施情况需加监督并及时反馈。工程项目的设计定单、现场核定单及现场签证只要甲、乙双方签章，设计单位和基建管理部门签章认可就可以进行竣工决算。由于决算审核人员的工作局限性，对已计价的核定单及现场签证实施情况难以了解清楚。若不加强监督并及时反馈，在决算中就可能未扣除未施工项目内容的工程造价或减少工程量项目内容的工程造价，这也会造成竣工决算不准确。

(2) 竣工决算超施工图预算的防治。为了从根本上了解竣工决算超施工图预算这一难题，使施工图预算发挥其应有的指导作用，根据对主要原因的剖析，做到对症下药、预防为主，建议采取如下措施进行防治。

1) 建立工程造价管理全过程跟踪负责机构。建设主管部门应有明确的优化投入产出的经济观念，下决心抓工程造价管理工作。建立工程造价管理全过程跟踪负责机构，避免业主、设计、监理、施工等单位相互孤立，各自为政，对工程的设计、概算、施工图预算、竣工决算等进行全面管理和控制。对施工过程中发生的一些价、量变动给予分析和控制，做到管理研究工作的先行性，促进各参建单位努力提高管理水平，让人为因素造成的失误逐步减少到零，以真正控制工程造价。

2) 促使设计水平提升到一个新的高度。工程设计人员进行设计前，应广泛收集有关资料，详细了解工艺全过程，深思熟虑，严肃认真，努力做到方案、设计经济合理，减少失误。并且，在设计人员中加强设计过程的全面质量管理（TQC 管理），加强概预算编制人员与设计人员的密切联系与配合，使设计图纸的技术、经济协调一致。特别要对设计变更加强管理，对工程造价有影响的设计变更要先算账，后变更，对人为因素造成的增加投资的变更应追究变更设计人员的责任，从而确保设计技术先进、经济合理、质量优良。

3）加强核定单管理。办理竣工决算时，决算审核部门发现诸多核定单中几乎都是增加工程量的，而看不到减少工程量的。建议一个项目出具的核定单要按一定顺序依次编号，决算时，在竣工资料中注明核定单张数，按编号顺序排列，全部反馈给施工图预算审核部门。这样既能计算增加的核定单，又能及时扣除减少工程量的核定单造价。

4）施工图预算应尽可能做到严密周全。施工图预算时，应尽可能做到项目齐全、工程量准确，动态因素及国家政策性调价尽可能充分考虑，并能够预见特殊工程的部分施工技术措施费。若能做到这一点，则施工图预算的指导作用将非常重要，竣工决算可参照最终施工预算审核，这样"竣工决算超施工图预算"的现象即会消除。

5）控制主要材料的价格。建设主管部门应将主要材料归口到一个专门机构进行管理，并对主要材料的种类、品种、生产厂家进行质量、供货时间、价格、运输方式等的调查与跟踪。通过对比、推敲制订出主要材料控制价，定期发布，适时调整。业主、设计、监理、施工等单位都应执行统一制订的主要材料价格。任何单位未经批准，不得擅自订购主要材料，否则价差自负，这样可为国家节省大量投资。

6）强化施工管理，严把施工方案及现场签证审核关。对多种施工方案通过经济评估优化，找出最优施工方案，使不可避免的特殊技术措施费减少到最低程度。凡涉及费用增加的隐蔽工程记录、现场签证必须由设计单位和甲方业务主管领导签字认可。工程竣工时，应有专门机构将设计变更和特殊施工方案及现场签证的情况反馈给决算审核部门，使工程施工与工程造价相对应，防止出现漏洞。

7）统一工程量编制标准。为了使施工图上的材料表更具指导意义，更能为编制人员直接采用，设计人员提供材料表时，计算方法应与"工程量计算规则"相一致。施工图预算编制人员也应按"工程量计算规则"核查材料表后，认为准确无误后方可列入施工图预算，将工程量差异降到最低。另外，两个部门应互通信息，对一些模糊不清的问题及时得以澄清，避免人为因素造成的"先天不足"。

8）全面推行工程承包招标、投标制度。实践证明，建设工程承发包推行招标、投标制度，是控制投资的一种有效途径。通过招标、投标进行竞争，采用新技术，优化设计方案，以最低工程投资发挥出最大使用功能，可以提高经营管理和施工技术水平，并且能有效地整合各种优势，从而提高质量，缩短工期，降低工程造价，增加投资收益。

第二节　预算定额及其应用

一、工程定额体系

工程定额是在正常的施工生产条件下，完成单位合格产品所必需的人工、材料、施工机械设备及其资金消耗的数量标准。工程定额是一个综合概念，是建设工程造价计价和管理中各类定额的总称，包括许多种类的定额，可以按照不同的原则和方法对它进行分类。

所谓定额，就是进行生产经营活动时，在人力、物力、财力消耗方面所应遵守或达到的数量标准。在建筑生产中，为了完成建筑产品，必须消耗一定数量的劳动力、材料和机械台班以及相应的资金，在一定的生产条件下，用科学方法制定出的生产质量合格的单位建筑产品所需要的劳动力、材料和机械台班等的数量标准，就称为建筑工程定额。

1. 按适用范围分类

建筑工程定额按其适用范围可分为全国统一定额、行业统一定额、地区统一定额、企业定额和补充定额几种。

2. 按内容和用途分类

国家颁布的建筑工程定额根据其内容和用途可分为施工定额、预算定额、概算定额、概算指标和投资估算指标等几种。这几种定额的相互联系见表1-25。

表1-25 各种定额间关系比较

定额种类	施工定额	预算定额	概算定额	概算指标	投资估算指标
对象	工序	分项工程	扩大的分项工程	整个建筑物或构筑物	独立的单项工程或完整的工程项目
用途	编制施工预算	编制施工图预算	编制扩大初步设计概算	编制初步设计概算	编制投资估算
项目划分	最细	细	较粗	粗	很粗
定额水平	平均先进	平均	平均	平均	平均
定额性质	生产性定额	计价性定额			

3. 按生产要素分类

建筑工程定额按其生产要素分类，可分为劳动消耗定额、材料消耗定额和机械台班消耗定额。

4. 按费用的性质分类

建筑工程定额按其费用分类，可分为直接费定额、间接费定额等。

建筑工程定额分类如图1-4所示。

二、工程定额的特点

1. 权威性

工程建设定额具有很大权威，这种权威在一些情况下具有经济法规的性质。权威性反映统一的意志和统一的要求，也反映信誉和信赖程度以及反映定额的严肃性。

工程建设定额权威性的客观基础是定额的科学性。只有科学的定额才具有权威，但是在社会主义市场经济条件下，它必然涉及各有关方面的经济关系和利益关系。赋予工程建设定额以一定的权威性，就意味着在规定的范围内，对于定额的使用者和执行者来说，不论主观上愿意不愿意，都必须按定额的规定执行。

建筑工程定额分类

- 按生产要素分类
  - 劳动消耗定额
    - 时间定额
    - 产量定额
  - 材料消耗定额
  - 机械台班消耗定额
    - 时间定额
    - 产量定额
- 按内容和用途分类
  - 施工定额
  - 预算定额
  - 概算定额
  - 概算指标
  - 投资估算指标
- 按费用性质分类
  - 直接费定额
  - 间接费定额
- 按主编单位和执行范围分类
  - 全国统一定额
  - 行业统一定额
  - 地区统一定额
  - 企业定额
  - 补充定额

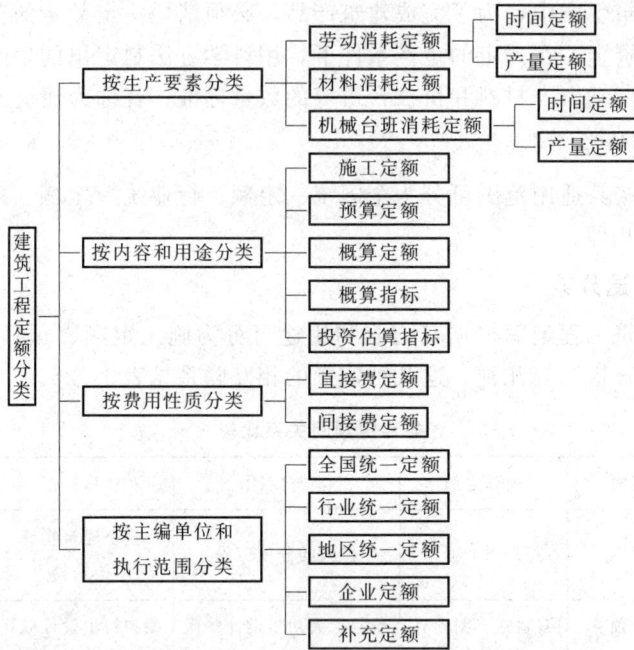

图 1-4　建筑工程定额分类

在当前市场不规范的情况下，赋予工程建设定额以权威性是十分重要的。但是，在竞争机制引入工程建设的情况下，定额的水平必然会受市场供求状况的影响，从而在执行中可能产生定额水平的浮动。

应该指出的是，在社会主义市场经济条件下，对定额的权威性不应该绝对化。定额毕竟是主观对客观的反映，定额的科学性会受到人们认识的局限。与此相关，定额的权威性也就会受到削弱核心的挑战。更为重要的是，随着投资体制的改革和投资主体多元化格局的形成，随着企业经营机制的转换，它们都可以根据市场的变化和自身的情况，自主地调整自己的决策行为。因此，一些与经营决策有关的工程建设定额的权威性特征就弱化了。

2. 科学性

工程建设定额的科学性包括两重含义。一是指工程定额和生产力发展水平相适应；另一含义是指工程定额管理在理论、方法和手段上适应现代科学技术和信息社会发展的需要。

工程建设定额的科学性，首先表现在定额是在认真研究客观规律的基础上，自觉地遵守客观规律的要求，实事求是地制定的。因此，它能正确地反映单位产品生产所必需的劳动量，从而以最少的劳动消耗来取得最大的经济效果，促进劳动生产率的不断提高。

定额的科学性还表现在制定定额所采用的方法上，通过不断吸收现代科学技术的新成就，并加以不断完善，形成一套严密的确定定额水平的科学方法。这些方法不仅在实践中已经行之有效，而且还有利于研究建筑产品生产过程中的工时利用情况，从中找出影响劳动消耗的各种主客观因素，设计出合理的施工组织方案，挖掘生产潜力，提高企业管理水平，减少以至杜绝生产中的浪费现象，促进生产的不断发展。

3. 统一性

工程建设定额的统一性，主要是由国家对经济发展的有计划的宏观调控职能决定的。为了使国民经济按照既定的目标发展，就需要借助于某些标准、定额、参数等，对工程建设进行规划、组织、调节、控制。而这些标准、定额、参数必须在一定的范围内是一种统一的尺度，才能实现上述职能，才能利用它对项目的决策、设计方案、投标报价、成本控制进行比选和评价。

工程建设定额的统一性按照其影响力和执行范围来看，有全国统一定额，地区统一定额和行业统一定额等；按照定额的制定、颁布和贯彻使用来看，有统一的程序、统一的原则、统一的要求和统一的用途。

我国工程建设定额的统一性和工程建设本身的巨大投入和巨大产出有关。它对国民经济的影响不仅表现在投资的总规模和全部建设项目的投资效益等方面，而且往往还表现在具体建设项目的投资数额及其投资效益方面，因而，需要借助统一的工程建设定额进行社会监督。这一点和工业生产、农业生产中的工时定额、原材料定额是不同的。

4. 稳定性与时效性

工程建设定额中的任何一种都是一定时期技术发展和管理水平的反映，在一段时间内都表现出稳定的状态。稳定的时间有长有短，一般在5～10年之间。保持定额的稳定性是维护定额权威性所必需的，更是有效贯彻定额所需要的。如果某种定额处于经常修改变动之中，那么它必然造成执行中的困难和混乱，使人们感到没有必要去认真对待它，很容易导致定额权威性的丧失。工程建设定额的不稳定也会给定额的编制工作带来极大的困难。

但是工程建设定额的稳定性是相对的。当生产力向前发展了，定额就会与已经发展了的生产力不相适应。这样，它原有的作用就会逐步减弱以至消失，需要重新编制或修订。

5. 系统性

工程建设定额是相对独立的系统。它是由多种定额结合而成的有机的整体。它的结构复杂，有鲜明的层次和明确的目标。

工程建设定额的系统性是由工程建设的特点决定的。按照系统论的观点，工程建设是庞大的实体系统，工程建设定额是为这个实体系统服务的。工程建设本身的多种类、多层次就决定了以它为服务对象的工程建设定额的多种类、多层次。从整个国民经济来看，进行固定资产生产和再生产的工程建设，是一个有多项工程集合体的整体。其中，包括农林水利、轻纺、机械、煤炭、电力、石油、冶金、化工、建材工业、交通运输、邮电工程，以及商业物资、科学教育文化、卫生体育、社会福利和住宅工程等。这些工程的建设都有严格的项目划分，如建设项目、单项工程、单位工程、分部分项工程；在计划和实施过程中有严密的逻辑阶段，如规划、可行性研究、设计、施工、竣工交付使用，以及投入使用后的维修。与此相适应，必然形成工程建设定额的多种类、多层次。

三、工程定额计价的基本程序

我国在很长一段时间内采用单一的工程定额计价模式形成工程价格，即按预算定额规定的分部分项子目，逐项计算工程量，套用预算定额单价（或单位估价表）确定直接工程费，然后，按规定的取费标准确定措施费、间接费、利润和税金，加上材料调差系数和适当的不可预见费，经汇总后即为工程预算或标底，而标底则是评标定标的主要依据。

定额计价模式的主要计价依据为国家、省、有关专业部门制定的各种定额，其性质为指导性。任何合同价款的取定，都有一个如何计算出合同总价款的计费程序问题，这个计算合同总价的计费程序，是合同计价原则的重要组成部分。

四、建设工程定额的分类

建设工程定额是工程建设中各类定额的总称。为对建设工程定额有一个全面的了解，可以按照不同的原则和方法对其进行科学的分类。

1. 按生产要素内容分类

（1）人工定额。人工定额，也称劳动定额，是指在正常的施工技术和组织条件下，完成单位合格产品所必需的人工消耗量标准。

（2）材料消耗定额。材料消耗定额是指在合理和节约使用材料的条件下，生产单位合格产品所必须消耗的一定规格的材料、成品、半成品和水、电等资源的数量标准。

（3）施工机械台班使用定额。施工机械台班使用定额也称施工机械台班消耗定额，是指施工机械在正常施工条件下完成单位合格产品所必需的工作时间。它反映了合理、均衡地组织劳动和使用机械时该机械在单位时间内的生产效率。

2. 按编制程序和用途分类

（1）施工定额。施工定额是以同一性质的施工过程作为研究对象，表示生产产品数量与时间消耗综合关系的定额。施工定额是施工企业（建筑安装企业）组织生产和加强管理在企业内部使用的一种定额，属于企业定额的性质。施工定额是建设工程定额中分项最细、定额子目最多的一种定额，也是建设工程定额中的基础性定额。施工定额由人工定额、材料消耗定额和施工机械台班使用定额所组成。

施工定额是施工企业进行施工组织、成本管理、经济核算和投标报价的重要依据。施工定额直接应用于施工项目的管理，用来编制施工作业计划、签发施工任务单、签发限额领料单，以及结算计件工资或计量奖励工资等。施工定额和施工生产结合紧密，施工定额的定额水平反映施工企业生产与组织的技术水平和管理水平。施工定额也是编制预算定额的基础。

（2）预算定额。预算定额是以建筑物或构筑物各个分部分项工程为对象编制的定额。预算定额是以施工定额为基础综合扩大编制的，同时也是编制概算定额的基础。其中的人工、材料和机械台班的消耗水平根据施工定额综合取定，定额项目的综合程度大于施工定额。预算定额是编制施工图预算的主要依据，是编制单位估价表、确定工程造价、控制建设工程投资的基础和依据。与施工定额不同，预算定额是社会性的，而施工定额则是企业性的。

（3）概算定额。概算定额是以扩大的分部分项工程为对象编制的。概算定额是编制扩大初步设计概算、确定建设项目投资额的依据。概算定额一般是在预算定额的基础上综合扩大而成的，每一综合分项概算定额都包含了数项预算定额。

（4）概算指标。概算指标是概算定额的扩大与合并，它是以整个建筑物和构筑物为对象，以更为扩大的计量单位来编制的。概算指标的设定和初步设计的深度相适应，一般是在概算定额和预算定额的基础上编制的，是设计单位编制设计概算或建设单位编制年度投资计划的依据，也可作为编制估算指标的基础。

（5）投资估算指标。投资估算指标通常是以独立的单项工程或完整的工程项目为对象编制确定的生产要素消耗的数量标准或项目费用标准，是根据已建工程或现有工程的价格数据和资料，经分析、归纳和整理编制而成的。投资估算指标是在项目建议书和可行性研究阶段编制投资估算、计算投资需要量时使用的一种指标，是合理确定建设工程项目投资的基础。

3. 按编制部门和适用范围分类

（1）国家定额。国家定额是指由国家建设行政主管部门组织，依据有关国家标准和规范，综合全国工程建设的技术与管理状况等编制和发布，在全国范围内使用的定额。

（2）行业定额。行业定额是指由行业建设行政主管部门组织，依据有关行业标准和规范，考虑行业工程建设特点等情况所编制和发布的，在本行业范围内使用的定额。

（3）地区定额。地区定额是指由地区建设行政主管部门组织，考虑地区工程建设特点和情况制定发布的，在本地区内使用的定额。

（4）企业定额。企业定额是指由施工企业自行组织，主要根据企业的自身情况，包括人员素质、机械装备程度、技术和管理水平等编制，在本企业内部使用的定额。

4. 按投资的费用性质分类

按照投资的费用性质，可将建设工程定额分为建筑工程定额、设备安装工程定额、建筑安装工程费用定额、工器具定额以及工程建设其他费用定额等。

（1）建筑工程定额。建筑工程定额是建筑工程的施工定额、预算定额、概算定额和概算指标的统称。建筑工程一般理解为房屋和构筑物工程。建筑工程定额在整个建设工程定额中占有突出的地位。

（2）设备安装工程定额。设备安装工程定额是设备安装工程的施工定额、预算定额、概算定额和概算指标的统称。设备安装工程一般是指对需要安装的设备进行定位、组合、校正、调试等工作的工程。在通用定额中有时把建筑工程定额和安装工程定额合二为一，称为建筑安装工程定额。建筑安装工程定额属于人、料、机费用定额，仅仅包括施工过程中人工、材料、机械台班消耗的数量标准。

（3）建筑安装工程费用定额。建筑安装工程费用定额一般包括措施费定额、企业管理费定额。

（4）工具、器具定额。工具、器具定额是为新建或扩建项目投产运转首次配置的工具、器具数量标准。工具和器具是指按照有关规定不够固定资产标准而起劳动手段作用的工具、器具和生产用具。

5. 工程建设其他费用定额

工程建设其他费用定额是独立于建筑安装工程定额、设备和工器具购置之外的其他费用开支的标准。其他费用定额是按各项独立费用分别编制的，以便合理控制这些费用的开支。

五、预算定额

1. 预算定额的构成

预算定额一般由总说明、分部说明、分节说明、建筑面积计算规则、工程量计算规则、分项工程消耗指标、分项工程基价、机械台班预算价格、材料预算价格、砂浆和混凝土配合比表、材料损耗率表等内容构成，如图 1-5 所示。

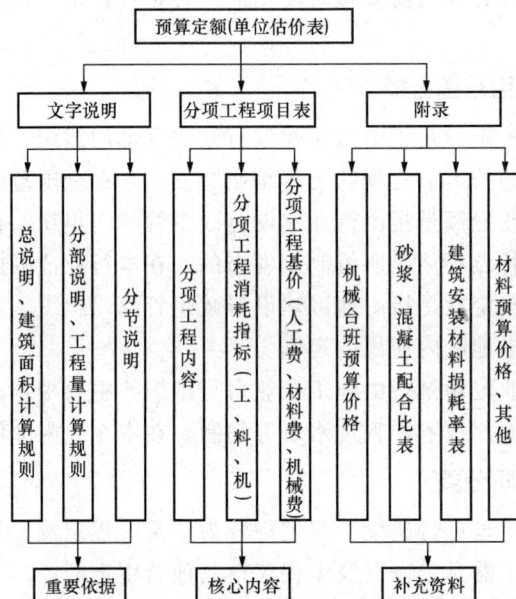

图 1-5　预算定额构成示意图

预算定额是由文字说明、分项工程项目表和附录三部分内容所构成。其中，分项工程项目表是预算定额的主体内容。例如，表 1-26 为某地区土建部分砌砖项目工程的定额项目表，它反映了砌砖工程某子目工程的预算价值（定额基价）以及人工、材料、机械台班消耗量指标。

表 1-26　　　　　　　　　　建 筑 工 程 预 算 定 额

工程内容：××××××

定 额 编 号				定-1	×××
定 额 单 位				10m³	×××
项 目		单位	单价（元）	M5混合砂浆砌砖墙	×××
基价		元		1257.12	×××
其中	人工费	元		145.28	×××
	材料费	元		1023.24	
	机械费	元		88.60	

续表

项 目		单位	单价（元）	M5 混合砂浆砌砖墙	×××
人工	合计用工	工日	8.18	17.76	×××
材料	标准砖	千块	140	5.26	
	M5 混合砂浆	m³	127	2.24	
	水	m³	0.5	2.16	×××
	其他材料费	元		1.28	
机械	200L 砂浆搅拌机	台班	15.92	0.475	
	2t 内塔式起重机	台班	170.61	0.475	×××

需要强调的是，当分项工程项目中的材料项目栏中含有砂浆或混凝土半成品的用量时，其半成品的原材料用量要根据定额附录中的砂浆、混凝土配合比表的材料用量来计算。因此，当定额项目中的配合比与设计配合比不同时，附录半成品配合比表是定额换算的重要依据。

【例 1-2】 某地区土建部分砌砖项目工程定额项目。

填前夯（压）实及填前挖松见表 1-27，说明预算定额的组成。

表 1-27　　　　　　　　　填前夯（压）实及填前挖松

工程内容：填前夯（压）实：原地面平整，夯（压）实。

填前挖松：将土挖松。

单位：1000m²

顺序号	项 目	单位	代号	填前夯（压）实				填前挖松
				人工夯实	履带式拖拉机		12	
					功率/kW			
					75 以内	120 以内		
				1	2	3	4	5
1	人工	工日	1	32.9	2.8	2.8	2.8	6.2
2	75kW 以内履带式拖拉机	台班	1063	—	0.17	—	—	—
3	120kW 以内履带式拖拉机	台班	1065	—	—	0.12	—	—
4	12~15t 光轮压路机	台班	1078	—	—	—	0.30	—
5	基价	元	1999	1619	227	229	261	305

注：1. 夯（压）实如需用水时，备水费用另行计算。

2. 填前挖松适用于地面横坡 1∶10～1∶5。

3. 二级及二级以上等级公路的填前压实应采用压路机压实。

（1）表名。位于表的最上端某分项工程的名称，表 1-27 表示第一章第一节表5，内容为填前夯（压）实及填前挖松。

（2）工程内容。位于表名的下方，说明本分项工程涉及的主要工作内容。

（3）单位。位于表的右上方，指本工程项目的计量单位。

（4）顺序号。位于表左第一列，按工、料、机顺序排列。

（5）项目。位于表左第二列，指该工程项目涉及的工、料、机等名称。

（6）表中单位。位于表左第三列，指工、料、机等对应的单位，如人工单位是工日。

（7）代号。位于表左第四列，指工、料、机所对应的特定的计算机识别符，每种工、料、机只对应一个固定的代号。

（8）子目名。指本项工程涉及的不同子目名称，如"人工夯实""填前挖松"。

（9）子目号指不同子目对应的数字代码，如"人工夯实"对应的1。

（10）消耗量。指完成本项目各个子目所消耗的工料机的具体数量，如完成1000m²"人工夯实"消耗人工32.9个工日。

（11）基价。指本项目的工料机定额基价。

（12）附注。位于定额表下，是对定额表中内容的补充规定。

2. 预算定额的编制

预算定额是在施工定额的基础上进行综合扩大编制而成的。预算定额中的人工、材料和施工机械台班的消耗水平根据施工定额综合取定，定额子目的综合程度大于施工定额，从而可以简化施工图预算的编制工作。预算定额是编制施工图预算的主要依据。

预算定额项目中人工、材料和施工机械台班消耗量指标，应根据编制预算定额的原则、依据，采用理论与实际相结合、图纸计算与施工现场测算相结合、编制定额人员与现场工作人员相结合等方法进行计算。

3. 人工消耗量指标的确定

预算定额中人工消耗量水平和技工、普工比例，以人工定额为基础，通过有关图纸规定，计算定额人工的工日数。

（1）人工消耗指标的组成。预算定额中人工消耗量指标包括完成该分项工程必需的各种用工量。

1）基本用工。基本用工，指完成分项工程的主要用工量。例如，砌筑各种墙体工程的砌砖、调制砂浆以及运输砖和砂浆的用工量。

2）其他用工。其他用工，是辅助基本用工消耗的工日。按其工作内容不同又分以下三类。

①超运距用工。指超过人工定额规定的材料、半成品运距的用工。

②辅助用工。指材料需在现场加工的用工，如筛砂子、淋石灰膏等增加的用工量。

③人工幅度差用工。指人工定额中未包括的，而在一般正常施工情况下又不可避免的一些零星用工，其内容如下：

各种专业工种之间的工序搭接及土建工程与安装工程的交叉、配合中不可避免的停歇时间；

施工机械在场内单位工程之间变换位置及在施工过程中移动临时水电线路引起的临时停水、停电所发生的不可避免的间歇时间；

施工过程中水电维修用工；

隐蔽工程验收等工程质量检查影响的操作时间；

现场内单位工程之间操作地点转移影响的操作时间；

施工过程中工种之间交叉作业造成的不可避免的剔凿、修复、清理等用工；

施工过程中不可避免的直接少量零星用工。

（2）人工消耗指标的计算。预算定额的各种用工量，应根据测算后综合取定的工程数量和人工定额进行计算。

1）综合取定工程量。预算定额是一项综合性定额，它是按组成分项工程内容的各工序综合而成的。

编制分项定额时，要按工序划分的要求测算、综合取定工程量，如砌墙工程除了主体砌墙外，还需综合砌筑门窗洞口、附墙烟囱、垃圾道、预留抗震柱孔等含量。综合取定工程量是指按照一个地区历年实际设计房屋的情况，选用多份设计图纸，进行测算取定数量。

2）计算人工消耗量。按照综合取定的工程量或单位工程量和劳动定额中的时间定额，计算出各种用工的工日数量。

①基本用工的计算。

$$基本用工数量 = \sum（工序工程量 \times 时间定额）$$

②超运距用工的计算。

$$超运距用工数量 = \sum（超运距材料数量 \times 时间定额）$$

其中，超运距＝预算定额规定的运距－劳动定额规定的运距。

③辅助用工的计算。

$$辅助用工数量 = \sum（加工材料数量 \times 时间定额）$$

④人工幅度差用工的计算。

$$人工幅度差用工数量 = \sum（基本用工 ＋ 超运距用工 ＋ 辅助用工）\times 人工幅度差系数$$

（3）材料耗用量指标的确定。材料耗用量指标是在节约和合理使用材料的条件下，生产单位合格产品所必须消耗的一定品种规格的材料、燃料、半成品或配件数量标准。材料耗用量指标是以材料消耗定额为基础，按预算定额的定额项目，综合材料消耗定额的相关内容，经汇总后确定。

1）机械台班消耗指标的确定。预算定额中的施工机械消耗指标，是以台班为单位进行计算，每一台班为八小时工作制。预算定额的机械化水平，应以多数施工企业采用的和已推广的先进施工方法为标准。预算定额中的机械台班消耗量按合理的施工方法取定并考虑增加了机械幅度差。

2）机械幅度差。机械幅度差是指在施工定额中未曾包括的，而机械在合理的施工组织条件下所必需的停歇时间，在编制预算定额时应予以考虑。其内容包括：

施工机械转移工作面及配套机械互相影响损失的时间；

在正常的施工情况下，机械施工中不可避免的工序间歇；

检查工程质量影响机械操作的时间；

临时水、电线路在施工中移动位置所发生的机械停歇时间；

工程结尾时，工作量不饱满所损失的时间。

由于垂直运输用的塔式起重机、卷扬机及砂浆、混凝土搅拌机是按小组配合，应以小组产量计算机械台班产量，不另增加机械幅度差。

3）机械台班消耗指标的计算。

小组产量计算法：按小组日产量大小来计算耗用机械台班多少，计算公式如下：

$$分项定额机械台班使用量＝\frac{分项定额计量单位值}{小组产量}$$

台班产量计算法：按台班产量大小来计算定额内机械消耗量大小，计算公式如下：

$$定额台班用量＝\frac{定额单位}{台班产量}×机械幅度差系数$$

【例 1-3】 某工程 250mm 半圆球吸顶灯安装清单项目，可以直接套用与工程内容相对应的消耗量定额时，就可以采用该定额分析工料机消耗量。

当定额项目的工程内容与清单项目的工程内容不完全相同时，需要按清单项目的工程内容，分别套用不同的定额项目。

【例 1-4】 某工程，M5 水泥砂浆砌砖基础清单项目，还包含 1∶2 的水泥砂浆墙基防潮层附项工程量时，应分别套用 1∶2 的水泥砂浆墙基防潮层消耗量定额和 M5 水泥砂浆砌砖基础消耗量定额，计算其工料机消耗量。

【例 1-5】 室内 DN25 焊接钢管螺纹连接清单项目包括主项焊接钢管安装，还包括附项：铁皮套管制作、安装，手工除锈，刷防锈漆项目时，就要分别套用相对应的消耗量定额，计算其工料机消耗量。

4. 单位估价表的编制

在拟定的预算定额的基础上，有时还需要根据所在地区的工资、物价水平计算确定相应的人工、材料和施工机械台班的价格，即相应的人工工资价格、材料预算价格和施工机械台班价格，计算拟定预算定额中每一分项工程的单位预算价格，这一过程称为单位估价表的编制。

单位估价表是由分部分项工程单价构成的单价表，具体的表现形式可分为工料单价和综合单价等。

（1）工料单价单位估价表。工料单价是确定定额计量单位的分部分项工程的人工费、材料费和机械使用费的费用标准，即人、料、机费用单价，也称为定额基价。

分部分项工程的单价，是用定额规定的分部分项工程的人工、材料、施工机具的消耗量，分别乘以相应的人工价格、材料价格、机械台班价格，从而得到分部分项工程的人工费、材料费和机械费，并将三者汇总而成的。因此，单位估价表是以定额为基本依据，根据相应地区和市场的资源价格，既需要人工、材料和施工机具的消耗量，又需要人工、材料和施工机具价格，经汇总得到分部分项工程的单价。

由于生产要素价格，即人工价格、材料价格和机械台班价格是随地区的不同而不同，随市场的变化而变化。所以，单位估价表应是地区单位估价表，应按当地的资源价格来编制地区单位估价表。同时，单位估价表应是动态变化的，应随着市场价格的变化，及时不断地对单位估价表中的分部分项工程单价进行调整、修改和补充，使单位估价表能够正确反映市场的变化。

通常，单位估价表是以一个城市或一个地区为范围进行编制，在该地区范围内适用。

因此单位估价表的编制依据如下：

1）全国统一或地区通用的概算定额、预算定额或基础定额，以确定人工、材料、机械台班的消耗量。

2）本地区或市场上的资源实际价格或市场价格，以确定人工、材料、机械台班价格。

单位估价表的编制公式为：

分部分项工程单价 = 分部分项人工费 + 分部分项材料费 + 分部分项机械费

$$= \sum (人工定额消耗量 \times 人工价格) + \sum (材料定额消耗量 \times 材料价格) + \sum (机械台班定额消耗量 \times 机械台班价格)$$

编制单位估价表时，在项目的划分、项目名称、项目编号、计量单位和工程量计算规则上应尽量与定额保持一致。

编制单位估价表，可以简化设计概算和施工图预算的编制。在编制概预算时，将各个分部分项工程的工程量分别乘以单位估价表中的相应单价后，即可计算得出分部分项工程的人、料、机费用，经累加汇总就可得到整个工程的人、料、机费用。

（2）综合单价单位估价表。编制单位估价表时，在汇集分部分项工程人工、材料、机械台班使用费用，得到人、料、机费用单价以后，再按取定的企业管理费费用比率以及取定的利润率、规费和税率，计算出各项相应费用，汇总人、料、机费用、企业管理费、利润、规费和税金，就构成一定计量单位的分部分项工程的综合单价。综合单价分别乘以分部分项工程量，可得到分部分项工程的造价费用。

（3）企业单位估价表。作为施工企业，应依据本企业定额中的人工、材料、机械台班消耗量，按相应人工、材料、机械台班的市场价格，计算确定一定计量单位的分部分项工程的工料单价或综合单价，形成本企业的单位估价表。

5. 预算定额的运用

工程预算定额的运用主要是直接套用定额和抽换定额两种形式，当工程中采用新结构、新材料、新设备等，没有相近的定额可以套用，应补充定额，并到当地定额站备案。

（1）运用预算定额的步骤。所谓运用预算定额，就是平时所说的"查定额"，是根据编制概算、预算的具体条件和目的，查得需要的、正确的定额的过程。为了正确地运用定额，首先，必须反复学习定额、熟练地掌握定额；其次，必须收集并熟悉中央及地方交通主管部门有关定额运用方面的文件和规定。以此为前提，运用定额的基本步骤如下。

1）根据运用定额的目的。确定所用定额的种类（是概算定额、预算定额或估算指标）。

2）根据概（预）算项目表。例如，依次按目、节、细目确定欲查定额的项目名称，再根据《工程预算定额》目录找到其所在页次，并找到所需定额表。但要注意核查定额的工作内容、作业方式是否与施工组织设计相符。

3）查到定额表后的工作步骤。

①看看表上"工程内容"与设计要求、施工组织要求是否有出入，若无出入，则可在表中找到相应的细目，并进一步确定子目（栏号）。

②检查定额表的计量单位与工程项目取定的计量单位是否一致、是否符合规定的工程

量计算规则。

③看定额的总说明、章说明、节说明以及表下的注是否与所查子目的定额有关，若有关则采取相应措施。

④根据设计图纸和施工组织设计检查一下，子目中有无需要抽换的定额，是否允许抽换，若需抽换则进行具体抽换计算。

⑤依子目各序号确定各项定额值，可直接引用的就直接抄录，需计算的则在计算后抄录。

4）重新按上述步骤复核。

5）该项目的细目定额查完后，再查定该项目的另外细目的定额，依次完成后，再查另一项目的定额。

（2）预算定额运用的要点。

1）正确选择子目，不重、不漏；已知工程项目，查找章、节、表号及栏号时要特别注意，栏号可能有两个，如增运问题。

2）认真核对工作内容，防止漏列、重列。例如在混凝土施工中是否有模板制作工作，基础开挖是否有抽水工作。

3）计量单位要表与项目一致，特别是在抽换、增量计算时更应注意。

4）详细阅读说明和注（见定额的说明示例）。

5）图纸要求与定额子目或序号要一致，否则要抽换。

6）施工方法要依施工组织设计而定，如人工拌和、浇捣。

7）多实践、多练习，熟能生巧。

（3）预算定额的直接套用。如设计要求、工作内容及确定的工程项目完全与相应定额的工程项目符合，可直接套用定额，套用时应注意以下几点。

1）根据施工图、设计说明和做法说明，选择定额项目。

2）要从工程内容、技术特征和施工方法上仔细核对，才能较准确地确定相对应的定额项目。

3）分项工程的名称和计量单位要与预算定额相一致。

【例 1 - 6】　某工程采用 $2.0m^3$ 挖掘机装土方，75kW 推土机清理余土。土方工程量为 $10150m^3$，其中机械施工达不到，需由人工完成的工作量为 $150m^3$，土质为普通土。计算工、料、机用量。

解：查《公路工程预算定额》第一章路基工程第一节说明，"3. 机械施工土、石方，挖方部分机械达不到需由人工完成的工作量由施工组织设计确定。其中，人工操作部分按相应定额乘以 1.15 的系数"，故计算如下：

机械完成部分的工、料、机用量：工程量＝10150－150＝10000（m^3）。

查预算定额表见表 1-28。人工：10000/1000×4.5＝45（工日）。

75kW 履带推土机：10000/1000×0.25＝2.5（台班）。

$2.0m^3$ 以内挖掘机：10000/1000×1.15＝11.5（台班）。

人工完成部分的工、料、机用量：工程量＝$150m^3$，查预算定额表表 1-29，人工：150/1000×181.1×1.15＝31.24（工日）。

合计用人工：45+31.24=76.24（工日）。

合计用机械：75kW 履带式推土机 2.5 台班，2.0m³ 以内挖掘机 11.5 台班。

表 1 - 28　　　　　　　　　　　挖掘机挖装土、石方

工程内容：安设挖掘机，开辟工作面，挖土或爆破后石方，装车，移位，清理工作面。

1000m³ 天然密实方

顺序号	项　　目	单位	代号	挖装土方								
				斗容量/m³								
				0.6 以内			1.0 以内			2.0 以内		
				松土	普通土	硬土	松土	普通土	硬土	松土	普通土	硬土
				1	2	3	4	5	6	7	8	9
1	人工	工日	1	4.0	4.5	5.0	4.0	4.5	5.0	4.0	4.5	5.0
2	75kW 以内履带式推土机	台班	1003	0.62	0.72	0.83	0.40	0.46	0.53	0.22	0.25	0.28
3	0.6m³ 以内履带式单斗挖掘机	台班	1027	2.88	3.37	3.88	—	—	—	—	—	—
4	1.0m³ 以内履带式单斗挖掘机	台班	1035	—	—	—	1.85	2.15	2.46	—	—	—
5	2.0m³ 以内履带式单斗挖掘机	台班	1037	—	—	—	—	—	—	1.01	1.15	1.29
6	基价	元	1999	2017	2348	2695	1970	2279	2602	1751	1991	2231

表 1 - 29　　　　　　　　　　人 工 挖 运 土 方

工程内容：①挖松；②装土；③运送；④卸除；⑤空回。

1000m³ 天然密实方

顺序号	项　　目	单位	代号	第一个 20m 挖运			每增运 10m	
				松土	普通土	硬土	人工挑抬	手推车
				1	2	3	4	5
1	人工	工日	1	122.6	181.1	258.5	18.2	7.3
2	基价	元	1999	6032	8910	12718	895	359

注：1. 当采用人工挖、装，机动翻斗车运输时，其挖、装所需的人工按第一个 20m 挖运定额减去 30.0 工日计算。

　　2. 当采用人工挖、装、卸，手扶拖拉机运输时，其挖、装、卸所需的人工按第一个 20m 挖运定额计算。

　　3. 如遇升降坡时，除按水平距离计算运距外，并按下表增加运距。

【例 1 - 7】　某桥桥栏杆扶手木模预制，C25 混凝土实体 30m³，光圆钢筋 0.10t，计算人工、32.5 级水泥、机械的消耗量。

解：查预算定额第四章桥涵工程第七节相应定额表 1 - 30、表 1 - 31，计算如下：

预制桥栏扶手：查预算定额表 1 - 30 人工 30/10×87=261（工日），32.5 级水泥，30/10×4.343=13.029（t）。

小型机具使用费：30/10×12.9=38.7（元）。

预制桥栏扶手钢筋：查预算定额表 1 - 30 人工，0.1/1×6.1=0.61（工日）。

小型机具使用费：0.1/1×13.8=1.38（元）。

安装桥栏扶手：查预算定额表 1 - 31 人工，30/10×19.2=57.6（工日），32.5 级水泥，30/10×0.251=0.753（t）。

合计用人工：261＋0.61＋57.6＝319.21（工日）。

合计用 32.5 级水泥：13.029＋0.753＝13.782（t）。

合计用机械（型机具使用费）：38.7＋1.38＝40.08（元）。

表 1 - 30　　　　　　　　　　　预 制 小 型 构 件

工程内容：①木模制作、安装、拆除、修理、涂脱模剂、堆放；②组合钢模板组拼拆及安装、拆除、修理、涂脱模剂、堆放；③钢筋除锈、制作、电焊、绑扎；④混凝土浇筑、捣固及养生。

10m³ 实体及 1t 钢筋

顺序号	项　　目	单位	代号	混凝土					
				桥涵缘（帽）石		漫水桥标志		栏杆柱及栏杆扶手	
				木模	钢模	木模	钢模	木模	钢模
				10m³					
				1	2	3	4	5	6
1	人工	工日	1	50.2	46.7	71.9	67.5	87.0	81.6
2	C15 水泥混凝土	m³	17	(10.10)	(10.10)	—	—	—	—
3	C20 水泥混凝土	m³	18	—	—	—	—	(10.10)	(10.10)
4	C25 水泥混凝土	m³	19	—	—	(10.10)	(10.10)	—	—
5	原木	m³	101	—	0.055	—	0.068	—	0.085
6	锯材	m³	102	0.661	—	0.813	—	1.023	—
7	光圆钢筋	t	111						
8	型钢	t	182	—	0.009	—	0.011	—	0.014
9	组合钢模板	t	272	—	0.084	—	0.104	—	0.13
10	铁件	kg	651	—	31.2	—	38.4	—	47.9
11	铁钉	kg	653	22.2	—	27.3	—	34.4	—
12	20～22 号铁丝	kg	656	—		—		—	
13	32.5 级水泥	t	832	3.141	3.141	3.969	3.969	3.434	3.434
14	水	m³	866	16	16	16	16	16	16
15	中（粗）砂	m³	899	5.15	5.15	4.85	4.85	4.95	4.95
16	碎石（2cm）	m³	951	8.28	8.28	8.08	8.08	8.28	8.28
17	其他材料费	元	996	26.0	18.6	30.2	21.1	19.0	14.4
18	小型机具使用费	元	1998	11.0	5.9	13.5	7.2	12.9	6.9
19	基价	元	1999	5331	4811	6882	6242	7792	6995

续表

顺序号	项 目	单位	代号	混凝土				钢筋
				桥头搭板		混凝土块件		
				木模	钢模	木模	钢模	
				10m³				1t
				7	8	9	10	11
1	人工	工日	1	35.3	34.5	45.9	44.7	6.1
2	C15水泥混凝土	m³	17					
3	C20水泥混凝土	m³	18	(10.10)	(10.10)	(10.10)	(10.10)	—
4	C25水泥混凝土	m³	19	—	—	—	—	
5	原木	m³	101					
6	锯材	m³	102	0.388	0.054	0.611	0.085	
7	光圆钢筋	t	111	—	—	—	—	1.025
8	型钢	t	182	—	0.004	—	0.007	—
9	组合钢模板	t	272	—	0.053	—	0.083	
10	铁件	kg	651	—	12.9	—	20.4	—
11	铁钉	kg	653	13.0	—	20.5	—	
12	20~22号铁丝	kg	656		—		—	4.2
13	32.5级水泥	t	832	3.434	3.434	3.434	3.434	—
14	水	m³	866	16	16	16	16	—
15	中（粗）砂	m³	899	4.95	4.95	4.95	4.95	—
16	碎石（2cm）	m³	951	8.28	8.28	8.28	8.28	—
17	其他材料费	元	996	7.6	7.6	7.6	7.6	—
18	小型机具使用费	元	1998	6.5	3.4	10.2	5.4	13.8
19	基价	元	1999	4225	4015	5103	4776	3723

表 1 - 31　　　　　　　　　　安 装 小 型 构 件

工程内容：①构件整修、人工安装就位；②水泥砂浆配运料、拌和；③铺砂砾垫层；④砌筑、灌浆。

10m³ 构件

顺序号	项　目	单位	代号	桥涵缘（帽）石	漫水桥标志	栏杆柱及栏杆扶手	桥头搭板
				1	2	3	4
1	人工	工日	1	13.6	26.6	19.2	9.6
2	预制构件	m³	—	(10.10)	(10.10)	(10.10)	(10.10)
3	M5 水泥砂浆	m³	65	(0.54)	—	—	—
4	M15 水泥砂浆	m³	69	—	—	—	(0.61)
5	M20 水泥砂浆	m³	70	—	(1.10)	(0.92)	—
6	油毛毡	m²	825	—	—	24.0	—
7	32.5 级水泥	t	832	0.117	0.518	0.431	0.251
8	石油沥青	t	851	—	—	0.180	—
9	煤	t	864	—	—	0.160	—
10	水	m³	866	1	1	1	1
11	中（粗）砂	m³	899	0.60	1.14	0.95	0.63
12	砂砾	m³	902	—	—	—	2.26
13	其他材料费	元	996	—	209.8	1.2	—
14	基价	元	1999	743	1753	1923	661

（4）预算定额。

1）预算定额换算基本思路。定额抽换的基本思路是：根据选定的预算定额基价，按规定换人增加的费用，减去扣除的费用。

这一思路用下列表达式表述：

抽换后的定额基价＝原定额基价＋换入的费用－换出的费用

定额抽换的过程要遵循定额中的相关规则如下所示。

①定额中周转性的材料、模板、支撑、脚手杆、脚手板和挡土板等的数量，已考虑了材料的正常周转次数并计入定额内。其中，就地浇筑钢筋混凝土梁用的支架及拱圈用的拱盔、支架，如确因施工安排达不到规定的周转次数时，可根据具体情况抽换并按规定计算回收，其余工程一般不予抽换。

②定额中列有的混凝土、砂浆的强度等级和用量，其材料用量已按附录中配合比表规定的数量列入定额，不得重算。如设计采用的混凝土、砂浆强度等级或水泥强度等级与定额所列强度等级不同时，可按配合比表进行抽换。但实际施工配合比材料用量与定额配合

比表用量不同时，除配合比表说明中允许抽换者外，均不得调整。

混凝土、砂浆配合比表的水泥用量，已综合考虑了采用不同品种水泥的因素，实际施工中不论采用何种水泥，均不得调整定额用量。

2）定额中各类混凝土均未考虑外掺剂的费用，如设计需要添加外掺剂时，可按设计要求另行计算外掺剂的费用并适当调整定额中的水泥用量。

【例1-8】 某工程施工图设计用 M15 水泥砂浆砌砖墙，查预算定额中只有 M5、M7.5、M10。

水泥砂浆砖墙的项目，这时就需要选用预算定额中的某个项目，再依据定额附录中 M15 水泥砂浆的配合比用量和基价进行换算：

$$换算后定额基价 = \frac{M5（或M10）水泥}{砂浆砌砖墙定额基价} + \frac{定额}{砂浆用量} \times \frac{M15水泥}{砂浆基价} - 定额砂浆用量 \times \frac{M5（或M10）水泥}{砂浆基价}$$

以上情况定额基价换算示意如图1-6所示。

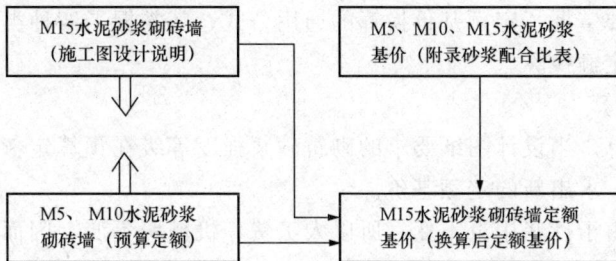

图1-6 定额基价换算示意图

3）定额基价换算公式小结。

①定额基价换算总公式

换算后定额基价＝原定额基价＋换入费用－换出费用

②定额基价换算通用公式

$$换算后定额基价 = 原定额基价 + \left(定额人工费 + 定额机械费\right) \times (K-1) +$$

$$\sum\left(换入半成品用量 \times 换入半成品基价 - 换出半成品用量 \times 换出半成品基价\right)$$

③定额基价换算通用公式的变换

在定额基价换算通用公式中：

$$换算后定额基价 = 原定额基价 + 抹灰砂浆定额用量 \times \left(换入砂浆基价 - 换出砂浆基价\right)$$

说明：砂浆用量不变，工、机费不变，$K=1$；换入半成品用量与换出半成品用量同是定额砂浆用量，提相同的公因式；半成品基价定为砌筑砂浆基价。经过此变换就由上面公式变化为上述换算公式。

当半成品为抹灰砂浆，砂浆厚度不变，且只有一种砂浆时的换算公式为：

$$\frac{\text{换算后定额}}{\text{基价}} = \frac{\text{原定额}}{\text{基价}} + \frac{\text{抹灰砂浆}}{\text{定额用量}} \times \left(\frac{\text{换入砂浆}}{\text{基价}} - \frac{\text{换出砂浆}}{\text{基价}} \right)$$

当抹灰砂浆厚度发生变化，且各层砂浆配合比不同时，用以下公式：

$$\frac{\text{换算后定额}}{\text{基价}} = \frac{\text{原定额}}{\text{基价}} + \left(\frac{\text{定额}}{\text{人工费}} + \frac{\text{定额}}{\text{机械费}} \right) \times (K-1) +$$

$$\sum \left(\frac{\text{换入砂浆}}{\text{用量}} \times \frac{\text{换入砂浆}}{\text{基价}} - \frac{\text{换出砂浆}}{\text{用量}} \times \frac{\text{换出砂浆}}{\text{基价}} \right)$$

当半成品为混凝土构件时，公式变为：

$$\frac{\text{换算公后额}}{\text{基价}} = \frac{\text{原定额}}{\text{基价}} + \frac{\text{定额混凝土}}{\text{用量}} \times \left(\frac{\text{换入混凝土}}{\text{基价}} - \frac{\text{换出混凝土}}{\text{基价}} \right)$$

半成品为楼地面混凝土时，公式变为：

$$\frac{\text{换算后定额}}{\text{基价}} = \frac{\text{原定额}}{\text{基价}} + \left(\frac{\text{定额}}{\text{人工费}} + \frac{\text{定额}}{\text{机械费}} \right) \times (K-1) +$$

$$\frac{\text{换入混凝土}}{\text{用量}} \times \frac{\text{换入混凝土}}{\text{基价}} - \frac{\text{换出混凝土}}{\text{用量}} \times \frac{\text{换出混凝土}}{\text{基价}}$$

综上所述，只要掌握了定额基价换算的通用公式，就掌握了四种类型的换算方法。

（5）工程预算定额换算。

1）砌筑砂浆换算。

①砌筑砂浆换算。当设计图纸要求的砌筑砂浆强度等级在预算定额中缺项时，就需要调整砂浆强度等级，求出新的定额基价。

②换算特点。由于砂浆用量不变，所以人工费、机械费不变，因而只换算砂浆强度等级和调整砂浆材料费。

③砌筑砂浆换算公式。

$$\frac{\text{换算后定额}}{\text{基价}} = \frac{\text{原定额}}{\text{基价}} + \frac{\text{定额砂浆}}{\text{用量}} \times \left(\frac{\text{换入砂浆}}{\text{基价}} - \frac{\text{换出砂浆}}{\text{基价}} \right)$$

【例 1-9】　M7.5 水泥砂浆砌砖基础。

解：用上述公式换算

换算定额号：定-1（表1-32）、附-1、附-2（表1-34）

$$\text{换算后定额基价} = 1115.71 + 2.36 \times (144.10 - 124.32)$$
$$= 1115.71 + 2.36 \times 19.78$$
$$= 1115.71 + 46.68$$
$$= 1162.39(\text{元}/10\text{m}^3)$$

换算后材料用量（每 10m^3 砌块）：

42.5级（MPa）水泥：$2.36 \times 341.00 = 804.76$（kg）

中砂：$2.36 \times 1.10 = 2.596$（m^3）

表 1 - 32　　　　　　　　　　　建筑工程预算定额（摘录）

工程内容：略×××××

定 额 编 号			定 - 1	定 - 2	定 - 3	定 - 4
定 额 单 位			10m³	10m³	10m³	10m²
项　目	单位	单价（元）	M5 水泥砂浆砌砖基础	现浇 C20 钢筋混凝土矩形梁	C15 混凝土地面垫层	1：2 水泥砂浆墙基防潮层
基价	元		1115.71	6721.44	1673.96	675.29
其中　人工费	元		149.16	879.12	258.72	114.00
材料费	元		958.99	5684.33	1384.26	557.31
机械费	元		7.56	157.99	30.98	3.98
人工　基本工	工日	12.00	10.32	52.20	13.46	7.20
其他工	工日	12.00	2.11	21.06	8.10	2.30
合计	工日	12.00	12.43	73.26	21.56	9.5
标准砖	千块	127.00	5.23			
M5 水泥砂浆	m³	124.32	2.36			
木材	m³	700.00		0.138		
钢模板	kg	4.60		51.53		
零星卡具	kg	5.40		23.20		
钢支撑	kg	4.70		11.60		
材料　φ10 内钢筋	kg	3.10		471		
φ10 外钢筋	kg	3.00		728		
C20 混凝土（0.5～4）	m³	146.98		10.15		
C15 混凝土（0.5～4）	m³	136.02			10.10	
1：2 水泥砂浆	m³	230.02				2.07
防水粉	kg	1.20				66.38
其他材料费	元			26.83	1.23	1.51
水	m³	0.60	2.31	13.52	15.38	
机械　200L 砂浆搅拌机	台班	15.92	0.475			0.25
400L 混凝土搅拌机	台班	81.52		0.63	0.38	
2t 内塔式起重机	台班	170.61	0.625			

表 1 - 33　　　　　　　　　　　　建筑工程预算定额（摘录）

工程内容：×××

定 额 编 号				定 - 5	定 - 6
定 额 单 位				100m²	100m²
项 目		单位	单价（元）	C15 混凝土地面面层（60 厚）	1：2.5 水泥砂浆抹砖墙面（底 13 厚、面 7 厚）
基价		元		1018.38	688.24
其中	人工费	元		159.60	184.80
	材料费	元		833.51	451.21
	机械费	元		25.27	52.23
人工	基本工	工日	12.00	9.20	13.40
	其他工	工日	12.00	4.10	2.00
	合计	工日	12.00	13.30	15.40
材料	C15 混凝土（0.5～4）	m³	136.02	6.06	
	1：2.5 水泥砂浆	m³	210.72		2.10 $\left(\begin{array}{l}底：1.39\\面：0.71\end{array}\right)$
	其他材料费	元			4.50
	水	m³	0.60	15.38	6.99
机械	砂浆搅拌机	台班	15.92		0.28
	混凝土搅拌机	台班	81.52	0.31	
	塔式起重机	台班	170.61		0.28

表 1 - 34　　　　　　　　　砌筑砂浆配合比表（摘录）　　　　　　　　单位：m³

定 额 编 号				附 - 1	附 - 2	附 - 3	附 - 4
项 目		单位	单价（元）	水泥砂浆			
				M5	M7.5	M10	M15
基价		元		124.32	144.10	160.14	189.98
材料	42.5 级水泥	kg	0.30	270.00	341.00	397.00	499.00
	中砂	m³	38.00	1.140	1.100	1.080	1.060

2）抹灰砂浆换算。

①换算原因。当设计图纸要求的抹灰砂浆配合比或抹灰厚度与预算定额的抹灰砂浆配合比或厚度不同时，就要进行抹灰砂浆换算。

②换算特点。

第一种情况：当抹灰厚度不变只换算配合比时，人工费、机械费不变，只调整材料费；

第二种情况：当抹灰厚度发生变化时，砂浆用量要改变，因而人工费、材料费、机械费均要换算。

③换算公式。

第一种情况的换算公式：

$$\frac{\text{换算后定额}}{\text{基价}} = \frac{\text{原定额}}{\text{基价}} + \frac{\text{抹灰砂浆}}{\text{定额用量}} \times \left(\frac{\text{换入砂浆}}{\text{基价}} - \frac{\text{换出砂浆}}{\text{基价}} \right)$$

第二种情况换算公式：

$$\frac{\text{换算后定额}}{\text{基价}} = \frac{\text{原定额}}{\text{基价}} + \left(\frac{\text{定额}}{\text{人工费}} + \frac{\text{定额}}{\text{机械费}} \right) \times (K-1) +$$

$$\sum \left(\frac{\text{各层换入}}{\text{砂浆用量}} \times \frac{\text{换入}}{\text{砂浆基价}} - \frac{\text{各层换出}}{\text{砂浆用量}} \times \frac{\text{换出}}{\text{砂浆基价}} \right)$$

式中 K——工、机费换算系数。

$$K = \frac{\text{设计抹灰砂浆总厚}}{\text{定额抹灰砂浆总厚}}$$

$$\text{各层换入砂浆用量} = \frac{\text{定额砂浆用量}}{\text{定额砂浆厚度}} \times \text{设计厚度}$$

$$\text{各层换出砂浆用量} = \text{定额砂浆用量}$$

$$\text{换算后定额基价} = 688.24 + 2.10 \times (230.02 - 210.72)$$

$$= 688.24 + 2.10 \times 19.30$$

$$= 688.24 + 40.53$$

$$= 728.77 \text{ 元/100m}^2$$

换算后材料用量（每 100m^2）：

32.5 级水泥：$2.10 \times 635 = 1333.50\text{kg}$

中砂：$2.10 \times 1.04 = 2.184\text{m}^3$

3）构件混凝土换算。

①换算原因。当设计要求构件采用的混凝土强度等级，在预算定额中没有相符合的项目时，就产生了混凝土强度等级或石子粒径的换算。

②换算特点。混凝土用量不变，人工费、机械费不变，只换算混凝土强度等级或石子粒径。

③换算公式。

$$\frac{\text{换算后定额}}{\text{基价}} = \frac{\text{原定额}}{\text{基价}} + \frac{\text{定额混凝土}}{\text{用量}} \times \left(\frac{\text{换入混凝土}}{\text{基价}} - \frac{\text{换出混凝土}}{\text{基价}} \right)$$

【例 1 - 10】 现浇 C25 钢筋混凝土矩形梁。

解： 用上述公式换算。

换算定额号：定 - 2（表 1 - 32）、附 - 10、附 - 11（表 1 - 35）。

$$换算后定额基价 = 6721.44 + 10.15 \times (162.63 - 146.98)$$
$$= 6721.44 + 10.15 \times 15.65$$
$$= 6721.44 + 158.85$$
$$= 6880.29(元/10m^3)$$

换算后材料用量（每 10m³）：

52.5 级水泥：$10.15 \times 313 = 3176.95$（kg）

中砂：$10.15 \times 0.46 = 4.669$（m³）

砾石：$10.15 \times 0.89 = 9.034$（m³）

表 1 - 35　　　　　　　　　　普通塑性混凝土配合比表（摘录）　　　　　　　　　单位：m³

定额编号			附 - 9	附 - 10	附 - 11	附 - 12	附 - 13	附 - 14
项　　目	单位	单价（元）	最大粒径：40mm					
			C15	C20	C25	C30	C35	C40
基价	元		136.02	146.98	162.63	172.41	181.48	199.18
材料　42.5 级水泥	kg	0.30	274	313.00				
52.5 级水泥	kg	0.35			313	343	370	
62.5 级水泥	kg	0.40						368
中砂	m³	38.00	0.49	0.46	0.46	0.42	0.41	0.41
0.5～4 砾石	m³	40.00	0.88	0.89	0.89	0.91	0.91	0.91

4）楼地面混凝土换算。

①换算原因。楼地面混凝土面层的定额单位一般是平方米。因此，当设计厚度与定额厚度不同时，就产生了定额基价的换算。

②换算特点。同抹灰砂浆的换算特点。

③换算公式。

$$换算后定额基价 = 原定额基价 + \left(定额人工费 + 定额机械费\right) \times (K-1) + 换入混凝土用量$$
$$= 换入混凝土基价 - 换出混凝土用量 \times 换出混凝土基价$$

式中　K——工、机费换算系数。

$$K = \frac{混凝土设计厚度}{混凝土定额厚度}$$

$$换入混凝土用量 = \frac{定额混凝土用量}{定额混凝土厚度} \times 设计混凝土厚度$$

$$\frac{换出混凝}{土用量}=定额混凝土用量$$

【例 1 - 11】　C20 混凝土地面面层 80mm 厚。

解：用上述公式换算。

换算定额号：定 - 5（表 1 - 33）、附 - 9、附 - 10（表 1 - 35）。

$$工、机费换算系数\ K=\frac{8}{6}=1.333$$

$$换入混凝土用量=\frac{6.06}{6}\times 8=8.08(m^3)$$

$$
\begin{aligned}
换算后定额基价=&1018.38+(159.60+25.27)\times(1.333-1)+\\
&8.08\times 146.98-6.06\times 136.02\\
=&1018.38+184.87\times 0.333+1187.60-824.28\\
=&1018.38+61.56+1187.60-824.28\\
=&1443.26(元/100m^2)
\end{aligned}
$$

换算后材料用量（每 100m²）：

　　　　42.5 级水泥：8.08×313=2529.04（kg）

　　　　中砂：8.08×0.46=3.717（m³）

　　　　0.5～4 砾石：8.08×0.89=7.191（m³）

5）乘系数换算。乘系数换算是指在使用某些预算定额项目时，定额的一部分或全部乘以规定的系数。例如，某地区预算定额规定，砌弧形砖墙时，定额人工费乘以 1.10 系数；楼地面垫层用于基础垫层时，定额人工费乘以系数 1.20。

【例 1 - 12】　C15 混凝土基础垫层。

解：根据题意按某地区预算定额规定，楼地面垫层定额用于基础垫层时，定额人工费乘以 1.20 系数。

换算定额号：定 - 3（表 1 - 32）。

$$
\begin{aligned}
换算后定额基价=&原定额基价+定额人工费\times(系数-1)\\
=&1673.96+258.72\times(1.20-1)\\
=&1673.96+258.72\times 0.20\\
=&1673.96+51.74\\
=&1725.7(元/10m^3)
\end{aligned}
$$

其中：人工费=258.72×1.20=310.46(元/10m³)

6）其他换算。其他换算是指不属于上述几种换算情况的定额基价换算。

（6）安装工程预算定额换算。安装工程预算定额中，通常不包括主要材料的材料费，定额中称为未计价材料费。安装工程定额基价是不完全工程单价。若要构成完全定额基价，就要通过换算的形式来计算。

1）完全定额基价的计算。

【例 1 - 13】　某地区安装工程估价表中，室内 DN50 镀锌钢管丝接的安装基价为 65.18 元/10m，未计价材料 DN50 镀锌钢管用量 10.20m，单价 23.71 元/m，试计算该项目的完全定额基价。

解：
$$完全定额基价＝65.18＋10.2×23.71$$
$$＝307.02(元/10m)$$

2）乘系数换算。安装工程预算定额中，有许多项目的人工费、机械费，定额规定需乘系数换算。例如，设置于管道间、管廊内的管道、阀门、法兰、支架的定额项目，人工费乘以系数 1.30。

【例 1 - 14】　计算安装某宾馆管道间 $DN25$ 镀锌给水钢管的完全定额基价和定额人工费（$DN25$ 镀锌给水钢管基价为 45.80 元/10m，其中人工费为 27.08 元/10m，未计价材料镀锌钢管用量 10.20m，单价 11.43 元/m）。

解：
$$定额基价＝45.80＋27.06×(1.30－1)＋10.20×11.43$$
$$＝45.80＋27.06×0.30＋116.59$$
$$＝45.80＋8.12＋116.59$$
$$＝170.51(元/10m)$$

其中，定额人工费＝27.08×1.30＝35.20(元/10m)

由于定额是按一般正常合理的施工组织和正常的施工条件编制的，定额中所采用的施工方法和工程质量标准，主要是根据国家现行公路工程施工技术及验收规范、质量评定标准及安全操作规程取定的。因此，使用时不得因具体工程的施工组织、操作方法和材料消耗与定额的规定不同而变更定额。

【例 1 - 15】　某跨径 20m 以内石拱桥，其浆砌块石拱圈工程量为 300m³，设计采用 M7.5 水泥砂浆砌筑，计算人工、32.5 级水泥、中（粗）砂消耗量，如果采用 M10 水泥砂浆砌筑，人工、水泥、中粗砂消耗量变为多少？

解：查《公路工程预算定额》第四章桥涵工程第五节相应定额（表 1 - 36），计算如下：

采用 M7.5 水泥砂浆砌筑时：查预算定额表 1 - 66 人工，300/100×19.3＝579（工日），32.5 级水泥，300/10×0.751＝22.539（t），中（粗）砂：300/10×3.05＝91.8（m³）。

采用 M10 水泥砂浆砌筑时：人工不变还是 579 工日。

根据预算定额总说明规定"九、……如设计中采用的混凝土、砂浆强度等级或水泥强度等级与定额所列强度等级不同时，可按配合比表进行换算……"本例砂浆强度等级预定额不同，应进行换算，查基本定额砂浆配合比表（表 1-37），计算如下：

查定额表 1 - 36 M7.5 水泥砂浆用量为 2.7m³，则改为 M10 水泥砂浆用量也应改为 2.7m³。

32.5 级水泥消耗量为：
$$300/10×[0.751＋2.7×(311－266)/1000]＝26.16(t)$$

中（粗）砂消耗量为：
$$300/100×[3.06＋2.7×(1.07－1.12)]＝90.18(m³)$$

表 1 - 36   浆 砌 块 石

工程内容：①选、修、洗石料；②搭、拆脚手架、踏步或井字架；③配、拌、运砂浆；④砌筑；
⑤勾缝；⑥养生。

单位：10m³

顺序号	项 目	单位	代号	轻型墩台、拱上横墙、墩上横墙	拱圈		锥坡、沟、槽、池	填腹石			
								实体式墩		实体式台、墙	
					跨径/m			高度/m			
					20以内	50以内		10以内	20以内	10以内	20以内
				7	8	9	10	11	12	13	14
1	人工	工日	1	18.8	19.3	21.1	16.2	15.2	16.9	12.4	13.7
2	M5 水泥砂浆	m³	65				(2.70)			(2.70)	(2.70)
3	M7.5 水泥砂浆	m³	66	(2.70)	(2.70)	(2.70)		(2.70)	(2.70)		
4	M10 水泥砂浆	m³	67	(0.10)	(0.11)	(0.07)	(0.17)				
5	原木	m³	101	0.015	0.012	0.025		0.011	0.010	0.003	0.003
6	锯材	m³	102	0.040	0.016	0.019		0.049	0.009	0.016	0.003
7	钢管	t	191	0.006				0.011	0.010	0.004	0.003
8	铁钉	kg	653	0.2	0.1	0.1		0.3	0.1	0.1	
9	8~12 号铁丝	kg	655	2.2	1.5	2.4		1.8	0.3	0.6	0.1
10	32.5 级水泥	t	832	0.750	0.751	0.741	0.643	0.718	0.718	0.589	0.589
11	水	m³	866	10	15	14	18	7	7	7	7
12	中（粗）砂	m³	899	3.05	3.06	3.02	3.21	2.94	2.94	3.02	3.02
13	块石	m³	981	10.50	10.50	10.50	10.50	10.50	10.50	10.50	10.50
14	其他材料费	元	996	4.2	4.5	4.5	1.2	5.6	7.0	2.8	3.1
15	30kN 以内单筒慢动卷扬机	台班	1499						0.90		0.90
16	小型机具使用费	元	1998	5.6	5.6	5.6	5.9	5.3	5.3	5.3	5.3
17	基价	元	1999	2375	2328	2435	2104	2214	2306	1936	2051

表 1 - 37　　　　　　　　　　　　　砂 浆 配 合 比 表　　　　　　单位：1m³ 砂浆及水泥浆

顺序号	项 目	单位	水泥砂浆									
			砂浆强度等级									
			M5	M7.5	M10	M12.5	M15	M20	M25	M30	M35	M40
			1	2	3	4	5	6	7	8	9	10
1	32.5 级水泥	kg	218	266	311	345	393	448	527	612	693	760
2	生石灰	kg	—	—	—	—	—	—	—	—	—	—
3	中（粗）砂	m³	1.12	1.09	1.07	1.07	1.07	1.06	1.02	0.99	0.98	0.95

顺序号	项 目	单位	水泥砂浆				混合砂浆				石灰砂浆	水泥浆
			砂浆强度等级									
			1:1	1:2	1:2.5	1:3	M2.5	M5	M7.5	M10	M1	
			11	12	13	14	15	16	17	18	19	20
1	32.5 级水泥	kg	780	553	472	403	165	210	253	290		1348
2	生石灰	kg					127	94	61	29	207	
3	中（粗）砂	m³	0.67	0.95	1.01	1.04	1.04	1.04	1.04	1.04	1.1	

注：表列用量已包括场内运输及操作损耗。

6. 补充预算定额

在应用现行定额时，要特别注意实际工作内容预定额表左上方的"工程内容"所含的内容是否完全一致。如果不同，就要用补充定额。补充定额一般由当地造价站定期发布，但实际工作过程中，常常需要自己根据实际的工作内容，参考相关定额编制新的补充定额，把补充定额保存作为以后工作的参考，并报当地定额站备案。

【例 1 - 16】　某桥墩挖基础，施工地面水位深 1m，人工挖基 100，确定 1m 深水中摇头扒杆卷扬机吊运普通土的预算定额。

解：查《公路工程预算定额》第四章桥涵工程第一节相应定额（表 1 - 38），人工挖运卷扬机吊运基坑土、石方工作内容，没有包含抽水工作，只包含摇头扒杆的移动，没有包括扒杆的制作、安装、拆除工作。

故 1m 深水中摇头扒杆卷扬机吊运普通土的预算定额应在表 1 - 38 基础上补充抽水定额，查预算定额第四章桥涵工程第一节说明基坑水泵台班消耗（表 1 - 39），应增加 φ150 水泵 0.11 台班。并在实际计算中，按实际制作、安装、拆除摇头扒杆的数量，套用定额（表 1 - 40），不能遗漏。

表 1 - 38 人工挖卷扬机吊运基坑土、石方

工程内容：①人工挖土或人工打眼开炸石方；②装土、石方卷扬机吊运土、石出坑外；③清理、整平、夯实土质基底，检平石质基底；④挖排水沟及集水井；⑤搭拆脚手架，移动摇头扒杆及整修运土、石渣便道；⑥取土回填、铺平、洒水、夯实。

单位：1000m³

顺序号	项 目	单位	代号	土方		石方
				干处	湿处	
				1	2	3
1	人工	工日	1	419.3	593.8	816.0
2	钢钎	kg	211	—	—	34.3
3	硝铵炸药	kg	841	—	—	200.2
4	导火线	m	842	—	—	492
5	普通雷管	个	845	—	—	384
6	煤	t	864	—	—	0.248
7	其他材料费	元	996	—	—	24.5
8	30kN 以内单筒慢动卷扬机	台班	1499	13.28	13.28	51.54
9	基价	元	1999	21786	30372	46782

表 1 - 39 基坑水泵台班消耗

覆盖层土壤类别		水位高度/m		河中桥墩			靠岸墩台		
				挖基/10m³	每座墩（台）修筑水泵台班		挖基/10m³	每座墩（台）修筑水泵台班	
					基坑深3m以内	基坑深6m以内		基坑深3m以内	基坑深6m以内
I	1. 粉质黏土 2. 粉砂土 3. 较密实的细砂土（0.10～0.25mm 颗粒含量占多数） 4. 松软的黄土 5. 有透水孔道的黏土	地面水	4 以内	0.19	7.58	10.83	0.12	4.88	7.04
			3 以内	0.15	5.96	8.67	0.10	3.79	5.42
			2 以内	0.12	5.42	7.58	0.08	3.52	4.88
			1 以内	0.11	4.88	7.04	0.07	3.25	4.33
		地下水	6 以内	0.08	—	5.42	0.05	—	3.79
			3 以内	0.07	3.79	3.79	0.04	2.71	2.71
II	1. 中类砂土（0.25～0.50mm 颗粒含量占多数） 2. 紧密的颗粒较细的砂砾石层 3. 有裂缝透水的岩层地面水	地面水	4 以内	0.54	16.12	24.96	0.35	10.32	16.12
			3 以内	0.44	11.96	18.72	0.29	7.74	11.96
			2 以内	0.36	8.32	14.04	0.23	5.16	9.36
			1 以内	0.31	6.24	10.92	0.19	4.13	7.28
		地下水	6 以内	0.23	—	7.28	0.15	—	4.68
			3 以内	0.19	4.16	4.68	0.12	2.58	3.12

表 1 - 40　　　　　　　　　木 结 构 吊 装 设 备

工程内容：①吊装设备制作、安装、拆除；②埋设地锚，拉缆风索。

单位：1 个

顺序号	项目	单位	代号	人字扒杆	三角扒杆	摇头扒杆	简易木龙门架	木龙门架（起重量12t）
				1	2	3	4	5
1	人工	工日	1	10.8	6.7	22.7	5.4	65.1
2	原木	m³	101	1.171	0.530	1.316	0.055	0.517
3	锯材	m³	102				0.163	3.810
4	钢丝绳	t	221	0.032	0.023	0.020	0.007	0.023
5	铁件	kg	651	1.4	1.4	7.0	4.4	239.9
6	铁钉	kg	653					0.7
7	其他材料费	元	996	40.8	40.9	59.4	78.1	31.3
8	设备摊销费	元	997			54.0		675.4
9	30kN 以内单筒慢动卷扬机	台班	1499	0.92	0.59	2.40		3.28
10	小型机具使用费	元	1998	2.1	1.4	5.5		7.5
11	基价	元	1999	2159	1158	3067	686	11120

第三节　工程量清单计价

一、工程量清单计价简介

工程量清单计价是一种主要由市场定价的计价模式。为适应我国工程投资体制改革和建设管理体制改革的需要，加快我国建筑工程计价模式与国际接轨的步伐，自 2003 年起开始在全国范围内逐步推广工程量清单计价方法。使用国有资金投资的建设工程发承包，必须采用工程量清单计价；非国有资金投资的建设工程，宜采用工程量清单计价；不采用工程量清单计价的建设工程，应执行本规范除工程量清单等专门性规定外的其他规定。

主要基于以下目的：深入推行工程量清单计价改革工作，规范建设工程工程量清单计价行为，统一建设工程工程量清单的编制和计价方法；与当前国家相关法律、法规和政策性变化的规定相适应，使其能够正确地贯彻执行；适应新技术、新工艺、新材料日益发展的需要，促使规范的内容不断更新完善。以 GB 50500—2008 为基础，推出了新版《建设工程工程量清单计价规范》（GB 50500—2013）。GB 50500—2013 包括规范条文和附录两部分。规范条文共 16 章：总则、术语、一般规定、工程量清单编制、招标控制价、投标报价、合同价款约定、工程计量、合同价款调整、合同价款期中支付、竣工结算与支付、合同解除的价款结算与支付、合同价款争议的解决、工程造价鉴定、工程计价资料与档案、工程计价表格，具体内容涵盖了从工程招投标开始到工程竣工结算办理完毕的全过程。附录共有 11 个，附录 A 规定了物价变化合同价款调整办法，附录 B～附录 K 是在计价表格基础上编写形成的，分别为：工程计价文件封面、工程计价文件扉页、工程计价总说明、工程计价汇总表、分部分项工程和单价措施项目清单与计价表、其他项目计价表、规费和税金项目计价表、工程量申请（核准）表、合同价款支付申请（核准）表、主要材料和工程设备一览表。

二、工程量清单计价包含的主要内容

《建设工程工程量清单计价规范》（GB 50500—2013）的主要内容包括工程量清单编制、招标控制价、投标价、合同价款约定、工程计量、合同价款调整、合同价款期中支付、竣工结算与支付、合同价款争议的解决、工程造价鉴定等内容。

三、工程量清单计价规范的编制依据和作用

《建设工程工程量清单计价规范》是为规范建设工程施工发承包计价行为，统一建设工程工程量清单的编制原则和计价方法，根据《中华人民共和国建筑法》《中华人民共和国合同法》《中华人民共和国招标投标法》等法律法规制定的法规性文件。

规范规定，使用国有资金投资的建设工程施工发承包，必须采用工程量清单计价。规范要求非国有资金投资的建设工程，宜采用工程量清单计价。

不采用工程量清单计价的建设工程，应执行本规范除工程量清单等专门性规定外的其他规定。例如，在工程发承包过程中要执行合同价款约定、工程计量、合同价款调整、合同价款期中支付、竣工结算与支付、合同价款争议的解决等规定。

四、工程量清单相关概念

1. 工程量清单

工程量清单是指载明建设工程的分部分项工程项目、措施项目、其他项目的名称和相应数量以及规范、税金项目等内容的明细清单。

工程量清单是招标工程量清单和已标价工程量清单的统称。

2. 招标工程量清单的概念

招标工程量清单是指招标人依据国家标准、招标文件、设计文件以及施工现场实际情况编制的，随招标文件发布供投标报价的工程量清单，包括其说明和表格。

3. 已标价工程量清单的概念

已标价工程量清单是指构成合同文件组成部分的投标文件中已标明价格，经算术性错误修正（如果有）且承包人已经确认的工程量清单，包括其说明和表格。

已标价工程量清单特指承包商中标后的工程量清单，不是指所有投标人的标价工程量清单。因为"构成合同文件组成部分"的"已标价工程量清单"只能是中标人的"已标价工程量清单"；另外，有可能在评标时评标专家已经修正了投标人"已标价工程量清单"的计算错误，并且投标人同意修正结果，最终又成为中标价的情况；或者投标人"已标价工程量清单"与"招标工程量清单"的工程数量有差别且评标专家没有发现错误，最终又

成为中标价的情况。

注意："已标价工程量清单"有可能与"投标报价工程量""招标工程量清单"出现不同情况的事实，所以专门定义了"已标价工程量清单"的概念。

4. 招标控制价的概念

招标人根据国家或省级、行业建设主管部门颁发的有关计价依据和办法，以及拟定的招标文件和招标工程量清单，结合工程具体情况编制的招标工程的最高投标限价。

5. 投标价的概念

投标价是指投标人投标时，响应招标文件要求所报出的对以标价工程量清单汇总后标明的总价。

投标价是投标人根据国家或省级、行业建设主管部门颁发的计价办法，企业定额、国家或省级、行业建设主管部门颁发的计价定额，招标文件、工程量清单及其补充通知、答疑纪要，建设工程设计文件及相关资料，施工现场情况、工程特点及拟定的投标施工组织设计或施工方案，与建设项目相关的标准、规范等技术资料，市场价格信息或工程造价管理机构发布的工程造价信息编制的投标时报出的工程总价。

6. 签约合同价的概念

签约合同价是指发承包双方在工程合同中约定的工程造价，即包括了分部分项工程费、措施项目费、其他项目费、规范和税金的合同总价。

7. 竣工结算价的概念

竣工结算价是指发承包双方依据国家有关法律、法规和标准规定，按照合同约定确定的，包括在履行合同过程中按合同约定进行的合同价款调整，承包人按合同约定完成了全部承包工作后，发包人应付给承包人的合同总金额。

在履行合同过程中按合同约定进行的合同价款调整，是指工程变更、索赔、政策变化等引起的价款调整。

8. 招标工程量清单

招标工程量清单是指建设工程的分部分项工程项目、措施项目、其他项目、规费项目和税金项目的名称和相应数量等的明细清单。工程量清单是工程量清单计价的基础，贯穿于建设工程的招投标阶段和施工阶段，是编制招标控制价、投标报价、计算工程量、支付工程款、调整合同价款、办理竣工结算以及工程索赔等的依据。工程量清单的主要作用如下：

(1) 工程量清单是工程付款和结算的依据。在施工阶段，发包人根据承包人完成的工程量清单中规定的内容以及合同单价支付工程款。工程结算时，承发包双方按照工程量清单计价表中的序号对已实施的分部分项工程或计价项目，按合同单价和相关合同条款核算结算价款。

(2) 工程量清单为投标人的投标竞争提供了一个平等和共同的基础。工程量清单是由招标人负责编制，将要求投标人完成的工程项目及其相应工程实体数量全部列出，为投标人提供拟建工程的基本内容、实体数量和质量要求等的基础信息。这样，在建设工程的招标投标中，投标人的竞争活动就有了一个共同基础，投标人机会均等，受到的待遇是公正和公平的。

（3）工程量清单是调整工程价款、处理工程索赔的依据。在发生工程变更和工程索赔时，可以选用或者参照工程量清单中的分部分项工程或计价项目及合同单价来确定变更价款和索赔费用。

（4）工程量清单是建设工程计价的依据。在招标投标过程中，招标人根据工程量清单编制招标工程的招标控制价；投标人按照工程量清单所表述的内容，依据企业定额计算投标价格，自主填报工程量清单所列项目的单价与合价。

9. 招标工程量清单的概念

招标工程量清单是招标人依据国家标准、招标文件、设计文件以及施工现场实际情况编制的，随招标文件发布供投标价的工程量清单。这里是指工程量清单的编制依据和重要作用。

10. 已标价工程量清单的概念

已标价工程量清单是构成合同文件组成部分的投标文件中已标明价格，经算术性错误修正（如有）且承包人已确认的工程量清单，包括对其的说明和表格。它是指承包人根据承包合同的要求，在投标价的基础上进行调整（如有）后的已标价工程量清单。

五、工程量清单计价活动各种价格之间的关系

工程量清单计价活动各种价格主要包括招标控制价、已标价工程量清单、投标价、签约合同价、竣工结算价。

1. 招标控制价与各种价格之间的关系

GB 50500—2013 第 6.1.5 条规定"投标人的投标价高于招标控制价的应予废标"。所以，招标控制价是投标价的最高限价。

GB 50500—2013 第 5.1.2 条规定"招标控制价应由具有编制能力的招标人编制，或者委托其具有相应资质的工程造价咨询人编制和复核"。

招标控制价是工程实施时调整工程价款的计算依据。例如，分部分项工程量偏差引起的综合单价调整就需要根据招标控制价中对应的分部分项综合单价进行。

招标控制价应根据工程类型确定合适的企业等级，根据本地区的计价定额、费用定额、人工费调整文件和市场信息价编制。

招标控制价应反映建造该工程的社会平均水平工程造价。

招标控制价的质量和复核由招标人负责。

2. 投标价与各种价格之间的关系

投标价一般由投标人编制。投标价根据招标工程量和有关依据编制。投标价不能高于招标控制价。包含工程量的投标价称为"已标价工程量清单"，它是调整工程价款和计算工程结算价的主要依据之一。

3. 签约合同价与各种价格之间的关系

签约合同价根据中标价（中标人的投标价）确定。发承包双方在中标价的基础上协商

确定签约合同价。一般情况下承包商若能够让利，则签约合同价要低于中标价。签约合同价也是调整工程价款和计算工程结算价的主要依据之一。

4. 竣工结算价与各种价格之间的关系

竣工结算由承包商编制。竣工结算价根据招标控制价、已标价工程量清单、签约合同价，上述工程量清单计价各种价格之间的关系示意如图1-7所示。

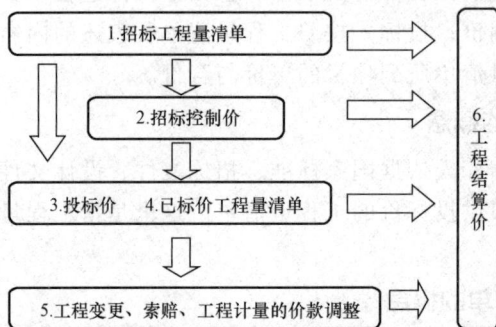

图 1-7　工程量清单计价各种价格之间的关系示意图

六、工程量计算规范

1. 设置工程量计算规范的目的

（1）规范工程造价计量行为。在工程量清单计价时，确定工程造价一般首先要根据施工图，计算以 m、m^2、m^3、t 等为计量单位的工程数量。工程施工图往往表达的是一个由不同结构和构造、多种几何形体组成的结合体。因此，在错综复杂的长度、面积、体积等清单工程量计算中，必须要有一个权威、强制执行的规定来统一规范工程量清单计价的计量行为。于是，就颁发了工程量计算规范。

（2）规定工程量清单的项目设置和计量规则。颁发的工程量计算规范设置了各专业工程的分部分项项目，统一了清单工程量项目的划分，进而保证了每个单位工程确定工程量清单项目的一致性。

工程计量规范根据每个项目的计算特点和考虑到计价定额的有关规定，设置了每个清单工程量项目的项目名称、项目特征、计量单位、工程量计算规则和工作内容。

2. 工程计量规范的内容

（1）工程量计算规范包括的专业工程。2013 年颁发的工程量计算规范包括 9 个专业工程，它们是：

01—房屋建筑与装饰工程（GB 50854—2013）；

02—仿古建筑工程（GB 50855—2013）；

03—通用安装工程（GB 50856—2013）；

04—市政工程（GB 50857—2013）；

05—园林绿化工程（GB 50858—2013）；

06—矿山工程（GB 50859—2013）；

07—构筑物工程（GB 50860—2013）；

08—城市轨道交通工程（GB 50861—2013）；

09—爆破工程（GB 50862—2013）。

以后，随着其他专业计量规范的条件成熟，还会不断增加新专业的工程计量规范。

（2）各专业工程量计算规范包含的内容。各专业工程量计算规范除了包括总则、术语、一般规定外，其主要内容是分部分项工程项目和措施项目的内容。我们以《房屋建筑与装饰工程工程量计算规范》GB 50854 为例，介绍工程量清单计价规范的内容。

1）总则。各专业工程计量规范中的总则主要包括：阐述了制定工程量计算规范的目的。例如，"为规范房屋建筑与装饰工程造价计量行为，统一房屋建筑与装饰工程工程量计算规则、工程量清单的编制方法，制定本规范"。

规范的适用范围。例如，"本规范适用于工业与民用的房屋建筑与装饰工程发承包及实施阶段计价活动中的工程计量和工程量清单编制"。

强制性规定。例如，"××工程计价，必须按本规范规定的工程量计算规则进行工程计量"。

2）术语。术语是在特定学科领域用来表示概念的称谓的集合，在我国又称为名词或科技名词。术语是通过语言或文字来表达或限定科学概念的约定性语言符号，是思想和认识交流的工具。

工程量计算规范的术语通常包括对"工程量计算""房屋建筑""市政工程""安装工程"等概念的定义。例如，安装工程是指各种设备、装置的安装工程。通常包括：工业、民用设备，电气、智能化控制设备，自动化控制仪表，通风空调，工业、消防及给水排水燃气管道以及通信设备安装等。

3）工程计量。

①工程量计算依据。工程量计算依据除依据规范各项规定外，尚应依据以下文件：

经审定通过的施工设计图纸。

经审定通过的施工组织设计或施工方案。

经审定通过的其他有关技术经济文件。

②实施过程的计量办法。工程实施过程中的计量应按照现行国家标准《建设工程工程量清单计价规范》GB 50500 的相关规定执行。

分部分项工程量清单计量单位的规定。

分部分项工程量清单的计量单位应按附录中规定的计量单位确定。

本规范附录中有两个或两个以上计量单位的，应结合拟建工程项目的实际情况，选择其中一个确定。

工程计量时，每一项目汇总的有效位数应遵守下列规定：

以"t"为单位，应保留小数点后三位数字，第四位小数四舍五入；

以"m""m²""m³""kg"为单位，应保留小数点后两位数字，第三位小数四舍五入；

以"个""件""根""组""系统"为单位，应取整数。

③拟建工程项目中涉及非本专业计量规范的处理方法（以房屋建筑与装饰工程量计算

规范为例）

房屋建筑与装饰工程涉及电气、给水排水、消防等安装工程的项目，按照国家标准《通用安装工程工程量计算规范》GB 50856 的相应项目执行；涉及小区道路、室外给水排水等工程的项目，按国家标准《市政工程工程量计算规范》GB 50857 的相应项目执行；采用爆破法施工的石方工程，按照国家标准《爆破工程工程量计算规范》GB 50862 的相应项目执行。

4）工程量清单编制。

①编制工程量清单的依据。现行国家标准《建设工程工程量清单计价规范》GB 50500；

国家或省级、行业建设主管部门颁发的计价依据和办法；

建设工程设计文件；

与建设工程项目有关的标准、规范、技术等资料；

拟定的招标文件；

施工现场情况、工程特点及常规施工方案；

其他相关资料。

②工程量清单编制的方法。招标工程量清单必须作为招标文件的组成部分，由招标人提供，并对其准确性和完整性负责。招标工程量清单是工程量清单计价的基础，应作为编制招标控制价、投标报价、计算或调整工程量、索赔等的依据之一，一经中标签订合同，招标工程量清单即为合同的组成部分。招标工程量清单应由具有编制能力的招标人或受其委托、具有相应资质的工程造价咨询人进行编制。

招标工程量清单应以单位（项）工程为单位编制，应由分部分项工程量清单、措施项目清单、其他项目清单、规费和税金项目清单组成。招标工程量清单编制的依据有。

《建设工程工程量清单计价规范》（GB 50500—2013）和相关工程的国家计量规范；

国家或省级、行业建设主管部门颁发的计价定额和办法；

建设工程设计文件及相关材料；

与建设工程有关的标准、规范、技术资料；

拟定的招标文件；

施工现场情况、地勘水文资料、工程特点及常规施工方案；

其他相关资料。

3. 分部分项工程项目清单的编制

分部分项工程项目工程量清单应按建设工程工程量计量规范的规定，确定项目编码、项目名称、项目特征、计量单位，并按不同专业工程量计量规范给出的工程量计算规则，进行工程量的计算。对于计价而言，无论什么专业都应该是一样的；而计量，随着专业的不同存在不一样的规定，将其作为附录处理，不方便操作和管理，也不利于专业计量规范的修订和增补，因此在"08 规范"的基础上，分离出计量的内容，新修编成 9 个计量规范，即：《房屋建筑与装饰工程工程量计算规范》（GB 50854—2013）、《仿古建筑工程工程量计算规范》（GB 50855—2013）、《通用安装工程工程量计算规范》（GB 50856—2013）、《市政工程工程量计算规范》（GB 50857—2013）、《园林绿化工程工程量计算规范》（GB

50858—2013)、《矿山工程工程量计算规范》（GB 50859—2013)、《构筑物工程工程量计算规范》（GB50860—2013)、《城市轨道交通工程工程量计算规范》（GB 50861—2013)、《爆破工程工程量计算规范》（GB 50862—2013)。以上9个计量规范中工程量清单的编制规则是一致的，现统称为《计量规范》。

（1）项目编码的设置。项目编码是分部分项工程量清单项目名称的数字标识。分部分项工程量清单项目编码以五级编码设置，采用十二位阿拉伯数字表示。一至九位应按《计量规范》的规定设置，十至十二位应根据拟建工程的工程量清单项目名称和项目特征设置，同一招标工程的项目编码不得有重码。例如，砖基础的清单工程量计算规范的编码为"010401001"九位数，某工程砖基础清单工程量的编码为"010401001001"十二位数，最后三位数"001"是工程量清单编制人加上的。

工程量清单的项目名称应按附录的项目名称结合拟建工程的实际确定。

工程量清单项目特征应按附录中规定的项目特征，结合拟建工程项目的实际予以描述。

工程量清单中所列工程量应按附录中规定的工程量计算规则计算。

工程量清单的计量单位应按附录中规定的计量单位确定。

其他项目、规费和税金项目编制

其他项目、规费和税金项目清单应按照现行国家标准《建设工程工程量清单计价规范》GB 50500 的相关规定编制。

各级编码代表的含义如下：

1）第一级为工程分类顺序码（分二位）。房屋建筑与装饰工程为01、仿古建筑工程为02、通用安装工程为03、市政工程为04、园林绿化工程为05、矿山工程为06、构筑物工程为07、城市轨道交通工程为08、爆破工程为09。

2）第二级为附录分类顺序码（分二位）。

3）第三级为分部工程顺序码（分二位）。

4）第四级为分项工程项目顺序码（分三位）。

5）第五级为工程量清单项目顺序码（分三位）。

项目编码结构如图1-8所示（以房屋建筑与装饰工程为例）。

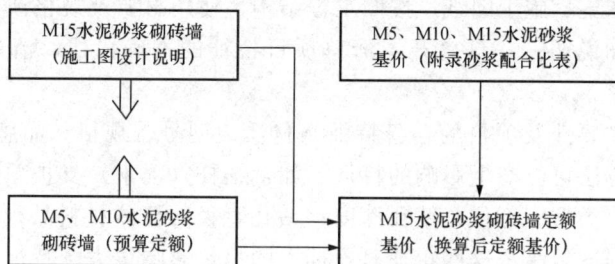

图1-8　工程量清单项目编码结构

【例1-17】　某工程属于房屋建筑与装饰工程，其中某标段的工程量清单中含有三个单位工程，每一单位工程中都有项目特征相同的实心砖墙砌体，在工程量清单编制中，试解释三个不同单位工程的实心砖墙砌体工程量。

解：工程量清单应以单位工程为编制对象，将第一个单位工程的实心砖墙的项目编码编成 010401003001，第二个单位工程的实心砖墙的项目编码编成 010401003002，第三个单位工程的实心砖墙的项目编码编成 010401003003，并分别列出各单位工程实心砖墙的工程量。

（2）项目名称的确定。分部分项工程量清单的项目名称应根据《计量规范》的项目名称结合拟建工程的实际确定。《计量规范》中规定的"项目名称"为分项工程项目名称，一般以工程实体命名。编制工程量清单时，应以附录中的项目名称为基础，考虑该项目的规格、型号、材质等特征要求，并结合拟建工程的实际情况，对其进行适当的调整或细化，使其能够反映影响工程造价的主要因素。如《房屋建筑与装饰工程工程量计算规范》GB 50854—2013 中编号为"010502001"的项目名称为"矩形柱"，可根据拟建工程的实际情况写成"C30 现浇混凝土矩形柱 400×400"。

1）项目特征的描述。项目特征是指构成分部分项工程量清单项目、措施项目自身价值的本质特征。分部分项工程量清单项目特征应按《计量规范》的项目特征，结合拟建工程项目的实际予以描述。分部分项工程量清单的项目特征是确定一个清单项目综合单价的重要依据，在编制的工程量清单中必须对其项目特征进行准确和全面的描述。工程量清单项目特征描述的重要意义在于：

项目特征是区分清单项目的依据。工程量清单项目特征是用来表述分部分项清单项目的实质内容，用于区分计价规范中同一清单条目下各个具体的清单项目。没有项目特征的准确描述，对于相同或相似的清单项目名称，就无从区分。

项目特征是确定综合单价的前提。由于工程量清单项目的特征决定了工程实体的实质内容，必然直接决定了工程实体的自身价值。因此，工程量清单项目特征描述的准确与否，直接关系到工程量清单项目综合单价的准确确定。

项目特征是履行合同义务的基础。实行工程量清单计价，工程量清单及其综合单价则构成施工合同的组成部分。因此，如果工程量清单项目特征的描述不清甚至漏项、错误，就会引起在施工过程中的更改，从而引起分歧、导致纠纷。

由此可见，清单项目特征的描述应根据现行计量规范附录中有关项目特征的要求，结合技术规范、标准图集、施工图纸，按照工程结构、使用材质及规格或安装位置等，予以详细而准确的表述和说明。一旦离开了清单项目特征的准确描述，清单项目也将没有生命力。

清单项目特征主要涉及项目的自身特征（材质、型号、规格、品牌）、项目的工艺特征以及对项目施工方法可能产生影响的特征。如：锚杆（锚索）支护项目特征描述为：地层情况；锚杆（索）类型、部位；钻孔深度；钻孔直径；杆体材料品种、规格、数量；预应力；浆液种类、强度等级。这些特征对投标人的报价影响很大。特征描述不清，将导致投标人对招标人的需求理解不全面，达不到正确报价的目的。对清单项目特征不同的项目应分别列项，如基础工程，仅混凝土强度等级不同，足以影响投标人的报价，故应分开列项。

【例 1 - 18】 项目特征描述。

表 1 - 41 某 砌 砖 工 程

项目编码	项目名称	项目特征	计量单位	工程量计算规则	工程内容
010401001×××	实心砖墙	1. 砖品种、规格、强度等级 2. 墙体类型 3. 墙体厚度 4. 墙体高度 5. 勾缝要求 6. 砂浆强度等级、配合比	m³	（略）	1. 砂浆制作、运输 2. 砌砖 3. 勾缝 4. 砖压顶砌筑 5. 材料运输

此例中：①砖的品种、规格、强度等级：须描述是页岩砖，还是煤灰砖等；是标砖还是非标砖，是非标砖应注明规格尺寸；是 MU10、MU15，还是 MU20 等内容；因为砖的品种、规格、强度等级直接关系到砖的价格。②墙体类型：是混水墙还是清水墙，清水是双面还是单面，或是一斗一卧、围墙等；③墙的厚度：是 1 砖还是 1 砖半等，因为墙体厚度、类型直接影响砌砖的工效以及砖、砂浆的消耗量。④墙体高度。⑤勾缝要求：是否勾缝，是原浆还是加浆勾缝；如果是加浆勾缝，还必须注明砂浆配合比。

2）计量单位的选择。分部分项工程量清单的计量单位应按《计量规范》的计量单位确定。当计量单位有两个或两个以上时，应根据所编工程量清单项目的特征要求，选择最适宜表述该项目特征并方便计量的单位。除各专业另有特殊规定外，均按以下基本单位计量：

以重量计算的项目——吨或千克（t 或 kg）；

以体积计算的项目——立方米（m³）；

以面积计算的项目——平方米（m²）；

以长度计算的项目——米（m）；

以自然计量单位计算的项目——个、套、块、组、台……

没有具体数量的项目——宗、项……

以"吨"为计量单位的应保留小数点后三位数字，第四位小数四舍五入；以"立方米"、"平方米"、"米"、"千克"为计量单位的应保留小数点后二位数字，第三位小数四舍五入；以"项"、"个"等为计量单位的应取整数。例如："实心砖墙"项目的计量单位是"m³"，"砖水池"项目的计量单位为"座"等。

3）工程量的计算。分部分项工程量清单中所列工程量应按《计量规范》的工程量计算规则计算。工程量计算规则是指对清单项目工程量计算的规定。除另有说明外，所有清单项目的工程量以实体工程量为准，并以完成后的净值来计算。因此，在计算综合单价时应考虑施工中的各种损耗和需要增加的工程量，或在措施费清单中列入相应的措施费用。采用工程量清单计算规则，工程实体的工程量是唯一的。统一的清单工程量为各投标人提供了一个公平竞争的平台，也方便招标人对各投标人的报价进行对比。

4）补充项目。编制工程量清单时如果出现《计量规范》附录中未包括的项目，编制人应做补充，并报省级或行业工程造价管理机构备案。补充项目的编码由对应计量规范的代码 X（即 01～09）与 B 和三位阿拉伯数字组成，并应从×B001 起顺序编制，同一招标工程的项目不得重码。补充的不能计量的措施项目，需附有补充项目的名称、工作内容及包含范围。工程量清单中需附有补充项目的名称、项目特征、计量单位、工程量计算规则、工作内容。

【例 1 - 19】 补充项目举例（表 1 - 42）。

表 1 - 42　　　　　　　　　　　**M. 11 隔墙（编码：011211）**

项目编码	项目名称	项目特征	计量单位	工程量计算规则	工作内容
01 B001	成品 GRC 隔墙	1. 隔墙材料品种、规格 2. 隔墙厚度 3. 嵌缝、塞口材料品种	m²	按设计图示尺度以面积计算，扣除门窗洞口及单个≥0.3m² 的孔洞所占面积	1. 骨架及边框安装 2. 隔板安装 3. 嵌缝、塞口

【例 1 - 20】 钢管桩的补充项目（表 1 - 43）。

表 1 - 43　　　　　　　　　　　**桩基础（编码：010201）**

项目编码	项目名称	项目特征	计量单位	工程量计算规则	工程内容
AB001	钢管桩	1. 地层描述 2. 送桩长度/单桩长度 3. 钢管材质、管径、壁厚 4. 管桩填充材料种类 5. 桩倾斜度 6. 防护材料种类	m/根	按设计图示尺寸以桩长（包括桩尖）或根数计算	1. 桩制作、运输 2. 打桩、试验桩、斜桩 3. 关桩 4. 管桩填充材料、刷防护材料

5）有关模板项目的约定。现浇混凝土工程项目"工作内容"中包括模板工程的内容，同时又在措施项目中单列了现浇混凝土模板工程项目。对此，招标人应根据工程实际情况选用。若招标人在措施项目清单中未编列现浇混凝土模板项目清单，即表示现浇混凝土模板项目不单列，现浇混凝土工程项目的综合单价中应包括模板工程费用。

6）有关成品的综合单价计算约定。

①规范对预制混凝土构件按现场制作编制项目，"工作内容"中包括模板工程，不再另列。若采用成品预制混凝土构件时，构件成品价（包括模板、钢筋、混凝土等所有费用）应计入单价中。

②金属结构构件按成品编制项目，构件成品价应计入综合单价中。若采用现场制作，包括制作的所有费用。

③门窗（橱窗除外）按成品编制项目，门窗成品价应计入综合单价中。若采用现场制作，包括制作的所有费用。

7）措施项目清单的编制。

①基本要求。措施项目清单是指为完成工程项目施工，发生于该工程施工准备和施工过程中的技术、生活、安全、环境保护等方面的项目清单。鉴于已将"08 规范"中"通

用措施项目一览表"中的内容列入相关工程国家计量规范,因此,《建设工程工程量清单计价规范》GB 50500—2013 规定:

a. 措施项目清单必须根据相关工程现行国家计量规范的规定编制。规范中将措施项目分为能计量和不能计量的两类。

b. 对能计量的措施项目(即单价措施项目),同分部分项工程量一样,编制措施项目清单时应列出项目编码、项目名称、项目特征、计量单位,并按现行计量规范规定,采用对应的工程量计算规则计算其工程量。

c. 对不能计量的措施项目(即总价措施项目),措施项目清单中仅列出了项目编码、项目名称,但未列出项目特征、计量单位的项目,编制措施项目清单时,应按现行计量规范附录(措施项目)的规定执行。

d. 由于工程建设施工特点和承包人组织施工生产的施工装备水平、施工方案及其管理水平的差异,同一工程、不同承包人组织施工采用的施工措施有时并不完全一致,措施项目清单应根据拟建工程的实际情况列项。

②参考因素及文件。措施项目清单的编制应考虑多种因素,除了工程本身的因素外,还要考虑水文、气象、环境、安全和施工企业的实际情况。措施项目清单的设置,需要参考以下几种文件:

a. 参考拟建工程的常规施工组织设计,以确定环境保护、安全文明施工、临时设施、材料的二次搬运等项目。

b. 参考拟建工程的常规施工技术方案,以确定大型机械设备进出场及安拆、混凝土模板及支架、脚手架、施工排水、施工降水、垂直运输机械、组装平台等项目。

c. 参阅相关的施工规范与工程验收规范,以确定施工方案没有表述的但为实现施工规范与工程验收规范要求而必须发生的技术措施。

③确定的内容及要求。

a. 确定设计文件中不足以写进施工方案,但要通过一定的技术措施才能实现的内容。

b. 确定招标文件中提出的某些需要通过一定的技术措施才能实现的要求。

④措施项目编制的规定。

a. 措施项目分"单价项目"和"总价项目"两种情况。

b. 措施项目中列出了项目编码、项目名称、项目特征、计量单位、工程量计算规则的项目(单价项目)。编制工程量清单时,应按照本规范分部分项工程量清单编制的规定执行。

c. 措施项目中仅列出项目编码、项目名称,未列出项目特征、计量单位和工程量计算规则的项目(总价项目)。编制工程量清单时,应按本规范附录的措施项目规定的项目编码、项目名称确定。

8)其他项目清单的编制。其他项目清单是指分部分项工程量清单、措施项目清单所包含的内容以外,因招标人的特殊要求而发生的与拟建工程有关的其他费用项目和相应数量的清单。工程建设标准的高低、工程的复杂程度、工程的工期长短、工程的组成内容、发包人对工程管理的要求等都直接影响其他项目清单的具体内容。因此,其他项目清单应根据拟建工程的具体情况,参照《建设工程工程量清单计价规范》GB 50500—2013 提供的下列 4 项内容列项［出现《建设工程工程量清单计价规范》（GB 50500—2013）未列的项目，可根据工程实际情况补充］。

①暂列金额。暂列金额是招标人暂定并包括在合同中的一笔款项。用于施工合同签订时尚未确定或者不可预见的所需材料、设备、服务的采购，施工中可能发生的工程变更、合同约定调整因素出现时的工程价款调整以及发生的索赔、现场签证确认等的费用。

②暂估价。暂估价是指招标人在工程量清单中提供的用于支付必然发生但暂时不能确定价格的材料价款、工程设备价款以及专业工程金额。暂估价是在招标阶段预见肯定要发生，但是由于标准尚不明确或者需要由专业承包人来完成，暂时无法确定具体价格时所采用的一种价格形式。

③计日工。计日工是为了解决现场发生的零星工作的计价而设立的。计日工以完成零星工作所消耗的人工工时、材料数量、机械台班进行计量，并按照计日工表中填报的适用项目的单价进行计价支付。计日工适用的所谓零星工作一般是指合同约定之外的或者因变更而产生的、工程量清单中没有相应项目的额外工作，尤其是那些时间不允许事先商定价格的额外工作。

编制工程量清单时，计日工表中的人工应按工种，材料和机械应按规格、型号详细列项。其中人工、材料、机械数量，应由招标人根据工程的复杂程度，工程设计质量的优劣及设计深度等因素，按照经验来估算一个比较贴近实际的数量，并作为暂定量写到计日工表中，纳入有效投标竞争，以期获得合理的计日工单价。

④总承包服务费。总承包服务费是为了解决招标人在法律、法规允许的条件下进行专业工程发包以及自行采购供应材料、设备时，要求总承包人对发包的专业工程提供协调和配合服务（如分包人使用总包人的脚手架、水电接驳等）；对供应的材料、设备提供收、发和保管服务以及对施工现场进行统一管理；对竣工资料进行统一汇总整理等发生并向总承包人支付的费用。招标人应当预计该项费用并按投标人的投标报价向投标人支付该项费用。

9）规费项目清单的编制。规费是指按国家法律、法规规定，由省级政府和省级有关权力部门规定必须缴纳或计取的费用，应计入建筑安装工程造价的费用。规费项目清单应按照下列内容列项：

①社会保险费。包括养老保险费、失业保险费、医疗保险费、工伤保险费、生育保险费。

②住房公积金。

③工程排污费。

出现《建设工程工程量清单计价规范》（GB 50500—2013）未列的项目，应根据省级政府或省级有关部门的规定列项。

10）税金项目清单的编制。税金是指国家税法规定的应计入建筑安装工程造价内的营业税、城市维护建设税及教育费附加等。税金项目清单应包括下列内容：

①营业税。

②城市维护建设税。

③教育费附加。

④地方教育附加。

出现《建设工程工程量清单计价规范》（GB 50500—2013）未列的项目，应根据税务部门的规定列项。

七、《房屋建筑与装饰工程工程量计算规范》简介

房屋建筑与装饰工程工程量计算规范从附录 A～附录 S，共有 16 个（去掉了字母 I 和 O）分部工程。

每一附录的主要内容包括：附录名称；小节名称；统一要求；工程量分节表名称；分节表中的工程量项目名称、项目编码、项目特征、计量单位、工程量计算规则、工作内容；注明；附加表等。

例如，《房屋建筑与装饰工程工程量计算规范》附录 A 中"A.1 土方工程"的主要内容为。

①附录名称：附录 A 土石方工程。

②小节名称：A.1 土方工程。

③统一要求："土方工程工程量清单项目设置、项目特征描述的内容、计量单位及工程量计算规则，应按表 A.1 的规定执行"。

④工程量分节表名称：表 A.1 土方工程（编号 010101）。

⑤分节表中的工程量项目名称、项目编码、项目特征、计量单位、工程量计算规则、工作内容：例如，"平整场地"项目的编码为"010101001"、项目特征为"1. 土壤类别 2. 弃土运距　3. 取土运距"。

⑥注明：例如，注 2"建筑物场地厚度≤±300mm 的挖、填、运、找平，应按本表中平整场地项目编码列项；厚度＞+300mm 的竖向布置挖土或山坡切土应按本表中挖一般土方项目编码列项"。

⑦附加表：A.1 土方工程附加了"表 A.1-1 土壤分类表"、"表 A.1-2 土方体积折算系数表"、"表 A.1-3 放坡系数表"、"表 A.1-4 基础工程所需工作面宽度计算表"、"表 A.1-5 管沟施工每侧所需工作面宽度计算表"。

八、工程量清单计价编制及计算

1. 《建设工程工程量清单计价规范》的编制依据

《建设工程工程量清单计价规范》是根据《中华人民共和国建筑法》《中华人民共和国合同法》《中华人民共和国招标投标法》等法律法规，并遵照国家宏观调控、市场竞争形成价格的原则，结合我国当前的实际情况制定的。

2. 工程量清单计价的基本过程

工程量清单计价过程可以分为两个阶段：工程量清单编制和工程量清单应用。工程量清单的编制程序如图 1-9 所示，工程量清单应用过程如图 1-10 所示。

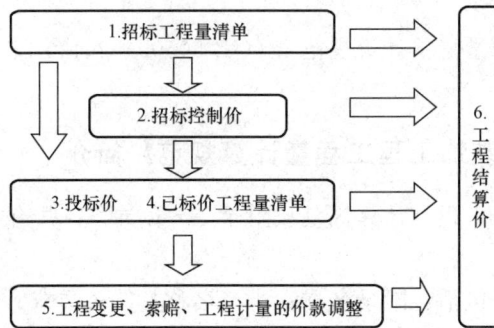

图 1 - 9   工程量清单编制程序

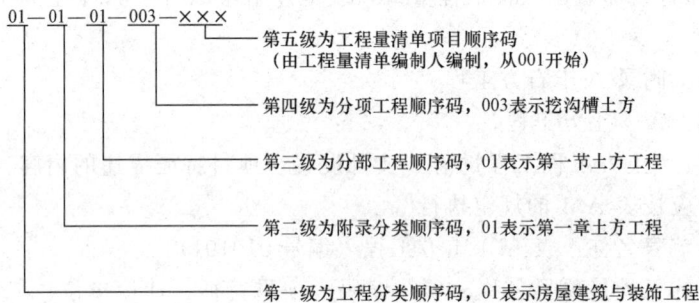

图 1 - 10   工程量清单计价应用过程

3. 工程量清单计价方法

(1) 工程造价的计算。工程量清单计价是按照工程造价的构成分别计算各类费用,再经过汇总而得。计算方法如下:

$$分部分项工程费 = \sum 分部分项工程量 \times 分部分项工程综合单价$$

$$措施项目费 = \sum 单价措施项目工程量 \times 单价措施项目综合单价 + \sum 总价措施项目费$$

$$单位工程造价 = 分部分项工程费 + 措施项目费 + 其他项目费 + 规费 + 税金$$

$$单项工程造价 = \sum 单位工程造价$$

$$建设项目总造价 = \sum 单项工程造价$$

(2) 分部分项工程费计算。利用综合单价法计算分部分项工程费需要解决两个核心问题,即确定各分部分项工程的工程量及其综合单价。

1) 分部分项工程量的确定。招标文件中的工程量清单标明的工程量是招标人编制招标控制价和投标人投标报价的共同基础,它是工程量清单编制人按施工图图示尺寸和工程量清单计算规则计算得到的工程净量。但该工程量不能作为承包人在履行合同义务中应予完成的实际和准确的工程量,发承包双方进行工程竣工结算时的工程量应按发承包双方在合同中约定应予计量且实际完成的工程量确定,当然该工程量的计算也应严格遵照工程量清单计算规则,以实体工程量为准。

2）综合单价的编制。《建设工程工程量清单计价规范》中的工程量清单综合单价是指完成一个规定清单项目所需的人工费、材料和工程设备费、施工机具使用费和企业管理费、利润以及一定范围内的风险费用。该定义并不是真正意义上的全费用综合单价，而是一种狭义上的综合单价，规费和税金等不可竞争的费用并不包括在项目单价中。

综合单价的计算通常采用定额组价的方法，即以计价定额为基础进行组合计算。由于"计价规范"与"定额"中的工程量计算规则、计量单位、工程内容不尽相同，综合单价的计算不是简单的将其所含的各项费用进行汇总，而是要通过具体计算后综合而成。综合单价的计算可以概括为以下步骤：

①确定组合定额子目。清单项目一般以一个"综合实体"考虑，包括了较多的工程内容，计价时，可能出现一个清单项目对应多个定额子目的情况。因此，计算综合单价的第一步就是将清单项目的工程内容与定额项目的工程内容进行比较，结合清单项目的特征描述，确定拟组价清单项目应该由哪几个定额子目来组合。如"预制预应力 C20 混凝土空心板"项目，计量规范规定此项目包括制作、运输、吊装及接头灌浆，若定额分别列有制作、安装、吊装及接头灌浆，则应用这 4 个定额子目来组合综合单价；又如"M5 水泥砂浆砌砖基础"项目，按计量规范不仅包括主项"砖基础"子目，还包括附项"混凝土基础垫层"子目。

②计算定额子目工程量。由于一个清单项目可能对应几个定额子目，而清单工程量计算的是主项工程量，与各定额子目的工程量可能并不一致；即便一个清单项目对应一个定额子目，也可能由于清单工程量计算规则与所采用的定额工程量计算规则之间的差异，而导致二者的计价单位和计算出来的工程量不一致。因此，清单工程量不能直接用于计价，在计价时必须考虑施工方案等各种影响因素，根据所采用的计价定额及相应的工程量计算规则重新计算各定额子目的施工工程量。定额子目工程量的具体计算方法，应严格按照与所采用的定额相对应的工程量计算规则计算。

③测算人、料、机消耗量。人、料、机的消耗量一般参照定额进行确定。在编制招标控制价时一般参照政府颁发的消耗量定额；编制投标报价时一般采用反映企业水平的企业定额，投标企业没有企业定额时可参照消耗量定额进行调整。

④确定人、料、机单价。人工单价、材料价格和施工机械台班单价，应根据工程项目的具体情况及市场资源的供求状况进行确定，采用市场价格作为参考，并考虑一定的调价系数。

⑤计算清单项目的人、料、机总费用。按确定的分项工程人工、材料和机械的消耗量及询价获得的人工单价、材料单价、施工机械台班单价，与相应的计价工程量相乘得到各定额子目的人、料、机总费用，将各定额子目的人、料、机总费用汇总后算出清单项目的人、料、机总费用。

$$人、料、机总费用 = \sum 计价工程量 \times (\sum 人工消耗量 \times 人工单价 + \sum 材料消耗量 \times 材料单价 + \sum 台班消耗量 \times 台班单价)$$

⑥计算清单项目的管理费和利润。企业管理费及利润通常根据各地区规定的费率乘以规定的计价基础得出。通常情况下，计算公式如下：

$$管理费 = 人、料、机总费用 \times 管理费费率$$
$$利润 = (人、料、机总费用 + 管理费) \times 利润率$$

　　⑦计算清单项目的综合单价。将清单项目的人、料、机总费用，管理费及利润汇总得到该清单项目合价，将该清单项目合价除以清单项目的工程量即可得到该清单项目的综合单价。

$$综合单价 = \frac{人、料、机总费用 + 管理费 + 利润}{清单工程量}$$

　　(3) 措施项目费计算。措施项目费是指为完成工程项目施工，而用于发生在该工程施工准备和施工过程中的技术、生活、安全、环境保护等方面的非工程实体项目所支出的费用。措施项目清单计价应根据建设工程的施工组织设计，可以计算工程量的措施项目，应按分部分项工程量清单的方式采用综合单价计价；其余的不能算出工程量的措施项目，则采用总价项目的方式，以"项"为单位的方式计价，应包括除规费、税金外的全部费用。措施项目清单中的安全文明施工费应按照国家或省级、行业建设主管部门的规定计价，不得作为竞争性费用。

　　措施项目费的计算方法一般有以下几种：

　　1) 综合单价法。这种方法与分部分项工程综合单价的计算方法一样，就是根据需要消耗的实物工程量与实物单价计算措施费，适用于可以计算工程量的措施项目，主要是指一些与工程实体有紧密联系的项目，如混凝土模板、脚手架、垂直运输等。与分部分项工程不同，并不要求每个措施项目的综合单价必须包含人工费、材料费、机具费、管理费和利润中的每一项。计算可参考公式 (1-2)。

$$措施项目费 = \sum (单价措施项目工程量 \times 单价措施项目综合单价) \qquad (1-2)$$

　　2) 参数法计价。参数法计价是指按一定的基数乘系数的方法或自定义公式进行计算。这种方法简单明了，但最大的难点是公式的科学性、准确性难以把握。这种方法主要适用于施工过程中必须发生，但在投标时很难具体分项预测，又无法单独列出项目内容的措施项目。如夜间施工费、二次搬运费、冬雨期施工的计价均可以采用该方法，计算公式如下：

　　安全文明施工费：

$$安全文明施工费 = 计算基数 \times 安全文明施工费费率(\%)$$

　　计算基数应为定额基价（定额分部分项工程费 + 定额中可以计量的措施项目费）、定额人工费或（定额人工费 + 定额机械费），其费率由工程造价管理机构根据各专业工程的特点综合确定。

　　夜间施工增加费：

$$夜间施工增加费 = 计算基数 \times 夜间施工增加费费率(\%)$$

　　二次搬运费：

$$二次搬运费 = 计算基数 \times 二次搬运费费率(\%)$$

　　冬雨期施工增加费：

$$冬雨期施工增加费 = 计算基数 \times 冬雨季施工增加费费率(\%)$$

　　已完工程及设备保护费：

$$已完工程及设备保护费＝计算基数×已完工程及设备保护费费率(％)$$

项措施项目的计费基数应为定额人工费或（定额人工费＋定额机械费），其费率由工程造价管理机构根据各专业工程特点和调查资料综合分析后确定。

3）分包法计价。在分包价格的基础上增加投标人的管理费及风险费进行计价的方法，这种方法适合可以分包的独立项目，如室内空气污染测试等。

有时招标人要求对措施项目费进行明细分析，这时采用参数法组价和分包法组价都是先计算该措施项目的总费用，这就需人为用系数或比例的办法分摊人工费、材料费、机械费、管理费及利润。

（4）其他项目费计算。其他项目费由暂列金额、暂估价、记日工、总承包服务费等内容构成。

暂列金额和暂估价由招标人按估算金额确定。招标人在工程量清单中提供的暂估价的材料、工程设备和专业工程，若属于依法必须招标的，由承包人和招标人共同通过招标确定材料、工程设备单价与专业工程分包价；若材料、工程设备不属于依法必须招标的，经发承包双方协商确认单价后计价；若专业工程不属于依法必须招标的，由发包人、总承包人与分包人按有关计价依据进行计价。

记日工和总承包服务费由承包人根据招标人提出的要求，按估算的费用确定。

（5）规费与税金的计算。规费是指政府和有关权力部门规定必须缴纳的费用。建筑安装工程税金是指国家税法规定的应计入建筑安装工程造价内的营业税、城市维护建设税、教育费附加及地方教育费附加。如国家税法发生变化或地方政府及税务部门依据职权对税种进行了调整，应对税金项目清单进行相应调整。

规费和税金应按国家或省级、行业建设主管部门的规定计算，不得作为竞争性费用。每一项规费和税金的规定文件中，对其计算方法都有明确的说明，故可以按各项法规和规定的计算方式计取。具体计算时，一般按国家及有关部门规定的计算公式和费率标准进行计算。

（6）风险费用的确定。风险是一种客观存在的、可能会带来损失的、不确定的状态，工程风险是指一项工程在设计、施工、设备调试以及移交运行等项目全寿命周期全过程可能发生的风险。这里的风险具体指工程建设施工阶段承发包双方在招投标活动和合同履约及施工中所面临的涉及工程计价方面的风险。建设工程发承包，必须在招标文件、合同中明确计价中的风险内容及其范围，不得采用无限风险、所有风险或类似语句规定计价中的风险内容及范围。

第二章　工程费用组成及其计算

第一节　建筑安装工程费及其计算

一、建筑安装工程费用划分

根据 2013 年 44 号文，建筑安装工程费用划分见表 2-1。

表 2-1　　　　　　　　44 号文规定的建筑安装工程费用划分

建筑安装工程费用	分部分项工程费		人工费
			材料费
			机具费
			管理费
			利润
	措施项目费	单价措施项目	脚手架费
			模板安拆费
			大型机械进出场及安拆费
			……
		总价措施项目	安全文明施工费
			夜间施工增加费
			二次搬运费
			冬雨季施工增加费
			……
	其他项目费		暂列金额
			计日工
			总承包服务费
			……

续表

			医疗保险费
建筑安装工程费用	规费	社会保险费	失业保险费
			医疗保险费
			生育保险费
			工伤保险费
		住房公积金	
		工程排污费	
		……	
	税金	营业税	
		城市维护建设税	
		教育费附加	
		地方教育附加	

二、建筑安装工程费用项目组成

1. 按费用构成要素划分

建筑安装工程费按照费用构成要素划分由人工费、材料（包含工程设备，下同）费、施工机具使用费、企业管理费、利润、规费和税金组成。其中人工费、材料费、施工机具使用费、企业管理费和利润包含在分部分项工程费、措施项目费、其他项目费中（图 2-1）。

（1）人工费。人工费是指按工资总额构成规定，支付给从事建筑安装工程施工的生产工人和附属生产单位工人的各项费用。内容包括：

1）计时工资或计件工资。是指按计时工资标准和工作时间或对已做工作按计件单价支付给个人的劳动报酬。

2）奖金。是指对超额劳动和增收节支支付给个人的劳动报酬。如节约奖、劳动竞赛奖等。

3）津贴补贴。是指为了补偿职工特殊或额外的劳动消耗和因其他特殊原因支付给个人的津贴，以及为了保证职工工资水平不受物价影响支付给个人的物价补贴。如流动施工津贴、特殊地区施工津贴、高温（寒）作业临时津贴、高空津贴等。

4）加班加点工资。是指按规定支付的在法定节假日工作的加班工资和在法定日工作时间外延时工作的加点工资。

5）特殊情况下支付的工资。是指根据国家法律、法规和政策规定，因病、工伤、产假、计划生育假、婚丧假、事假、探亲假、定期休假、停工学习、执行国家或社会义务等原因按计时工资标准或计时工资标准的一定比例支付的工资。

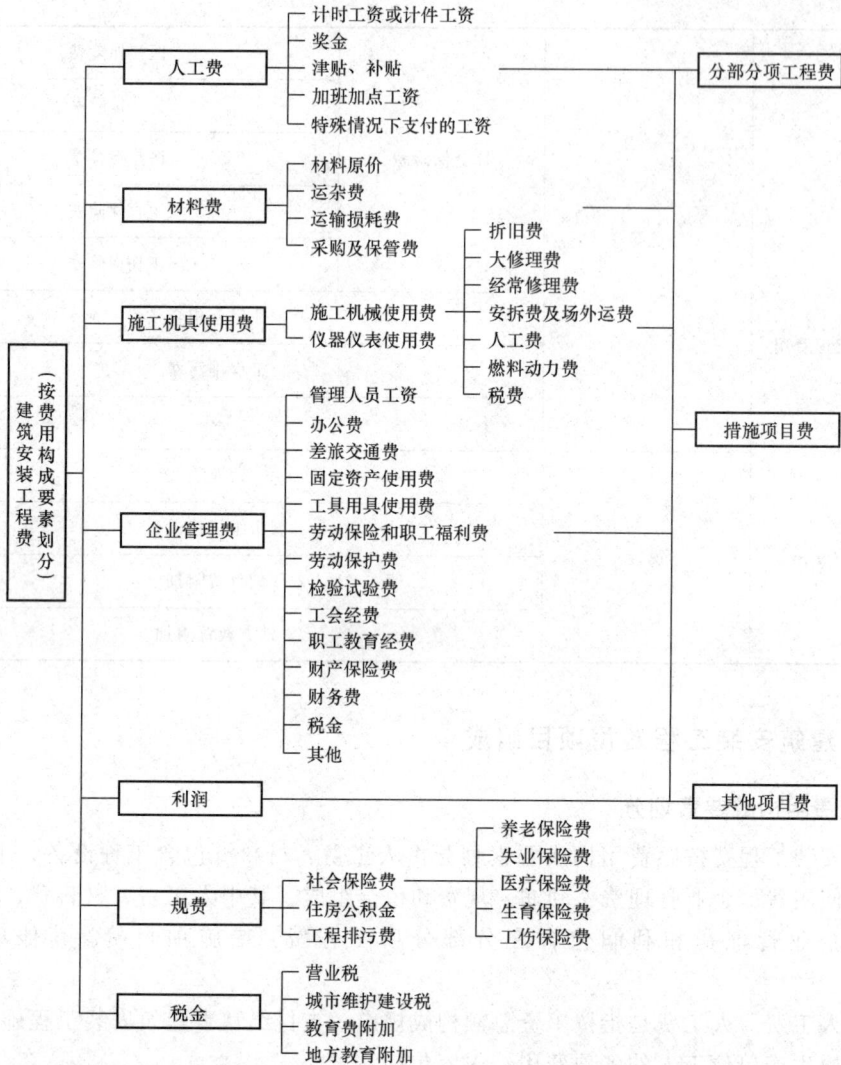

图 2-1　按费用构成要素划分的建筑安装工程费用项目组成

（2）材料费。材料费是指施工过程中耗费的原材料、辅助材料、构配件、零件、半成品或成品、工程设备的费用。内容包括：

1）材料原价。是指材料、工程设备的出厂价格或商家供应价格。

2）运杂费。是指材料、工程设备自来源地运至工地仓库或指定堆放地点所发生的全部费用。

3）运输损耗费。是指材料在运输装卸过程中不可避免的损耗。

4）采购及保管费。是指为组织采购、供应和保管材料、工程设备的过程中所需要的各项费用。包括采购费、仓储费、工地保管费、仓储损耗。

工程设备是指构成或计划构成永久工程一部分的机电设备、金属结构设备、仪器装置及其他类似的设备和装置。

（3）施工机具使用费。施工机具使用费是指施工作业所发生的施工机械、仪器仪表使用费或其租赁费。内容包括：

1）施工机械使用费。以施工机械台班耗用量乘以施工机械台班单价表示，施工机械台班单价应由下列七项费用组成：

①折旧费。是指施工机械在规定的使用年限内，陆续收回其原值的费用。

②大修理费。是指施工机械按规定的大修理间隔台班进行必要的大修理，以恢复其正常功能所需的费用。

③经常修理费。是指施工机械除大修理以外的各级保养和临时故障排除所需的费用。包括为保障机械正常运转所需替换设备与随机配备工具附具的摊销和维护费用，机械运转中日常保养所需润滑与擦拭的材料费用及机械停滞期间的维护和保养费用等。

④安拆费及场外运费。安拆费指施工机械（大型机械除外）在现场进行安装与拆卸所需的人工、材料、机械和试运转费用以及机械辅助设施的折旧、搭设、拆除等费用；场外运费指施工机械整体或分体自停放地点运至施工现场或由一施工地点运至另一施工地点的运输、装卸、辅助材料及架线等费用。

⑤人工费。是指机上司机（司炉）和其他操作人员的人工费。

⑥燃料动力费。是指施工机械在运转作业中所消耗的各种燃料及水、电等产生的费用。

⑦税费。是指施工机械按照国家规定应缴纳的车船使用税、保险费及年检费等。

2）仪器仪表使用费。是指工程施工所需使用的仪器仪表的摊销及维修费用。

（4）企业管理费。企业管理费是指建筑安装企业组织施工生产和经营管理所需的费用。内容包括：

1）管理人员工资。是指按规定支付给管理人员的计时工资、奖金、津贴补贴、加班加点工资及特殊情况下支付的工资等。

2）办公费。是指企业管理办公用的文具、纸张、账表、印刷、邮电、书报、办公软件、现场监控、会议、水电、烧水和集体取暖降温（包括现场临时宿舍取暖降温）等费用。

3）差旅交通费。是指职工因公出差调动工作的差旅费、住勤补助费，市内交通费和误餐补助费，职工探亲路费，劳动力招募费，职工退休、退职一次性路费，工伤人员就医路费，工地转移费以及管理部门使用的交通工具的油料、燃料等费用。

4）固定资产使用费。是指管理和试验部门及附属生产单位使用的属于固定资产的房屋、设备、仪器等的折旧、大修、维修或租赁费。

5）工具用具使用费。是指企业施工生产和管理使用的不属于固定资产的工具、器具、家具、交通工具和检验、试验、测绘、消防用具等的购置、维修和摊销费。

6）劳动保险和职工福利费。是指由企业支付的职工退职金、按规定支付给离休干部的经费，集体福利费、夏季防暑降温费、冬季取暖补贴、上下班交通补贴等。

7）劳动保护费。是企业按规定发放的劳动保护用品的支出。如工作服、手套、防暑降温饮料以及在有碍身体健康的环境中施工的保健费用等。

8）检验试验费。是指施工企业按照有关标准规定，对建筑以及材料、构件和建筑安装物进行一般鉴定、检查所发生的费用，包括自设试验室进行试验所耗用的材料等费用。不包括新结构、新材料的试验费，对构件做破坏性试验及其他特殊要求检验试验的费用和发包人委托检测机构进行检测的费用，对此类检测发生的费用，由发包人在工程建设其他费用中列支。但对施工企业提供的具有合格证明的材料进行检测其结果不合格的，该检测费用由施工企业支付。

9）工会经费。是指企业按《工会法》规定的全部职工工资总额比例计提的工会经费。

10）职工教育经费。是指按职工工资总额的规定比例计提，企业为职工进行专业技术和职业技能培训，专业技术人员继续教育、职工职业技能鉴定、职业资格认定以及根据需要对职工进行各类文化教育所发生的费用。

11）财产保险费。是指施工管理用财产、车辆等的保险费用。

12）财务费。是指企业为施工生产筹集资金或提供预付款担保、履约担保、职工工资支付担保等所发生的各种费用。

13）税金。是指企业按规定缴纳的房产税、车船使用税、土地使用税、印花税等。

14）其他。包括技术转让费、技术开发费、投标费、业务招待费、绿化费、广告费、公证费、法律顾问费、审计费、咨询费、保险费等。

（5）利润。利润是指施工企业完成所承包工程获得的盈利。

（6）规费。规费是指按国家法律、法规规定，由省级政府和省级有关权力部门规定必须缴纳或计取的费用。包括：

1）社会保险费。

养老保险费。是指企业按照规定标准为职工缴纳的基本养老保险费。

失业保险费。是指企业按照规定标准为职工缴纳的失业保险费。

医疗保险费。是指企业按照规定标准为职工缴纳的基本医疗保险费。

生育保险费。是指企业按照规定标准为职工缴纳的生育保险费。

工伤保险费。是指企业按照规定标准为职工缴纳的工伤保险费。

2）住房公积金。是指企业按规定标准为职工缴纳的住房公积金。

3）工程排污费。是指按规定缴纳的施工现场工程排污费。

其他应列而未列入的规费，按实际发生计取。

（7）税金。税金是指国家税法规定的应计入建筑安装工程造价内的营业税、城市维护建设税、教育费附加以及地方教育附加。

2. 按造价形成划分的建筑安装工程费用项目组成

建筑安装工程费按照工程造价形成由分部分项工程费、措施项目费、其他项目费、规费、税金组成，分部分项工程费、措施项目费、其他项目费包含人工费、材料费、施工机具使用费、企业管理费和利润（图 2-2）。

（1）分部分项工程费。分部分项工程费是指各专业工程的分部分项工程应予列支的各项费用。

1）专业工程。是指按现行国家计量规范划分的房屋建筑与装饰工程、仿古建筑工程、通用安装工程、市政工程、园林绿化工程、矿山工程、构筑物工程、城市轨道交通工程、爆破工程等各类工程。

图 2-2 的内容是一个树状结构图：

建筑安装工程费用（按造价形成划分）
- 分部分项工程费
  - 房屋建筑与装饰工程
    - 土石方工程
    - 桩基工程
    - ……
  - 仿古建筑工程
  - 通用安装工程
  - 市政工程
  - 园林绿化工程
  - 矿山工程
  - 构筑物工程
  - 城市轨道交通工程
  - 爆破工程
  - ……
- 措施项目费
  - 安全文明施工费
  - 夜间施工增加费
  - 二次搬运费
  - 冬雨期施工增加费
  - 已完工程及设备保护费
  - 工程定位复测费
  - 特殊地区施工增加费
  - 大型机械进出场及安拆费
  - 脚手架工程费
- 其他项目费
  - 暂列金额
  - 计日工
  - 总承包服务费
  - ……
- 规费
  - 社会保险费
    - 养老保险费
    - 失业保险费
    - 医疗保险费
    - 生育保险费
    - 工伤保险费
  - 住房公积金
  - 工程排污费
- 税金
  - 营业税
  - 城市维护建设税
  - 教育费附加
  - 地方教育附加

右侧分类：
- 人工费
- 材料费
- 施工机具使用费
- 企业管理费
- 利润

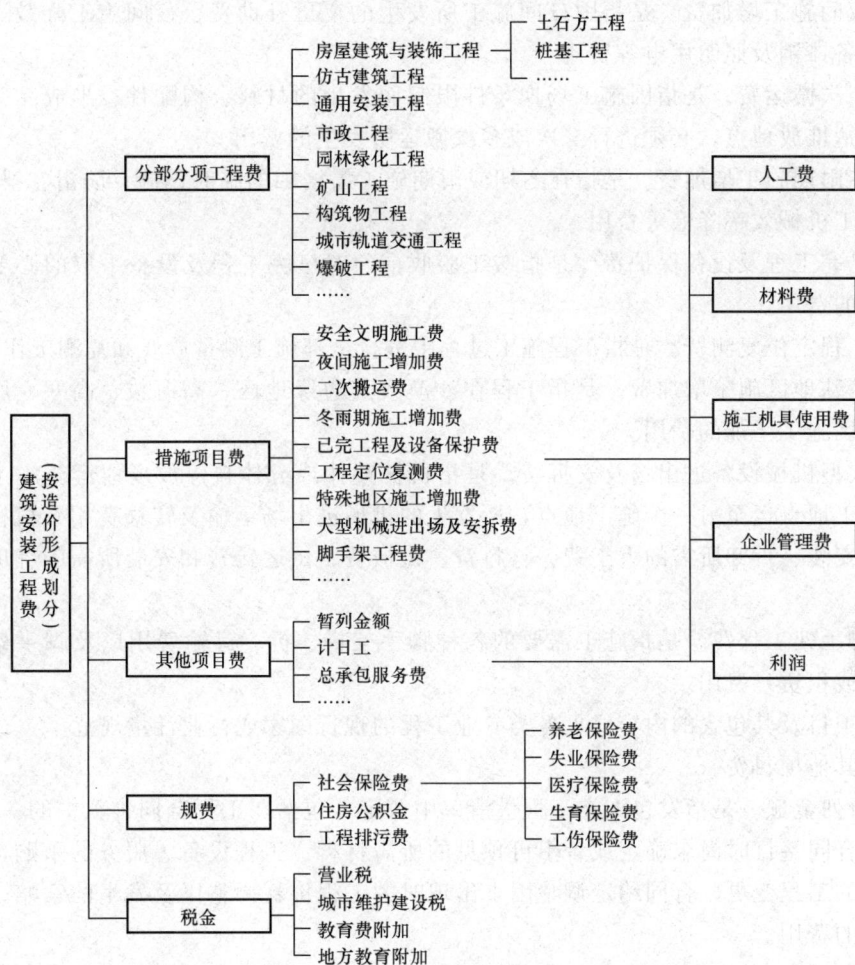

图 2-2　按造价形成划分的建筑安装工程费用项目组成

2）分部分项工程。指按现行国家计量规范对各专业工程划分的项目。如房屋建筑与装饰工程划分的土石方工程、地基处理与桩基工程、砌筑工程、钢筋及钢筋混凝土工程等。

各类专业工程的分部分项工程划分见现行国家或行业计量规范。

（2）措施项目费。措施项目费是指为完成建设工程施工，发生于该工程施工前和施工过程中的技术、生活、安全、环境保护等方面的费用。内容包括：

1）安全文明施工费。

①环境保护费。是指施工现场为达到环保部门要求所需要的各项费用。

②文明施工费。是指施工现场文明施工所需要的各项费用。

③安全施工费。是指施工现场安全施工所需要的各项费用。

④临时设施费。是指施工企业为进行建设工程施工所必须搭设的生活和生产用的临时建筑物、构筑物和其他临时设施费用。包括临时设施的搭设、维修、拆除、清理费或摊销费等。

2）夜间施工增加费。是指因夜间施工所发生的夜班补助费、夜间施工降效、夜间施工照明设备摊销及照明用电等费用。

3）二次搬运费。是指因施工场地条件限制而发生的材料、构配件、半成品等一次运输不能到达堆放地点，必须进行二次或多次搬运所发生的费用。

4）冬雨期施工增加费。是指在冬期或雨期施工需增加的临时设施、防滑、排除雨雪，人工及施工机械效率降低等费用。

5）已完工程及设备保护费。是指竣工验收前，对已完工程及设备采取的必要保护措施所发生的费用。

6）工程定位复测费。是指工程施工过程中进行全部施工测量放线和复测工作的费用。

7）特殊地区施工增加费。是指工程在沙漠或其边缘地区、高海拔、高寒、原始森林等特殊地区施工增加的费用。

8）大型机械设备进出场及安拆费。是指机械整体或分体自停放场地运至施工现场或由一个施工地点运至另一个施工地点，所发生的机械进出场运输及转移费用及机械在施工现场进行安装、拆卸所需的人工费、材料费、机械费、试运转费和安装所需的辅助设施的费用。

9）脚手架工程费。是指施工需要的各种脚手架搭、拆、运输费用以及脚手架购置费的摊销（或租赁）费用。

措施项目及其包含的内容详见各类专业工程的现行国家或行业计量规范。

（3）其他项目费。

1）暂列金额。是指发包人在工程量清单中暂定并包括在工程合同价款中的一笔款项。用于施工合同签订时尚未确定或者不可预见的所需材料、工程设备、服务的采购，施工中可能发生的工程变更、合同约定调整因素出现时的工程价款调整以及发生的索赔、现场签证确认等的费用。

2）计日工。是指在施工过程中，承包人完成发包人提出的施工图纸以外的零星项目或工作所需的费用。

3）总承包服务费。是指总承包人为配合、协调发包人进行的专业工程发包，对发包人自行采购的材料、工程设备等进行保管以及施工现场管理、竣工资料汇总整理等服务所需的费用。

（4）规费。按费用构成要素划分。

（5）税金。定义相同。

3. 建筑安装工程费用计算方法

（1）各费用构成要素计算方法。

1）人工费

$$人工费 = \sum(工日消耗量 \times 日工资单价)$$

$$日工资单价 = \frac{生产工人平均月工资（计时、计件）+ 平均月（奖金+津贴补贴+特殊情况下支付的工资）}{年平均每月法定工作日}$$

注：上述公式主要适用于施工企业投标报价时自主确定人工费，也是工程造价管理机构编制计价定

额确定定额人工单价或发布人工成本信息的参考依据。

$$人工费 = \sum (工程工日消耗量 \times 日工资单价)$$

注：上述公式适用于工程造价管理机构编制计价定额时确定定额人工费，是施工企业投标报价的参考依据。

日工资单价是指施工企业平均技术熟练程度的生产工人在每工作日（国家法定工作时间内）按规定从事施工作业应得的日工资总额。

工程造价管理机构确定日工资单价应根据工程项目的技术要求，通过市场调查，参考实物工程量人工单价综合分析确定，最低日工资单价不得低于工程所在地人力资源和社会保障部门所发布的最低工资标准的：普工 1.3 倍；一般技工 2 倍；高级技工 3 倍。

工程计价定额不可只列一个综合工日单价，应根据工程项目技术要求和工种差别适当划分多种日人工单价，确保各分部工程人工费的合理构成。

2）材料费。

$$材料费 = \sum (材料消耗量 \times 材料单价)$$

$$材料单价 = [(材料原价 + 运杂费) \times [1 + 运输损耗率(\%)]] \times [1 + 采购保管费率(\%)]$$

$$工程设备费 = \sum (工程设备量 \times 工程设备单价)$$

$$工程设备单价 = (设备原价 + 运杂费) \times [1 + 采购保管费率(\%)]$$

【例 2 - 1】　某地区需用中砂，经货源调查得知，有三个地方可供货，甲地供货 30%，原价 19.8 元/t，乙地供货 30%，原价 18.8 元/t，丙地供货 40%，原价 21.7 元/t，求中砂的综合平均原价为多少？

解： 中砂加权平均原价 $= \dfrac{19.8 \times 30\% + 18.8 \times 30\% + 21.7 \times 40\%}{30\% + 30\% + 40\%} = 20.26$（元/t）

【例 2 - 2】　经询价，5mm 厚的浮法玻璃供应原价为 38 元/m²，市内运费为供应价的 3%，损耗率为 1.5%，采保费率为 2.5%，则求其预算价格。

解：
$$供应价 = 38 元/m^2$$
$$市内运费 = 供应价 \times 3\% = 38 \times 0.03 = 1.14（元/m^2）$$
$$损耗费 = (38 + 1.14) \times 1.5\% = 0.59（元/m^2）$$
$$采保费 = (38 + 1.14 + 0.59) \times 2.5\% = 1（元/m^2）$$
$$预算价格 = 38 + 1.14 + 0.59 + 1 = 40.73（元/m^2）$$

说明：材料采购及保管费（占预算价格的比例）：2.5%，其中，采购费为 1%，保管费为 1.5%。

【例 2 - 3】　甲供材案例：

某工程造价 800 万元，其中 100 万甲供材，甲方采购，施工单位保管，问应付给多少施工单位工程结算款？

$$工程结算款 = 800 - 100 + 100 \times 1.5\% = 701.5（万元）$$

影响材料预算价格变动的因素如下：

①市场供求变化。

②材料生产成本的变动。

③流通环节的多少和材料供应体制。

④运输距离和运输方法。

⑤国际市场行情。

3）施工机具使用费。

施工机械使用费。

$$施工机械使用费 = \sum（施工机械台班消耗量 \times 机械台班单价）$$

$$机械台班单价 = 台班折旧费 + 台班大修费 + 台班经常修理费$$
$$+ 台班安拆费及场外运费 + 台班人工费$$
$$+ 台班燃料动力费 + 台班车船税费$$

折旧费计算公式为

$$台班折旧费 = \frac{机械预算价格 \times（1-残值率）}{耐用总台班数}$$

$$耐用总台班数 = 折旧年限 \times 年工作台班$$

大修理费计算公式如下

$$台班大修理费 = \frac{一次大修理费 \times 大修次数}{耐用总台班数}$$

注：工程造价管理机构在确定计价定额中的施工机械使用费时，应根据《建筑施工机械台班费用计算规则》结合市场调查编制施工机械台班单价。施工企业可以参考工程造价管理机构发布的台班单价，自主确定施工机械使用费的报价，如租赁施工机械，公式为：

$$施工机械使用费 = \sum（施工机械台班消耗量 \times 机械台班租赁单价）$$

仪器仪表使用费。

$$仪器仪表使用费 = 工程使用的仪器仪表摊销费 + 维修费$$

4）企业管理费费率。

以分部分项工程费为计算基础

$$企业管理费费率（\%）= \frac{生产工人年平均管理费}{年有效施工天数 \times 人工单价} \times 人工费占分部分项工程费比例（\%）$$

以人工费和机械费合计为计算基础

$$企业管理费费率（\%）= \frac{生产工人年平均管理费}{年有效施工天数 \times（人工单价 + 每一工日机械使用费）} \times 100\%$$

以人工费为计算基础

$$企业管理费费率（\%）= \frac{生产工人年平均管理费}{年有效施工天数 \times 人工单价} \times 100\%$$

注：上述公式适用于施工企业投标报价时自主确定管理费，是工程造价管理机构编制计价定额确定企业管理费的参考依据。

工程造价管理机构在确定计价定额中企业管理费时，应以定额人工费或（定额人工费+定额机械费）作为计算基数，其费率根据历年工程造价积累的资料，辅以调查数据确定，列入分部分项工程和措施项目中。

5）利润。施工企业根据企业自身需求并结合建筑市场实际自主确定，列入报价中。

工程造价管理机构在确定计价定额中利润时，应以定额人工费或定额人工费与定额机械费之和作为计算基数，其费率根据历年工程造价积累的资料，并结合建筑市场实际确定，似单位（单项）工程测算，利润在税前建筑安装工程费的比重可按不低于5%且不高于7%的费率计算。利润应列入分部分项工程和措施项目中。

6）规费。社会保险费和住房公积金。社会保险费和住房公积金应以定额人工费为计算基础，根据工程所在地省、自治区、直辖市或行业建设主管部门规定费率计算。

$$社会保险费和住房公积金 = \sum（工程定额人工费 \times 社会保险费率和住房公积金费率）$$

上式中，社会保险费率和住房公积金费率可按每万元发承包价的生产工人人工费、管理人员工资含量与工程所在地规定的缴纳标准综合分析取定。

工程排污费。工程排污费等其他应列而未列入的规费应按工程所在地环境保护等部门规定的标准缴纳，按实计取列入。

7）税金

$$税金 = 税前造价 \times 综合税率（\%）$$

$$综合税率 = \left[\frac{1}{1-a \times (1+b+c_1+c_2)} - 1\right] \times 100\%$$

式中，a为营业税税率，b为城市维护建筑税税率，c_1为教育费附加费率，c_2为地方教育附加费率。

纳税地点在市区的企业

$$综合税率（\%）= \left[\frac{1}{1-3\%-(3\%\times7\%)-(3\%\times3\%)-(3\%\times2\%)} - 1\right] \times 100\%$$
$$= 3.48\%$$

纳税地点在县城、镇的企业

$$综合税率（\%）= \left[\frac{1}{1-3\%-(3\%\times5\%)-(3\%\times3\%)-(3\%\times2\%)} - 1\right] \times 100\%$$
$$= 3.41\%$$

纳税地点不在市区、县城、镇的企业

$$综合税率（\%）= \left[\frac{1}{1-3\%-(3\%\times1\%)-(3\%\times3\%)-(3\%\times2\%)} - 1\right] \times 100\%$$
$$= 3.28\%$$

实行营业税改增值税的，按纳税地点现行税率计算。

规费和税金的计价方法见表2-2。

表2-2　　　　　　　　　　　规费、税金项目计价表

工程名称：　　　　　　　　　　标段：

序号	项目名称	计算基础	计算基数	金额（元）
1	规费	定额人工费		
1.1	社会保障费	定额人工费		
(1)	养老保险费	定额人工费		
(2)	失业保险费	定额人工费		
(3)	医疗保险费	定额人工费		

序号	项目名称	计 算 基 础	计算基数	金额（元）
（4）	工伤保险费	定额人工费		
（5）	生育保险费	定额人工费		
1.2	住房公积金	定额人工费		
1.3	工程排污费	按工程所在地环境保护部门的收取标准，按实计入		
2	税金	分部分项工程费＋措施项目费＋其他项目费＋规费－按规定不计税的工程设备金额		
	合 计			

（2）建筑安装工程计价公式。

1）分部分项工程费

$$分部分项工程费 = \sum(分部分项工程量 \times 综合单价)$$

式中：综合单价包括人工费、材料费、施工机具使用费、企业管理费和利润以及一定范围的风险费用（下同）。

2）措施项目费。国家计量规范规定应予计量的措施项目，其计算公式为：

$$措施项目费 = \sum(措施项目工程量 \times 综合单价)$$

国家计量规范规定不宜计量的措施项目计算方法如下：

①安全文明施工费

$$安全文明施工费 = 计算基数 \times 安全文明施工费费率(\%)$$

计算基数应为定额基价（定额分部分项工程费＋定额中可以计量的措施项目费）、定额人工费或（定额人工费＋定额机械费），其费率由工程造价管理机构根据各专业工程的特点综合确定。

②夜间施工增加费

$$夜间施工增加费 = 计算基数 \times 夜间施工增加费费率(\%)$$

③二次搬运费

$$二次搬运费 = 计算基数 \times 二次搬运费费率(\%)$$

④冬雨期施工增加费

$$冬雨期施工增加费 = 计算基数 \times 冬雨期施工增加费费率(\%)$$

⑤已完工程及设备保护费

$$已完工程及设备保护费 = 计算基数 \times 已完工程及设备保护费费率(\%)$$

上述措施项目的计费基数应为定额人工费或（定额人工费＋定额机械费），其费率由工程造价管理机构根据各专业工程特点和调查资料综合分析后确定。

3）其他项目费。暂列金额由发包人根据工程特点，按有关计价规定估算，施工过程中由发包人掌握使用、扣除合同价款调整后如有余额，归发包人。

计日工由发包人和承包人按施工过程中的签证计价。

总承包服务费由发包人在招标控制价中根据总包服务范围和有关计价规定编制，承包人投标时自主报价，施工过程中按签约合同价执行。

4）规费和税金。发包人和承包人均应按照省、自治区、直辖市或行业建设主管部门发布的标准计算规费和税金，不得作为竞争性费用。

4. 建筑安装工程计价程序

发包人工程招标控制价计价程序见表2-3，承包人工程投标报价计价程序见表2-4，竣工结算计价程序见表2-5。

表2-3　　　　　　　　　　发包人工程招标控制价计价程序

工程名称：　　　　　　　　　　标段：

序号	内　　容	计 算 方 法	金额（元）
1	分部分项工程费	按计价规定计算	
1.1			
1.2			
1.3			
2	措施项目费	按计价规定计算	
2.1	其中：安全文明施工费	按规定标准计算	
3	其他项目费		
3.1	其中：暂列金额	按计价规定估算	
3.2	其中：专业工程暂估价	按计价规定估算	
3.3	其中：计日工	按计价规定估算	
3.4	其中：总承包服务费	按计价规定估算	
4	规费	按规定标准计算	
5	税金（扣除不列入计税范围的工程设备金额）	（1+2+3+4）×规定税率	

招标控制价合计=1+2+3+4+5

表2-4　　　　　　　　　　承包人工程投标报价计价程序

工程名称：　　　　　　　　　　标段：

序号	内　　容	计 算 方 法	金额（元）
1	分部分项工程费	自主报价	
1.1			
1.2			
1.3			
2	措施项目费	自主报价	
2.1	其中：安全文明施工费	按规定标准计算	

序号	内　　　容	计 算 方 法	金额（元）
3	其他项目费		
3.1	其中：暂列金额	按招标文件提供金额计列	
3.2	其中：专业工程暂估价	按招标文件提供金额计列	
3.3	其中：计日工	自主报价	
3.4	其中：总承包服务费	自主报价	
4	规费	按规定标准计算	
5	税金（扣除不列入计税范围的工程设备金额）	（1+2+3+4）×规定税率	

投标报价合计＝1+2+3+4+5

表 2-5　　　　　　　　　　　竣 工 结 算 计 价 程 序

工程名称：　　　　　　　　　　　　标段：

序号	汇 总 内 容	计 算 方 法	金额（元）
1	分部分项工程费	按合同约定计算	
1.1			
1.2			
1.3			
2	措施项目费	按合同约定计算	
2.1	其中：安全文明施工费	按规定标准计算	
3	其他项目费		
3.1	其中：专业工程结算价	按合同约定计算	
3.2	其中：计日工	按计日工签证计算	
3.3	其中：总承包服务费	按合同约定计算	
3.4	索赔与现场签证	按发承包双方确认数额计算	
4	规费	按规定标准计算	
5	税金（扣除不列入计税范围的工程设备金额）	（1+2+3+4）×规定税率	

竣工结算总价合计＝1+2+3+4+5

第二节　直接费计算及工料分析

一、直接费的构成

（1）直接工程费。直接工程费是指施工过程中耗费的构成工程实体的各项费用，包括人工费、材料费、施工机械使用费。

1）人工费。人工费是指直接从事建筑安装工程施工的生产工人所开支的各项费用，包括：

①基本工资。指发放给生产工人的基本工资。

②工资性补贴。指按规定发放给生产工人的物价补贴，煤、燃气补贴，交通补贴，住房补贴，流动施工津贴等。

③生产工人辅助工资。指生产工人年有效施工天数以外非作业天数的工资，包括职工学习、培训期间的工资，调动工作、探亲、休假期间的工资，因气候影响的停工工资，女工哺乳时间的工资，病假在6个月以内的工资及婚、产、丧假期的工资。

④职工福利费。指按规定标准计提的职工福利费。

⑤生产工人劳动保护费。指按规定标准发放的劳动保护用品的购置费及修理费，徒工服装补贴，防暑降温费，在有碍身体健康环境中施工的保健费等。

⑥社会保障费。指包含在工资内，由工人交的养老保险费、失业保险费等。

2）材料费。材料费是指施工过程中耗用的构成工程实体、形成工程装饰效果的原材料、辅助材料、构配件、零件、半成品、成品的费用和周转材料的摊销（或租赁）费用。

3）施工机械使用费。是指使用施工机械作业所发生的机械费以及机械安、拆和进、出场费等。

（2）措施费。措施费是指为完成工程项目施工，发生于该工程施工前和施工过程中非工程实体项目的费用。

1）措施费的构成。

①环境保护费。是指施工现场为达到环保部门要求所需要的各项费用。

②文明施工费。是指施工现场文明施工所需要的各项费用。

③安全施工费。是指施工现场安全施工所需要的各项费用。

④临时设施费。是指施工企业为进行建筑工程施工所必须搭设的生活和生产用的临时建筑物、构筑物和其他临时设施费用等。

临时设施包括：临时宿舍、文化福利及公用事业房屋与构筑物，仓库、办公室、加工厂以及规定范围内道路、水、电、管线等临时设施和小型临时设施。

临时设施费用包括：临时设施的搭设、维修、拆除费或摊销费。

⑤夜间施工费。是指因夜间施工所发生的夜班补助费、夜间施工降效、夜间施工照明设备摊销及照明用电等费用。

⑥二次搬运费。是指因施工场地狭小等特殊情况而发生的二次搬运费用。

⑦大型机械设备进出场及安拆费。是指机械整体或分体自停放场地运至施工现场或由一个施工地点运至另一个施工地点，所发生的机械进出场运输及转移费用及机械在施工现场进行安装、拆卸所需的人工费、材料费、机械费、试运转费和安装所需的辅助设施的费用。

⑧混凝土、钢筋混凝土模板及支架费。是指混凝土施工过程中需要的各种钢模板、木模板、支架等的支、拆、运输费用及模板、支架的摊销（或租赁）费用。

⑨脚手架费。是指施工需要的各种脚手架搭、拆，运输费用及脚手架的摊销（或租赁）费用。

⑩已完工程及设备保护费。是指竣工验收前，对已完工程及设备进行保护所需费用。

⑪施工排水、降水费。是指为确保工程在正常条件下施工，采取各种排水、降水措施所发生的各种费用。

直接费划分示意见表 2-6。

表 2-6　　　　　　　　　　　　直接费划分示意表

			基本工资
直接费	直接工程费	人工费	工资性补贴
			生产工人辅助工资
			职工福利费
			生产工人劳动保护费
			社会保障费
		材料费	材料原价
			材料运杂费
			运输损耗费
			采购及保管费
			检验试验费
		施工机械使用费	折旧费
			大修理费
			经常修理费
			安拆费及场外运输费
			人工费
			燃料动力费
			养路费及车船使用税
	措施费	环境保护费	
		文明施工费	
		安全施工费	
		临时设施费	
		夜间施工费	
		二次搬运费	
		大型机械设备进出场及安拆费	
		混凝土、钢筋混凝土模板及支架费	
		脚手架费	
		已完工程及设备保护费	
		施工排水、降水费	

2）措施费计算方法及有关费率确定方法。

①环境保护。

$$环境保护费＝直接工程费×环境保护费费率(\%)$$

$$环境保护费费率(\%)＝\frac{本项费用年度平均支出}{全年建安产值×直接工程费占总造价比例(\%)}$$

②文明施工。

$$文明施工费＝直接工程费×文明施工费费率(\%)$$

$$文明施工费费率(\%)＝\frac{本项费用年度平均支出}{全年建安产值×直接工程费占总造价比例(\%)}$$

③安全施工。

$$安全施工费＝直接工程费×安全施工费费率(\%)$$

$$安全施工费费率(\%)＝\frac{本项费用年度平均支出}{全年建安产值×直接工程费占总造价比例(\%)}$$

④临时设施费。

临时设施费由以下三部分组成：周转使用临建（如，活动房屋）；一次性使用临建（如，简易建筑）；其他临时设施（如，临时管线）。

$$临时设施费＝(周转使用临建费＋一次性使用临建费)×[1＋其他临时设施所占比例(\%)]$$

其中

$$周转使用临建费＝\sum\left[\frac{临建面积×每平方米造价}{使用年限×365×利用率(\%)}×工期(天)\right]＋一次性拆除费$$

$$一次性使用临建费＝\sum 临建面积×每平方米造价×[1－残值率(\%)]＋一次性拆除费$$

其他临时设施在临时设施费中所占比例，可由各地区造价管理部门依据典型施工企业的成本资料经分析后综合测定。

⑤夜间施工增加费。

$$夜间施工增加费＝\left(1－\frac{合同工期}{定额工期}\right)×\frac{直接工程费中的人工费合计}{平均日工资单价}×\begin{matrix}每工日夜间\\施工费开支\end{matrix}$$

⑥二次搬运费。

$$二次搬运费＝直接工程费×二次搬运费费率(\%)$$

$$二次搬运费费率(\%)＝\frac{年平均二次搬运费开支额}{全年建安产值×直接工程费占总造价的比例(\%)}$$

⑦混凝土、钢筋混凝土模板及支架。

a. 模板及支架费＝模板摊销量×模板价格＋支、拆、运输费

摊销量＝一次使用量×(1＋施工损耗)×[1＋(周转次数－1)×补损率/周转次数－(1－补损率)×50%/周转次数]

b. 租赁费＝模板使用量×使用日期×租赁价格＋支、拆、运输费

⑧脚手架搭拆费。

a. 脚手架搭拆费＝脚手架摊销量×脚手架价格＋搭、拆、运输费

$$脚手架摊销量＝\frac{单位一次使用量×(1－残值率)}{耐用期/一次使用期}$$

b. 租赁费＝脚手架每日租金×搭设周期＋搭、拆、运输费

⑨已完工程及设备保护费。

已完工程及设备保护费＝成品保护所需机械费＋材料费＋人工费

⑩施工排水、降水费。

排水降水费 $= \sum$ 排水降水机械台班费 $\times$ 排水降水周期＋排水降水使用材料费、人工费

二、直接费计算

当一个单位工程的工程量计算完毕后，就要套用预算定额基价进行直接费的计算。

计算直接工程费常采用两种方法，即单位估价法和实物金额法。

（1）用单位估价法计算直接工程费。预算定额项目的基价构成，一般有两种形式：一是基价中包含了全部人工费、材料费和机械使用费，这种方式称为完全定额基价，建筑工程预算定额常采用此种形式；二是基价中包含了全部人工费、辅助材料费和机械使用费，不包括主要材料费，这种方式称为不完全定额基价。安装工程预算定额和装饰工程预算定额常采用此种形式。凡是采用完全定额基价的预算定额计算直接工程费的方法称为单位估价法，计算出的直接工程费也称为定额直接费。

1）单位估价法计算直接工程费的数学模型。

单位工程定额直接工程费＝定额人工费＋定额材料费＋定额机械费

其中　定额人工费 $= \sum$（分项工程量×定额人工费单价）

定额机械费 $= \sum$（分项工程量×定额机械费单价）

定额材料费 $= \sum$［（分项工程量×定额基价）－定额人工费－定额机械费］

2）单位估价法计算定额直接工程费的方法与步骤。

①先根据施工图和预算定额计算分项工程量。

②根据分项工程量的内容套用相对应的定额基价（包括人工费单价、机械费单价）。

③根据分项工程量和定额基价计算出分项工程定额直接工程费、定额人工费和定额机械费。

④将各分项工程的各项费用汇总成单位工程定额直接工程费、单位工程定额人工费、单位工程定额机械费。

（2）用实物金额法计算直接工程费。

1）实物金额法计算直接工程费的方法与步骤。凡是用分项工程量分别乘以预算定额子目中的实物消耗量（即人工工日、材料数量、机械台班数量）求出分项工程的人工、材料、机械台班消耗量，然后，汇总成单位工程实物消耗量，再分别乘以工日单价、材料预算价格、机械台班预算价格求出单位工程人工费、材料费、机械使用费，最后汇总成单位工程直接工程费的方法，称为实物金额法。

2）实物金额法的数学模型。

单位工程直接工程费＝人工费＋材料费＋机械费

其中　人工费 $= \sum$（分项工程量×定额用工量）×工日单价

$$材料费 = \sum(分项工程量 \times 定额材料用量 \times 材料预算价格)$$

$$机械费 = \sum(分项工程量 \times 定额台班用量 \times 机械台班预算价格)$$

三、工料分析

（1）工料分析的含义。工料分析是指根据工程量计算和定额规定的消耗量标准，对工程所用工日及材料进行分析计算。

单位工程施工图预算的工料分析，是计算一个单位工程全部人工需要量和各种材料消耗量。

工料分析得到的全部人工和各种材料消耗量，是工程消耗的最高限额；是编制单位工程劳动计划和材料供应计划、开展班组经济核算的基础；也是预算造价计算当中直接费调整的计算依据之一。

（2）工料分析的方法。工料分析首先是从所适用的定额本当中，查出各分项工程各工料的单位定额消耗工料的数量，然后分别乘以相应分项工程的工程量，得到分项工程的人工、材料消耗量。最后将各分部分项工程的人工、材料消耗量分别进行计算和汇总，得出单位工程人工、材料的消耗数量

$$人工 = \sum 分项工程量 \times 工日消耗定额$$

$$材料 = \sum 分项工程量 \times 各种材料消耗定额$$

1）工料分析的编制，采用表 2 - 7 进行。

表 2 - 7　　　　　　　　　工料分析表

分项工程	单位	数量	人工（工日）		M5 混合砂浆（m³）	
			定额	用量	定额	用量
M5 混浆 1 砖墙	10m³	3.176	14.63	46.46	2.38	7.56

2）对半成品材料如砂浆、混凝土等，应按定额配合比表（表 2 - 8）作二次分析计算。

表 2 - 8　　　　　　　　　定额配合比表

材料	单位	数量	水泥 425（kg）		中砂（t）		石灰膏（m³）	
			定额	用量	定额	用量	定额	用量
M5 混浆	M3	7.56	167.0	1263	1.61	12.17	0.08	0.60

（3）分部分项工程费和单价措施项目费计算及工料分析方法。由于建标〔2013〕44号文对工程造价的费用进行了重新划分，要从分部分项工程费包含的内容开始计算，然后再计算单价措施项目费与总价项目费、其他项目费、规费和税金。所以，要重新设计工程造价费用的计算顺序。

$$管理费、利润 = (定额人工费 + 定额机具费) \times 规定费率$$

主要计算说明：将预算定额的基价，人工费、材料费、机具费单价以及主要材料用量，分别填人表中的单价（材料）栏内；用工程量分别乘以基价、人工费、材料费、机具

费单价以及定额材料消耗量后，分别填入对应的合价、合计栏内；将人工费与机械费合计之和乘以管理费和利润费，得出的管理费和利润填入表中的管理费和利润的合价栏；分别汇总分部分项工程和单价措施项目工料机合价和人工费、材料费、机具费及管理费、利润合计之和，填入表中倒数第二行的合计栏内；最后，合计单位工程的分部分项工程费个单价措施项目费。

（4）工料分析的注意事项。

1）凡是由预制厂制作现场安装的构件，应按制作和安装分别计算工料。

2）对主要材料应按品种、规格及预算价格不同分别进行用量计算，并分类统计。

3）按系数法补价差的地方材料可以不分析，但经济核算有要求时应全部分析。

4）对换算的定额子目在工料分析时要注意含量的变化，以求分析量准确完整。

5）机械费用需单项调整的，应同时按规格、型号进行机械使用台班用量的分析。

【例 2 - 4】 某工程材料汇总表木材部分。

表 2 - 9　　　　　　　　　　　某 工 程 材 料 汇 总 表　　　　　　　　　单位：m³

名称	用量	名称	用量
方材	0.505	二等板方材	0.393
圆木	0.052	垫木、木模	3.437
硬木	0.550	松厚板	0.049

木材合计：5.006

【例 2 - 5】 某工程材料汇总表钢材部分（表 2 - 10）。

表 2 - 10　　　　　　　　　　某工程材料汇总表钢材部分　　　　　　　　　单位：t

名称	用量	名称	用量
钢筋 $\phi 16$ 内	15.269	钢筋 $\phi 20$ 内	4.364
钢筋 $\phi 20$ 上	2.082	螺纹钢 $\phi 25$ 内	10.367
薄钢板	0.898	不等边钢角	0.612
等边角钢	1.773	钢压条	0.069
铁件	3.032	垫铁、铁楔	0.110
组合钢模板	0.424	定型钢模	0.076
脚手钢管	0.018	零星卡具	0.107

支撑钢管及扣件 0.184

钢材合计：39.365

【例 2 - 6】 某工程（部分）分部分项工程费与单价措施项目费及工料分析（表 2 - 11）。

表 2 - 11

分部分项工程、单价措施项目费及材料分析表（小平房部分分项目）

工程名称：小平房

序号	定额编号	项目名称	单位	工程量	定额基价	工料机合价	人工费		材料费		机县费		管理费、利润合价		主要材料用量					
															32.5 级水泥/t		中砂/t		脚手板/m³	
							单价	小计	单价	小计	单价	小计	费率(%)	合计	定额	合计	定额	合计	定额	合计
		一、砌筑工程																		
1	A3 - 1	M5水泥砂浆砌砖基础	m³	12.10	291.85	3531.39	58.44	707.12	229.38	2775.50	4.03	48.76	25	188.97	0.0505	0.611	0.3783	4.577		
		……																		
		分部小计				3531.39		707.12		2775.50		48.75		188.97		0.611		4.577		
		二、楼地面工程																		
2	A4 - 23	现浇 C25 混凝土地圈梁	m³	2.37	349.84	829.12	139.92	331.61	203.00	481.11	6.92	16.40	25	87.00	0.325	0.770	0.669	1.586		
		……																		
		分部小计				829.12		331.61		481.11		16.40		87.00		0.770		1.586		
		分部分项小计				4360.51		1038.73		3256.61		65.16		275.97						
		措施项目																		
		一、脚手架工程																		
3	A11 - 20	里脚手架	m³	27.08	2.58	69.86	2.00	54.14	0.48	12.99	0.10	2.71	25	14.21					0.00011	0.003
		……																		
		单价措施项目小计				69.86		54.14		12.99		2.71		14.21						0.003
		单位工程定额工料机合计				4430.37		1092.87		3269.60		67.87		290.18		1.381		6.163		0.003
		分部分项工程管理费、利润项目费和合计						4430.37＋290.18＝4720.55													

说明：分部分项工程管理费、利润合计＝分部分工面工程人工费机具费之和×25%（某地区规定）

第三节　材 料 价 差 调 整

一、材料价差产生原因

现行工程造价的确定，是根据定额计算规则计算工程量，以工程量及套用相应定额子目基价的汇总形成工程直接费用。定额子目基价（即预算价）由人工、材料、机械及其他直接费等部分组成。在建设工程项目中，如果以工程直接费为 100%，构成直接费的人工费占 20%，材料占 70%～75%，机械费约占 5%。由此而论，材料价格取定的高低将会直接引起工程建设费用的高低。事实上，在实际施工时，使用的价格是不会静止不动的，特别是在市场经济条件下各种建筑材料将会随着国家政策调整因素、地区差异、时间差异、供求关系等的状况的变化而处于经常的波动状态之中，无论价格是上涨或下落，其波动是经常的、绝对的，不以人的意志为转移。产生材料价差的主要因素有以下几点：

（1）国家政策因素。国家政策、法规的改变将会对市场产生巨大的影响。这种因体制发生变化而产生的材料价格的变化，即为"制差"。如 1998～1999 年期间国家存贷款利率一再下调，1993～1995 年国家为抑制经济增长过热过快，而采取的一系列措施。

（2）地区因素。预算定额估价表编制所在地的材料预算价格与同一时期执行该定额的不同地区的材料价格差异，即为"地差"。

（3）时间因素。定额估价表编制年度定额材料预算价格与项目实施年度执行材料价格的差异，即为"时差"。

（4）供求因素。即市场采购材料因产、供、销系统变化而引起的市场价格变化形成的价差，即为"势差"。

（5）地方部门文件因素。由于地方产业结构调整引起的部分材料价格的变化而产生的价差，即为"地方差"。

建筑材料价格的变动，形成了不同的市场价。在工程实践中，施工企业正是从这个变动市场中直接获得建筑产品所需的原材料，其形成的产品是动态价格下的产物。动态的价格需要有一个与之相应的动态管理，只有这样才能既维护国家和建设单位利益，又保护施工企业合法权益，使建设工程朝着计划、有序、持续的方向发展。

二、材料价差调整的方法

在工程实践中，建设工程材料价差调整通常采用以下几种方法。

1. 单项材料价差调整法

此法是工程项目所在地材料的实际采购价（甲、乙双方核定后）按相应材料定额预算价格和定额含量，抽料抽量进行调整计算价差的一种方法。按下列公式进行：

当采用单位估价法计算定额直接工程费时，一般对影响工程造价较大的主要材料（如钢材、木材、水泥等）进行单项材料价差调整。

$$某种材料单价价差 = \frac{该种材料实际价格}{（或加权平均价格）} - 定额中的该种材料价格$$

单项材料价差调整的计算公式为：

$$单项材料价差调整 = \sum \left[单位工程某种材料用量 \times \left(现行材料预算价格 - 预算定额中材料单价 \right) \right]$$

①参照当地造价管理部门定期发布的全部材料信息价格。

②建设单位指定或施工单位采购经建设单位认可，由材料供应部门提供的实际价格。

按实调差的优点是补差准确，计算合理，实事求是。由于建筑工程材料存在品种多、渠道广、规格全、数量大的特点，若全部采用抽量调差，则费时费力，繁琐复杂。

【例2-7】　根据某工程有关材料消耗量和现行材料预算价格，调整材料价差，有关数据见表2-12。

表2-12　　　　　　　　某工程采用材料价格与现行材料价格对比

材料名称	单位	数量	现行材料预算价格（元）	预算定额中材料单价（元）
42.5级水泥	kg	7345.10	0.35	0.30
ϕ10 圆钢筋	kg	5618.25	2.65	2.80
石板	m²	816.40	350.00	300.00

解：直接计算：

某工程单项材料价差 = 7345.10 × (0.35 - 0.30) + 5618.25 × (2.65 - 2.80)

+ 816.40 × (350 - 300)

= 7345.10 × 0.05 - 5618.25 × 0.15 + 816.40 × 50

= 40344.53 元

用单项材料价差调整表（表2-13）计算如下：

表2-13　　　　　　　　　　　单项材料价差调整表

工程名称：××工程

序号	材料名称	数量	现行材料预算价格	预算定额中材料预算价格	价差（元）	调整金额（元）
1	42.5级水泥	7345.10kg	0.35 元/kg	0.30 元/kg	0.05	367.26
2	ϕ10 圆钢筋	5618.25kg	2.65 元/kg	2.80 元/kg	-0.15	-842.74
3	石板	816.40m²	350.00 元/m²	300.00m²	50.00	40820.00
	合计					40344.52

2. 综合系数调整材料价差

采用单项材料价差的调整方法，其优点是准确性高，但计算过程较繁杂。因此，一些用量大、单价相对低的材料（如地方材料、辅助材料等）常采用综合系数的方法来调整单价工程材料价差。

采用综合系数调整材料价差的具体做法就是用单位工程定额材料费或定额直接工程费乘以综合调整系数，求出单位工程材料价差，其计算公式如下：

$$单位工程采用综合系数调整材料价差 = 单位工程定额材料费 \left(\begin{matrix} 定额直接 \\ 工程费 \end{matrix} \right) \times 材料价差综合调整系数$$

综合系数调差法的优点是操作简便，快速易行。但这种方法过于依赖造价管理部门对综合系数的测量工作。实际中，常常会因项目选取的代表性，材料品种价格的真实性、准确性和短期价格波动的关系导致工程造价计算误差。

【例 2 - 8】　某工程的定额材料费为 776457.36 元，按规定以定额材料费为基础乘以综合调整系数 1.38%，计算该工程地方材料价差。

解：　某工程地方材料的材料价差＝776457.36×1.380/0＝10715.11 元

3. 按实调整法（即抽样调整法）

此法是工程项目所在地材料的实际采购价（甲、乙双方核定后）按相应材料定额预算价格和定额含量，抽料抽量进行调整计算价差的一种方法。按下列公式进行。

某种材料单价价差＝该种材料实际价格（或加权平均价）一定额中的该种材料价格

其中，工程材料实际价格的确定，有以下依据。

（1）参照当地造价管理部门定期发布的材料信息价格

建设单位指定或施工单位采购经建设单位认可，由材料供应部门提供的实际价格。

$$某种材料加权平均价 = \sum_{i=1}^{n}(X_i \times J_i)/\sum X_i$$

式中　X_i——材料不同渠道采购供应的数量；

　　　J_i——材料不同渠道采购供应的价格。

某种材料价差调整额＝该种材料在工程中合计耗用量×材料单价价差

按实调差的优点是补差准确，计算合理，实事求是。由于建筑工程材料存在品种多、渠道广、规格全、数量大的特点，若全部采用抽量调差，则费时费力，繁琐复杂。

（2）价格指数调整法。它是按照当地造价管理部门公布的当期建筑材料价格或价差指数逐一调整工程材料价差的方法。这种方法属于抽量补差，计算量大且复杂，常需造价管理部门付出较多的人力和时间。具体做法是先测算当地各种建材的预算价格和市场价格，然后进行综合整理，定期公布各种建材的价格指数和价差指数。计算公式为：

$$某种材料的价格指数 = \frac{该种材料当期预算价}{该种材料定额中的取定价}$$

$$某种材料的价差指数 = 该种材料的价格指数 - 1$$

价格指数调整办法的优点是能及时反映建材价格的变化，准确性好，适应建筑工程动态管理。

（3）按实调整与综合系数相结合。据统计，在材料费中三大材料价值占 65% 左右，而数目众多的地方材料及其他材料仅占材料费 35%。而事实上，对子目中分布面广的材料全面抽量，也无必要。在有些地方，根据数理统计的 A、B、C 分类法原理，抓住主要矛盾，对 A 类材料重点控制，对 B、C 类材料作次要处理，即对三材或主材（即 A 类材料）进行抽量调整，其他材料（即 B、C 类材料）用辅材系数进行调整，从而克服了以上两种方法的缺点，有效地提高工程造价准确性，将预算编制人员从繁琐的工作中解放出来。

三、主要材料价格的测算

建设工程材料市场价格的组成因素包括材料原价、运杂费、材料场外运输损耗、采购保管费、包装品回收值，为此在调查工作中应做到适应市场，准确反映出市场价格构成的各种因素。

1. 材料价格相关资料

（1）材料原价资料。要深入本地规模较大、技术设备先进、有健全的质量保证体系的建材生产厂调查搜集。这些生产厂生产水平高，品种规格齐全，定价合理有信誉保障，这是我们调查搜集资料的重点。根据材料市场在不同区域、方位的分布情况，分别向经营不同类型材料专业厂家的代理商、经销商进行调查搜集；向主要大中型施工企业调查搜集月（季）度材料平均使用量或采购供应量及其价格资料；对部分特殊的材料，如果本地没有生产经销单位，可向外地生产经销单位进行调查搜集。在搜集调查资料过程中，还应摸清批量采购享受优惠幅度以及当时付款与延期付款的材料价格差异。

（2）材料运杂费资料。交通运输部门有关规定和运输费用计算办法；运输市场费用及装卸费实际价格行情资料；同一种材料如果有几个货源地供应时，应调查清楚材料供应地点、供应量及供应比重，有无吊装设备以及人工装卸与机械吊装各占的比例；同一种材料如果是通过多种方式运输时，应调查清楚各种运输方式中转衔接情况；调查材料运输起止点的道路情况，按合理流向确定最短运输距离，选择合理的运输方式，并结合材料的不同性能和特点，研究确定其运费（吨公里或台班）计算方法；调查清楚生产厂商送料到工地的材料品种以及各种材料（包括轻浮货物）在不同运输工具中的装载量。

（3）材料场外运输损耗率资料。

（4）有关材料包装费（租赁费）和包装品回收值的资料。

（5）材料单位容量和换算资料。

（6）测定材料采购及保管费率的资料。从市场实际看，由于不同类型的材料，其采购供应的方式不同，大部分材料的采购工作较简单，但较特殊的材料采购工作难度较大，因此，在实际调查搜集资料工作中应结合市场情况分别对待。

对已经调查搜集到的各类资料，要进行去粗取精、去伪存真、由表及里的分析、测算和加工整理，研究掌握市场材料价格的变动规律，剔除资料中不合理部分，采取类推比较法进行分项计算。在由市场决定价格的前提下，依据国家省市制订的有关政策规定，测算编制建设工程材料指导价格，其测算的重点，应是材料原价和材料运输费。

2. 材料原价的测定

从目前材料市场实际情况看，某些同一品种不同规格的材料，其销售价格已趋于一致。如直径 6.5mm、10mm 圆钢。因此在材料指导价格中，对这些材料按照一定的规格范围确定一个平均原价。但是，同一品种不同规格的材料，往往具有两个以上的货源渠道和不同的销售价格，对于这种情况就要测算其平均价格作为其指导价格的原价，其方法是根据同一品种一定规格范围内材料的总需用量（或采购量）和各货源渠道的供应量，采取加权平均方法测定其原价。

【例 2-9】　某市某建筑工地需要直径 6.5~10mm 圆钢共计 100t，从甲钢材市场采购进货 60t，每吨售价 2300 元，从乙钢材料市场采购进货 40t，每吨售价 2400 元，求其平均原价，即为 2300 元/t×70%＋2400 元/t×30%＝2570 元/t。如果某种材料分别采取自行提货和生产厂商送料到施工工地两种不同方式时，因生产厂商送料到工地的材料售价中已含运输费和场外运输损耗，在计算材料指导价的原价时，首先应从这部分材料的售价中剔除运杂费，然后，根据两种不同采购方式的材料量占总需要量的百分比进行加权测定。

3. 材料运杂费的测定

由于建设工程材料使用量大，运杂费的计算是一个工作量大，又比较复杂的问题，从目前市场情况看，为了简化计算，应以材料的不同货源地或使用地，采取加权平均方法计算为好。可用公式表示为：

$$材料运输费 = \frac{Q_1 T_1 + Q_2 T_2 + Q_3 T_3 + \cdots\cdots + Q_N T_N}{Q_1 + Q_2 + Q_3 + \cdots\cdots + Q_N}$$

式中　Q_1、Q_2、Q_3、…、Q_N——各货源地的供应量或各不同使用地点的需用量；

　　　T_1、T_2、T_3、…、T_N——不同运距的运费。

第三章 土石方工程工程量
相关规定及计算

土石方工程量包括平整场地，挖掘沟槽、基坑，挖土，回填土，运土和井点降水等内容。

第一节 土石方工程工程量计算相关知识规定

一、资料确定

计算土石方工程量前，应确定下列各项资料：

（1）土壤及岩石类别的确定。土石方工程土壤及岩石类别的划分，依工程勘测资料与《土壤及岩石分类表》对照后确定（该表在建筑工程预算定额中）。

（2）地下水位标高及排（降）水方法。

（3）土方、沟槽、基坑挖（填）土起止标高、施工方法及运距。

（4）岩石开凿、爆破方法、石碴清运方法及运距。

（5）其他有关资料。土方体积，均以挖掘前的天然密实体积为准计算。如遇有必须以天然密实体积折算时，可按表3-1所列数值换算。

表3-1 土方体积折算表

虚方体积	天然密实度体积	夯实后体积	松填体积
1.00	0.77	0.67	0.83
1.30	1.00	0.87	1.08
1.50	1.15	1.00	1.25
1.20	0.92	0.80	1.00

注：查表方法实例已知挖天然密实 $4m^3$ 土方，求虚方体积 $V = 4.0 \times 1.30 = 5.20m^3$。

挖土一律以设计室外地坪标高为准计算。

二、土石方工程量计算注意事项

（1）熟悉施工组织设计。土石方工程的施工方法不同，其工程量计算要求和所选套定额项目，均不相同；为此在计算工程量之前，要认真熟悉施工组织设计有关内容，明确具体施工方法，保证工程量计算的准确性。

（2）确定挖填方起点标高。通常挖填方起点标高，以施工图纸规定的室外设计地坪标高为准；该标高以下的挖土、应按挖沟槽、挖土方或挖地坑等分别计算，而该标高以上的挖土，均按山坡切土计算。

（3）熟悉土壤的类别。土壤或岩石类别不同，其工程量计算结果和所选套定额项目也不同；在计算工作开始前，应按照工程地质勘察报告，认真确定土壤类别。建筑工程预算定额采用的土壤及岩石分类表，该表把土壤及岩石分为十类，其中经常遇到是一至四类土；在实际施工中，由于一类土所占比重很多，各地区多把一、二类土合并为一项，定名为普通土。

预算定额规定，土分为普通土（一、二类土）、坚土（三类土）、砂砾坚土（四类土）等三类。

（4）熟悉地下水位标高。地下水位高低，对土建工程预算影响很大；当地下水位标高超过基础底面标高时，通常结合具体情况，采取排除地下水措施，不可避免要增加工程费用。

（5）熟悉干湿土界线。干土和湿土的分界线，通常以工程地质勘察报告规定的地下水位标高为准，如无具体规定时，应以地下常水位标高为准；位于常水位标高以上的土为干土，位于常水位标高以下的土为湿土；对于同一基槽、基坑或管道沟内的干土和湿土，应分别计算其工程量，但在选套预算定额时，仍按其全部挖土深度计算。

【例 3-1】　某工程地格剖面图，如图 3-1 所示。地槽全深为 H，地下常水位以上挖土深度为 h_1，地下常水位以下挖土深度为 h_2，干土工程量计算深度为 h_1，而湿土工程量计算深度为 h_2，但在选套定额项目时，干土和湿土工程量均应按地槽全深 H 为挖土深度。

（6）熟悉土壤的湿度。

1）建筑工程预算定额规范人工挖土方、基槽和地沟均以干土为准；当人工挖湿土时，其所选套相应定额项目应乘以 1.18 系数。

2）机械挖土方，均以天然湿度（含水率在 25% 以内）土壤为准；如果土壤含水率超过 25% 时，其人工和机械两个项均应乘以 1.15 系数。对于同一工程，如果其不同部位土壤湿度不同时，应按上述规定分别计算其工程量，选套相应定额项目计算。

（7）熟悉土壤放坡系数（表 3-2）。实验研究表明：土壁稳定与土壤类别、含水率和挖土深度有关，当挖土深度不大时，可采用直立土壁的开挖方法，当挖土深度超过规定限度时，为保证土壁的稳定性，需要放坡，放坡时，采用放坡系数表示，即 1:K，K 为放坡系数，如图 3-2 所示。

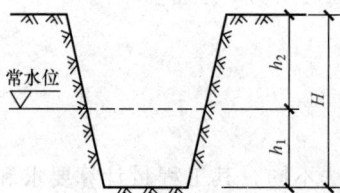

图 3-1　某工程抛格剖面图　　　　图 3-2　土壤放坡图示

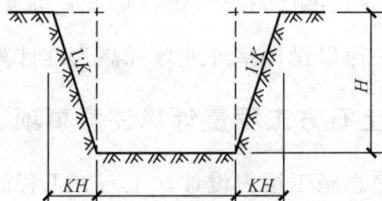

表 3 - 2　　　　　　　　　　　　土 壤 放 坡 系 数

土的类别	放坡起点	人工挖土	机械挖土	
			在坑内作业	在坑外作业
一、二类土	1.2	1：0.5	1：0.33	1：0.75
三类土	1.5	1：0.33	1：0.25	1：0.67
四类土	2.0	1：0.25	1：0.10	1：0.33

注：1. 沟槽，基坑中土的类别不同时，分别按其放坡起点、放坡系数、依不同土壤厚度加权平均计算。

　　2. 计算放坡时，在交接处的重复工程量不予扣除，原槽、坑作基础垫层时，放坡自垫层上表面开始计算。

（8）熟悉基础施工时所需工作面宽度（表 3 - 3）。

表 3 - 3　　　　　　　　　　基础施工所需工作面宽度计算表

基 础 材 料	每边各增加工作面宽度（mm）
砖基础	200
浆砌毛石、条石基础	150
混凝土基础垫层支模板	300
混凝土基础支模板	300
基础垂直面做防水层	800（防水层面）

三、土石方工程量计算相关规定

1. 平整场地

人工平整场地，是指建筑场地挖、填土方厚度在±30cm 以内及找平（图 3-3）。挖、填土方厚度超过±30cm 以外时，按场地土方平衡竖向布置图另行计算。

说明：

（1）人工平整场地示意如图 3-4 所示，超过±30cm 的按挖、填土方计算工程量。

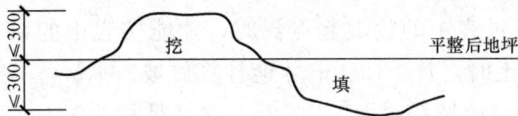

图 3-3　平整场地示意图　　　　　　　　图 3-4　人工平整场地

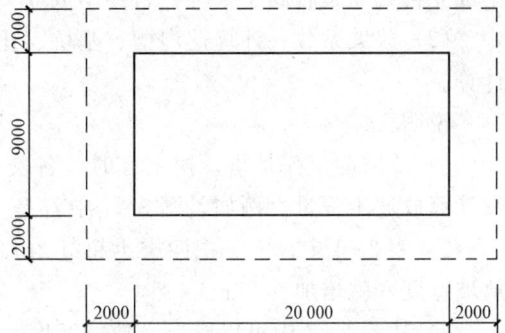

（2）场地土方平衡竖向布置，是将原有地形划分成 20m×20m 或 10m×10m 若干个方格网，将设计标高和自然地形标高分别标注在方格点的右上角和左下角。再根据这些标高

数据计算出零线位置，然后确定挖方区和填方区的精度较高的土方工程量计算方法。

平整场地工程量按建筑物外墙外边线（用$L_{外}$表示）每边各加 2m，以平方米计算。

方法：

【例 3-2】　根据图 3-4 计算人工平整场地工程量。

解：　　　　　　　$S_{平}=(9.0+2.0\times2)\times(20.0+2.0\times2)=312(m^2)$

2. 挖掘沟槽、基坑土方的有关规定

（1）沟槽、基坑划分。

1）凡图示沟槽底宽在 7m 以内，且沟槽长大于槽宽 3 倍以上的，为沟槽，如图 3-5 所示。

2）凡图示基坑底面积在 150m² 以内为基坑，如图 3-6 所示。

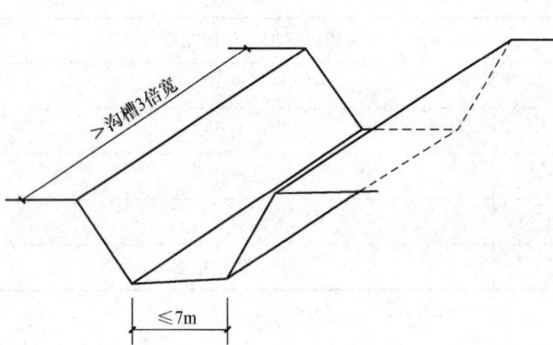

图 3-5　沟槽示意图　　　　　　　　图 3-6　基坑示意图

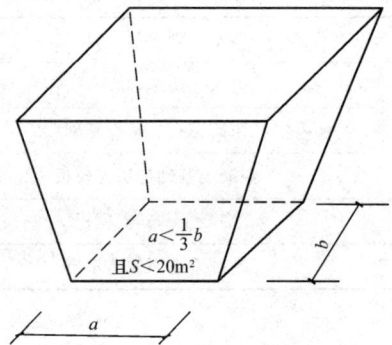

3）凡图示沟槽底宽 7m 以外，坑底面积 150m² 以外，平整场地挖土方厚度在 30cm 以外，均按挖土方计算。

说明：

①图示沟槽底宽和基坑底面积的长、宽均不含两边工作面的宽度。

②根据施工图判断沟槽、基坑、挖土方的顺序是：先根据尺寸判断沟槽是否成立；若不成立再判断是否属于基坑；若还不成立，就一定是挖土方项目。

（2）放坡系数。计算挖沟槽、基坑、土方工程量需放坡时，放坡系数按表 3-2 规定计算。

说明：

1）放坡起点深是指，挖土方时，各类土超过表中的放坡起点深时，才能按表中的系数计算放坡工程量。例如，图 3-7 中若是三类土时，$H>1.50m$ 才能计算放坡。

2）表 3-4 中，人工挖四类土超过 2m 深时，放坡系数为 $1:0.25$，含义是每挖深 1m，放坡宽度 6 就增加 0.25m。

3）从图 3-7 中可以看出，放坡宽度 b 与深度 H 和放坡角度 α 之间的关系是正切函数关系，即 $tan\alpha=\dfrac{b}{H}$，不同的土壤类别取不同的 α 角度值，所以不难看出，放坡系数就是根据 $tan\alpha$ 来确定的。例如，三类土的 $tan\alpha\dfrac{b}{H}=0.33$。我们将 $tan\alpha=K$ 来表示放坡系数，故

放坡宽度 $b=KH$。

4) 沟槽放坡时，交接处重复工程量不予扣除，示意图如图 3-8 所示。

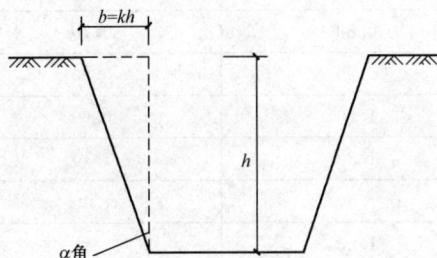

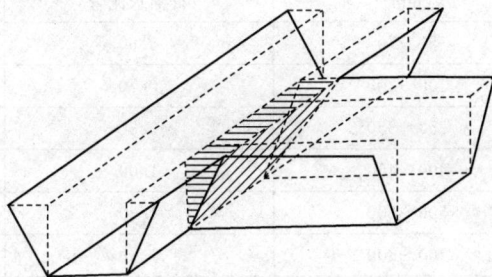

图 3-7　放坡示意图　　　　　图 3-8　沟槽放坡时，交接处重复工程量示意图

5) 原槽、坑作基础垫层时，放坡自垫层上表面开始，如图 3-9 所示。

（3）支挡土板。挖沟槽、基坑需支挡土板时，其挖土宽度按图 3-10 所示沟槽、基坑底宽，单面加 10cm，双面加 20cm 计算。挡土板面积，按槽、坑垂直支撑面积计算。支挡土板后，不得再计算放坡。

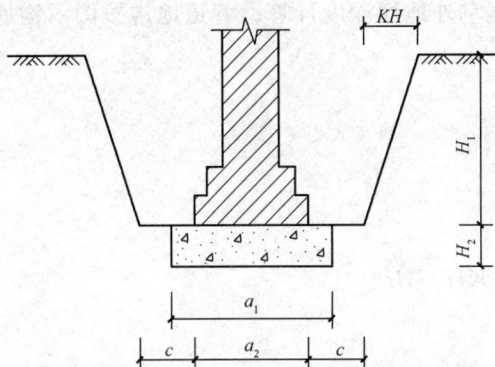

图 3-9　从垫层上表面放坡示意图　　　　　图 3-10　支撑挡土板地槽示意图

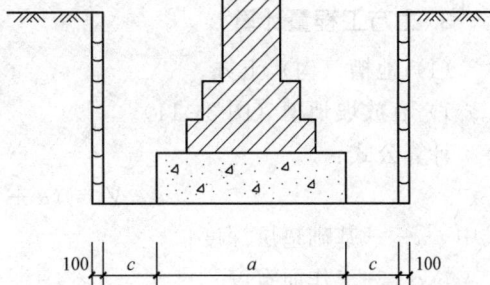

（4）基础施工所需工作面。按表 3-3 规定计算。

（5）沟槽长度。挖沟槽长度，外墙按图示中心线长度计算；内墙按图示基础底面之间净长线长度计算；内外突出部分（垛、附墙烟囱等）体积并入沟槽土方工程量内计算。

（6）人工挖土方深度超过 1.5m 时，按表 3-4 的规定增加工日。

表 3-4　　　　　　　　　　人工挖土方超深增加工日表　　　　　　　　　　100m³

深 2m 以内	深 4m 以内	深 6m 以内
5.55 工日	17.60 工日	26.16 工日

（7）挖管道沟槽土方。控管道沟槽按图示中心线长度计算。沟底宽度，设计有规定的，按设计规定尺寸计算；设计无规定时，可按表 3-5 规定的宽度计算。

表 3 - 5　　　　　　　　　　　　管道地沟沟底宽度计算表

管径 （mm）	铸铁管、钢管、 石棉水泥管	混凝土、钢筋混凝土、 预应力混凝土管	陶土管
50～70	0.60	0.80	0.70
100～200	0.70	0.90	0.80
250～350	0.80	1.00	0.90
400～450	1.00	1.30	1.10
500～600	1.30	1.50	1.40
700～800	1.60	1.80	
900～1000	1.80	2.00	
1100～1200	2.00	2.30	
1300～1400	2.20	2.60	

注：1. 按上表计算管道沟土方工程量时，各种井类及管道（不含铸铁给排水管）接口等处需加宽增加的土方量不另行计算，底面积大于 20m² 的井类，其增加工程量并入管沟土方内计算。

　　2. 铺设铸铁给排水管道时其接口等处土方增加量，可按铸铁给排水管道地沟土方总量的 2.5％ 计算。

（8）沟槽、基坑深度，按图示槽、坑底面至室外地坪深度计算；管道地沟按图示沟底至室外地坪深度计算。

3. 土方工程量计算

（1）地槽（沟）土方。

1）有放坡地槽（图 3 - 11）。

计算公式：

$$V = (a + 2c + KH)HL$$

式中　a——基础垫层深度；

　　　c——工作面宽度；

　　　H——地槽深度；

　　　K——放坡系数；

　　　L——地槽长度。

【例 3 - 3】　如图 3 - 12 所示，底宽 1.2m，挖深 1.6m，土质为三类土，试计算人工挖地槽两侧边坡宽度。

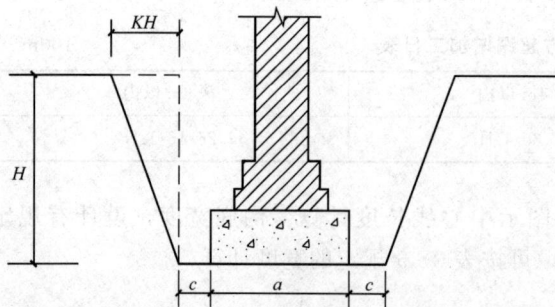

图 3 - 11　有放坡地槽示意图　　　　　图 3 - 12　某人工挖地槽放坡示意图

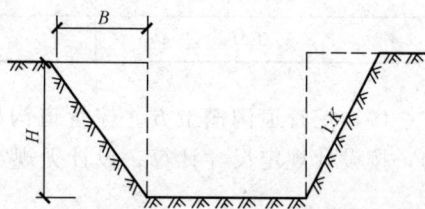

解：已知：$K = 0.33$，$H = 1.8\text{m}$，则

$$每边放坡宽度\ B = 1.8 \times 0.33\text{m} = 0.59\text{m}$$

地槽宽度 1.2m，放坡后上口宽度为：

$$(1.2 + 0.59 \times 2)\text{m} = 3.59\text{m}$$

2）支撑挡土板地槽。

计算公式：

$$V = (a + 2c + 2 \times 0.10)HL$$

式中，变量含义同上。

3）有工作面不放坡地槽（图 3-13）。

计算公式：

$$V = (a + 2c)HL$$

4）无工作面不放坡地槽（图 3-14）

计算公式：

$$V = aHL$$

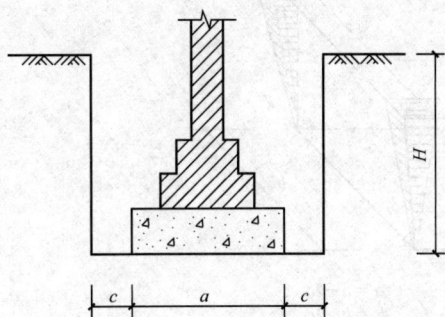

图 3-13 有工作面不放坡地槽示意图　　　　图 3-14 无工作面不放坡地槽示意图

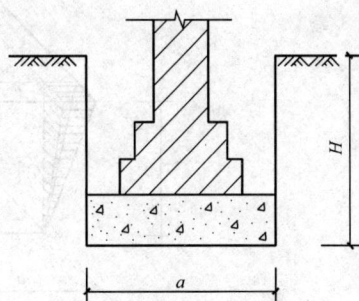

5）自垫层上表面放坡地槽（图 3-15）。

计算公式：

$$V = [a_1 H_2 + (a_2 + 2c + KH_1)H_1]L$$

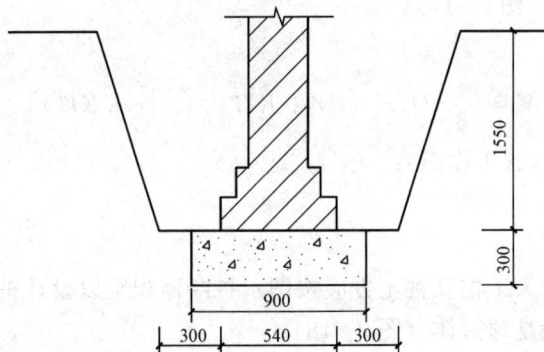

图 3-15 自垫层上表面放坡

（2）地坑土方。

1）矩形不放坡地坑。

计算公式：

$$V = abH$$

2）矩形放坡地坑（图 3 - 16）。

$$V = (a + 2c + KH)(b + 2c + KH)H + \frac{1}{3}K^2 H^3$$

式中　a——基础垫层宽度；

　　　b——基础垫层长度；

　　　c——工作面宽度；

　　　H——地坑深度；

　　　K——放坡系数。

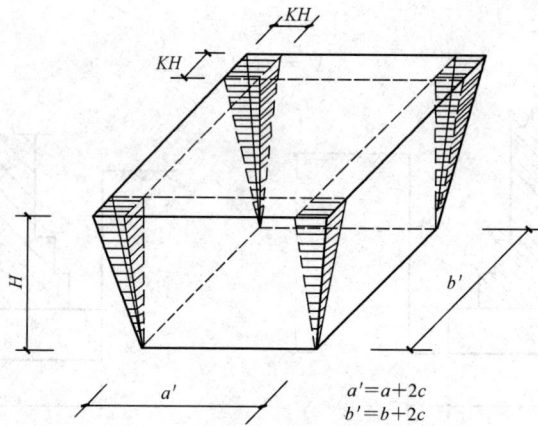

图 3 - 16　放坡地坑示意图

3）圆形不放坡地坑。

计算公式：

$$V = \pi r^2 \times H$$

4）圆形放坡基坑（图 3 - 17）。

计算公式：

$$V = \frac{1}{3}\pi H[r^2 + (r + KH)^2 + r(r + KH)]$$

式中　r——坑底半径（含工作面）；

　　　H——坑深度；

　　　K——放坡系数。

（3）挖孔桩土方。人工挖孔桩土方应按图示桩断面积乘以设计桩中心线深度计算。探孔桩的底部一般是球冠体（图 3 - 18）。

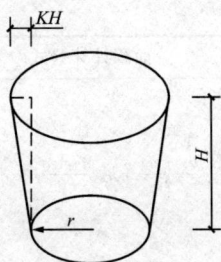

图 3-17　圆形放坡地坑示意图　　　　图 3-18　球冠体示意图

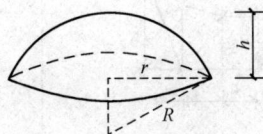

球冠体的体积计算公式为

$$V = \pi h^2 \left(R - \frac{h}{3} \right)$$

由于施工图中一般只标注 r 的尺寸，无 R 尺寸，所以需变换一下求 R 的公式：

已知

$$r^2 = R^2 - (R-h)^2$$

故

$$r^2 = 2Rh - h^2$$

$$R = \frac{r^2 + h^2}{2h}$$

（4）挖土方。挖土方是指不属于沟槽、基坑和平整场地厚度超过±300mm，按土方平衡竖向布置的挖方。

单位工程的挖方或填方工程分别在 2000m³ 以上的及无砌筑管道沟的挖土方时，常用的方法有横截面计算法和方格网计算法两种。

1）横截面计算法（表 3-6）。

表 3-6　　　　　　　　　　　常用不同截面及其计算公式

图　　示	面积计算公式
	$F = h(b + nh)$
	$F = h \left[b + \dfrac{h(m+n)}{2} \right]$
	$F = b \dfrac{h_1 + h_2}{2} + n h_1 h_2$

图　　示	面积计算公式
	$$F = h_1 \frac{a_1 + a_2}{2} + h_2 \frac{a_2 + a_3}{2} + h_3 \frac{a_3 + a_4}{2} + h_4 \frac{a_4 + a_5}{2} + h_5 \frac{a_5 + a_6}{2}$$
	$$F = \frac{1}{2} a (h_0 + 2h + \cdots + h_n)$$ $$h = h_1 + h_2 + h_3 + \cdots + h_n$$

计算土方量，按照计算的各截面积，根据相邻两截面间距离，计算出土方量，其计算公式如下：

$$V = \frac{1}{2}(F_1 + F_2) \times L$$

式中　V——表示相邻两截面间的土方量（m^2）；

F_1、F_2——相邻两截面的填、挖方截面（m^2）；

L——相邻截面的距离（m）。

2）方格网计算法。在一个方格网内同时有挖土和填土时（挖土地段冠以"＋"号，填土地段冠以"－"号），应求出零点（即不填不挖点），零点相连就是划分挖土和填土的零界线（图 3 - 19）。计算零点可采用以下公式：

$$x = \frac{h_1}{h_1 + h_4} \times a$$

式中　x——施工标高至零界线的距离；

h_1、h_4——挖土和填土的施工标高；

a——方格网的每边长度。

方格网内的土方工程量计算，有下列几个公式：

①四点均为填土和挖土（图 3 - 20）。

公式为

$$\pm V = \frac{h_1 + h_2 + h_3 + h_4}{4} \times a^2$$

图 3 - 19　零界线示意图

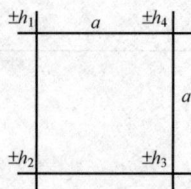

图 3 - 20　四角均为挖土或填土

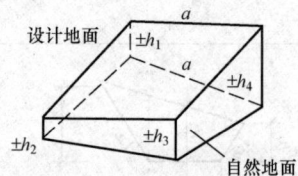

式中　　　　　$\pm V$——填土或挖土的工程量（m^3）；

　h_1、h_2、h_3、h_4——施工标高（m）；

　　　　　　a——方格网的每边长度（m）。

②二点为挖土和二点为填土（图 3-21）。

公式为

$$+V = \frac{(h_1 + h_2)^2}{4(h_1 + h_2 + h_3 + h_4)} \times a^2$$

$$-V = \frac{(h_3 + h_4)^2}{4(h_1 + h_2 + h_3 + h_4)} \times a^2$$

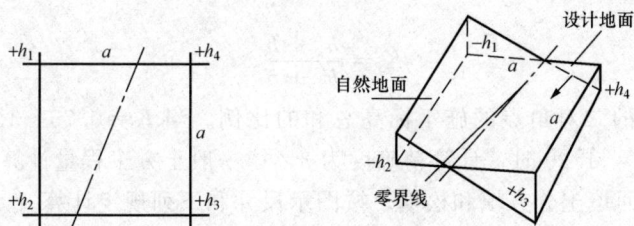

图 3-21　二点为挖土和二点为填土

③三点挖土和一点填土或三点填土一点挖土（图 3-22）。

公式为

$$+V = \frac{h_2^3}{6(h_1 + h_2)(h_2 + h_3)} \times a^2$$

$$-V = +V + \frac{a^2}{b}(2h_1 + 2h_2 + h_4 - h_3)$$

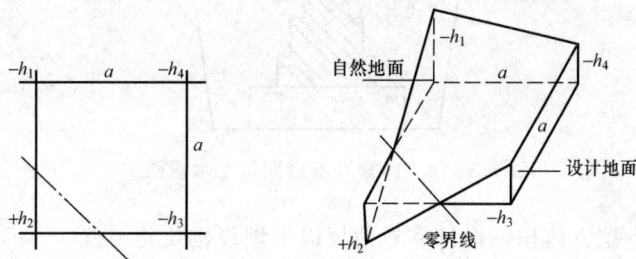

图 3-22　三点挖（填）土和一点填（挖）土

④二点挖土和二点填土成对角形（图 3-23）。中间一块即四周为零界线，就不挖不填，所以只要计算四个三角锥体，公式为

$$\pm V = \frac{1}{6} \times 底面积 \times 施工标高$$

以上土方工程量计算公式，是假设在自然地面和设计地面都是平面的条件，但自然地面很少符合实际情况的。因此，计算出来的土方工程量会有误差。为了提高计算的精确度，应检查一下计算的精确程度，用 K 值表示。

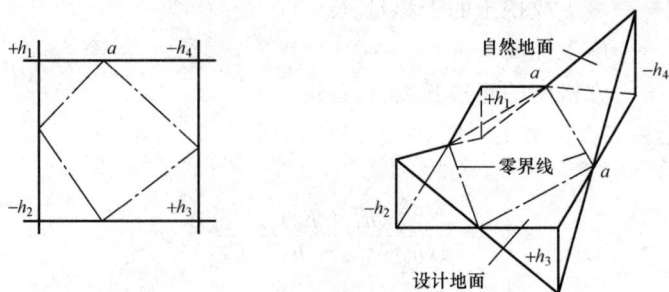

图 3 - 23   二点挖土和二点填土成对角形

$$K = \frac{h_2 + h_4}{h_1 + h_3}$$

上式即方格网的二对角点的施工标高总和的比例。当 $K = 0.75 \sim 1.35$ 时，计算精确度为 5％；$K = 0.80 \sim 1.20$ 时，计算精确度为 3％；一般土方工程量计算的精确度为 5％。

（5）回填土。回填土分夯填和松填，按图示尺寸和下列规定计算。

1）沟槽、基坑回填土。沟槽、基坑回填土体积以挖方体积减去设计室外地坪以下埋设砌筑物（包括：基础垫层、基础等）体积计算，如图 3 - 24 所示。

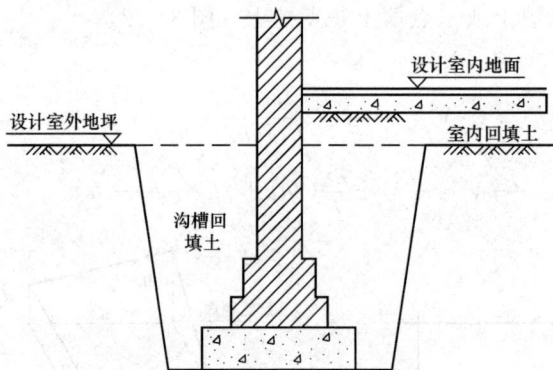

图 3 - 24   沟槽及室内回填土示意图

计算公式：V＝挖方体积－设计室外地坪以下埋设砌筑物

说明：如图 3 - 24 所示，在减去沟槽内砌筑的基础时，不能直接减去砖基础的工程量。因为砖基础与砖墙的分界线在设计室内地面，而回填土的分界线在设计室外地坪，所以要注意调整两个分界线之间相差的工程量。

即，回填土体积＝挖方体积－基础垫层体积－砖基础体积＋高出设计室外地坪砖基础体积

2）房心回填土。房心回填土即室内回填土，按主墙之间的面积乘以回填土厚度计算，如图 3 - 24 所示。

计算公式：V ＝室内净面积×（设计室内地坪标高－设计室外地坪标高－地面面层厚－地面垫层厚）

＝室内净面积×回填土厚

3）管道沟槽回填土。管道沟槽回填土，以挖方体积减去管道所占体积计算。管径在500mm以下的不扣除管道所占体积；管径超过500mm以上时，按表3-7的规定扣除管道所占体积。

表3-7　　　　　　　　　　　　管道扣除土方体积表　　　　　　　　　　　　　　　m^3

管道名称	管道直径/mm					
	501~600	601~800	801~1000	1001~1200	1201~1400	1401~1600
钢管	0.21	0.44	0.71			
铸铁管	0.24	0.49	0.77			
混凝土管	0.33	0.60	0.92	1.15	1.35	1.55

（6）运土。运土包括余土外运和取土。当回填土方量小于挖方量时，需余土外运；反之，须取土。各地区的预算定额规定，土方的挖、填、运工程量均按自然密实体积计算，不换算为虚方体积。

计算公式：运土体积＝总挖方量－总回填量

式中计算结果为正值时，为余土外运体积；为负值时，为取土体积。

土方运距按下列规定计算：

推土机运距：按挖方区重心至回填区重心之间的直线距离计算。

铲运机运土距离：按挖方区重心至卸土区重心加转向距离45m计算。

自卸汽车运距：按挖方区重心至填土区（或堆放地点）重心的最短距离计算。

4. 井点降水

井点降水分别以轻型井点、喷射井点、大口径井点、电渗井点、水平井点，按不同井管深度的安装、拆除，以根为单位计算，使用按套、天计算。

井点套组成：

轻型井点：50根为一套。

喷射井点：30根为一套。

大口径井点：45根为一套。

电渗井点阳极：30根为一套。

水平井点：10根为一套。

井管间距应根据地质条件和施工降水要求，依施工组织设计确定。施工组织设计没有规定时，可按轻型井点管距0.8~1.6m，喷射井点管距2~3m确定。

使用天应以每昼夜24h为一天，使用天数应按施工组织设计规定的天数计算。

第二节　土石方工程定额工程量套用

一、定额说明

1. 定额项目内容

土石方工程包括单独土石方、人工土石方、机械土石方、平整、清理及回填等内容，共 159 个子目。

2. 定额调整

(1) 单独土石方定额项目，适用于自然地坪与设计室外地坪之间，且挖方或填方工程量大于 5000m³ 的土石方工程（也适用于市政、安装、修缮工程中的单独土石方工程）。土石方工程其他定额项目，适用于设计室外地坪以下的土石方（基础土石方）工程，以及自然地坪与设计室外地坪之间小于 5000m³ 的土石方工程。单独土石方定额项目不能满足需要时，可以借用其他土石方定额项目，但应乘以系数 0.9。单独土石方工程的挖、填、运（含借用基础土石方）等项目，应单独编制预、结算，单独取费。

(2) 土石方工程中的土壤及岩石按普通土、坚土、松石、坚石分类，与规范的分类不同。具体分类参见《山东省建筑工程消耗量定额》的《土壤及岩石（普氏）分类表》，其对应关系是普通土（Ⅰ、Ⅱ类土）、坚土（Ⅲ类土和Ⅳ类土）、松石（Ⅴ类土和Ⅵ类土）、坚石（Ⅶ类土～ⅩⅥ类土）。

(3) 人工土方定额是按干土（天然含水率）编制的。干湿土的划分，以地质勘测资料的地下常水位为界，以上为干土，以下为湿土。采取降水措施后，地下常水位以下的挖土，套用挖干土相应定额，人工乘以系数 1.10。

(4) 挡土板下挖槽坑土时，相应定额人工乘以系数 1.43。

(5) 桩间挖土，系指桩顶设计标高以下的挖土及设计标高以上 0.5m 范围内的挖土。挖土时不扣除桩体体积，相应定额项目人工、机械乘以系数 1.3。

(6) 人工修整基底与边坡，系指岩石爆破后人工对底面和边坡（厚度在 0.30m 以内）的清检和修整，并清出石渣。人工凿石开挖石方，不适用本项目。人工装车定额适用于已经开挖出的土石方的装车。

(7) 机械土方定额项目是按土壤天然含水率编制的。开挖地下常水位以下的土方时，定额人工、机械乘以系数 1.15（采取降水措施后的挖土不再乘该系数）。

(8) 机械挖土方，应满足设计砌筑基础的要求，其挖土总量的 95%，执行机械土方相应定额；其余按人工挖土。人工挖土套用相应定额时乘以系数 2。如果建设单位单独发包机械挖土方，挖方企业只能计算挖方总量的 95%，其余部分由总包单位结算。

(9) 人力车、汽车的重车上坡降效因素，已综合在相应的运输定额中，不另行计算。挖掘机在垫板上作业时，相应定额的人工、机械乘以系数 1.25。挖掘机下的垫板、汽车运输道路上需要铺设的材料，发生时，其人工和材料均按实另行计算。

二、土（石）方工程工程定额规则

1. 土石方工程一般规定

(1) 土石方的开挖、运输，均按开挖前的天然密实体积，以立方米计算。土方回填，按回填后的竣工体积，以立方米计算。不同状态的土方体积，按表 3-1 换算。

(2) 自然地坪与设计室外地坪之间的土石方，依据设计土方平衡竖向布置图，以立方米计算。

2. 基础土石方、沟槽、地坑的划分

(1) 沟槽。槽底宽度（设计图示的基础或垫层的宽度，下同）3m 以内，且槽长大于

3 倍槽宽的为沟槽。如宽 1m，长 4m 为槽。

（2）地坑。底面积 20m² 以内，且底长边小于 3 倍短边的为地坑。如宽 2m，长 6m 为坑。

（3）土石方。不属沟槽、地坑、或场地平整的为土石方。如宽 3m，长 8m 为土方。

3，基础土石方开挖深度计算规定

基础土石方开挖深度，自设计室外地坪计算至基础底面，有垫层时计算至垫层底面（如遇爆破岩石，其深度应包括岩石的允许超挖深度），如图 3 - 25 所示。当施工现场标高达不到设计要求时，应按交付施工时的场地标高计算。

4. 基础工作面计算规定

（1）基础施工所需的工作面，按表 3 - 3 计算。

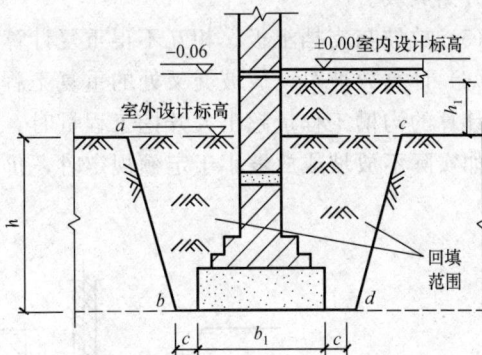

图 3 - 25　基础土石方开挖深度（h）

（2）基础土方开挖需要放坡时，单边的工作面宽度是指该部分基础底坪外边线至放坡后同标高的土方边坡之间的水平宽度，如图 3 - 26 所示。

（3）基础由几种不同的材料组成时，其工作面宽度是指按各自要求的工作面宽度的最大值。如图 3 - 27 所示，混凝土基础要求工作面大于防潮层和垫层的工作面，应先满足混凝土垫层宽度要求，再满足混凝土基础工作面要求；如果垫层工作面宽度超出了上部基础要求工作面外边线，则以垫层顶面其工作面的外边线开始放坡。

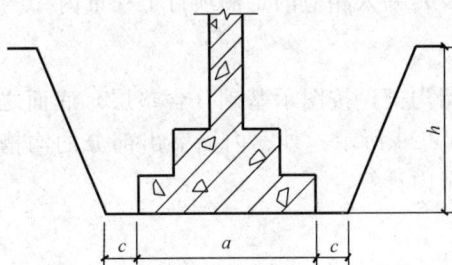

图 3 - 26　工作面宽度

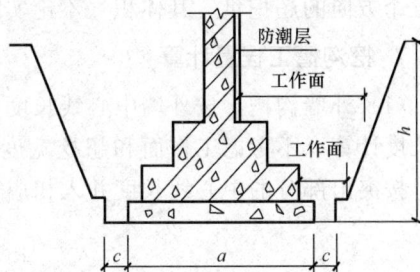

图 3 - 27　几种不同材料的基础工作面宽度

（4）槽坑开挖需要支挡土板时，单边的开挖增加宽度，应为按基础材料确定的工作面宽度与支挡土板的工作面宽度之和。

（5）混凝土垫层厚度大于 200mm 时，其工作面宽度按混凝土基础的工作面计算。

5. 土方开挖放坡计算规定

（1）土方开挖的放坡深度和放坡系数，按设计规定计算。设计无规定时，按表 3 - 2 计算。

（2）土类为单一土质时，普通土开挖（放坡）深度大于 1.2m、坚土开挖（放坡）深度大于 1.7m，允许放坡。

（3）土类为混合土质时，开挖（放坡）深度大于 1.5m，允许放坡。放坡坡度按不同土类厚度加权平均计算综合放坡系数。

（4）计算土方放坡深度时，垫层厚度小于 200mm，不计算基础垫层的厚度。即从垫层上面开始放坡。垫层厚度大于 200mm 时，放坡深度应计算基础垫层的厚度，即从垫层下面开始放坡。

（5）放坡与支挡土板，相互不得重复计算。支挡土板时，不计算放坡工程量。

（6）计算放坡时，放坡交叉处的重复工程量，不予扣除，如图 3-28 所示。若单位工程中计算的沟槽工程量超出大开挖工程量时，应按大开挖工程量，执行地槽开挖的相应子目。如实际不放坡或放坡小于定额规定时，仍按规定的放坡系数计算工程量（设计有规定除外）。

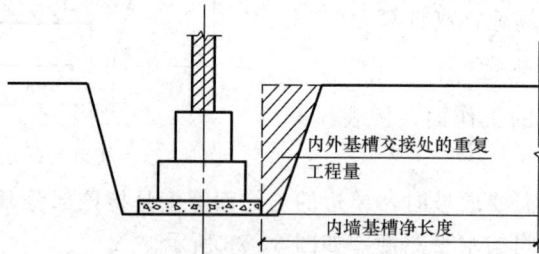

图 3-28　放坡交叉处的重复工程量示意图

6. 爆破岩石允许超挖量计算

爆破岩石允许超挖量分别为：松石 0.20m，坚石 0.15m。允许超挖量是指底面及四周共五个方向的超挖量，其体积（不论实际超挖多少）并入相应的定额项目工程量内。

7. 挖沟槽工程量计算

（1）外墙沟槽，按外墙中心线长度计算；内墙沟槽，按图示基础（含垫层）底面之间净长度计算（不考虑工作面和超挖宽度），如图 3-29 所示；外、内墙突出部分的沟槽体积，按突出部分的中心线长度并入相应部位工程量内计算。

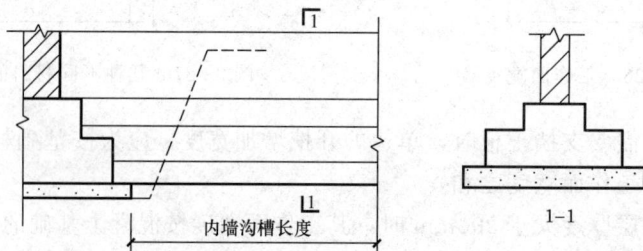

图 3-29　内墙沟槽净长度

（2）管道沟槽的长度，按图示的中心线长度（不扣除井池所占长度）计算。管道宽度、深度按设计规定计算；设计无规定时，其宽度按表 3-8 计算。

表 3 - 8　　　　　　　　　　　　管 道 沟 槽 底 宽 度 表　　　　　　　　　　　　　　m

管道公称直径 （mm 以内）	钢管、铸铁管、铜管、铝塑管、塑料管 （Ⅰ类管道）	混凝土管、水泥管、陶土管 （Ⅱ类管道）
100	0.60	0.80
200	0.70	0.90
400	1.00	1.20
600	1.20	1.50
800	1.50	1.80
1000	1.70	2.00
1200	2.00	2.40
1500	2.30	2.70

（3）各种检查井和排水管道接口等处，因加宽而增加的工程量均不计算（不含工作面底面积大于 $20m^2$ 的井池除外），但铸铁给水管道接口处的土方工程量，应按铸铁管道沟槽全部土方工程量增加 2.5％计算。

8. 人工修整基底与边坡工程量计算

人工修整基底与边坡，按岩石爆破的有效尺寸（含工作面宽度和允许超挖量），以平方米计算。

9. 人工挖桩孔工程量计算

人工挖桩孔，按桩的设计断面面积（不另加工作面）乘以桩孔中心线深度，以立方米计算。

10. 开挖冻土层工程量计算

人工开挖冻土、爆破开挖冻土的工程量，按冻结部分的土方工程量以立方米计算。在冬期施工时，只能计算一次挖冻土工程量。

11. 机械土石方运距计算

机械土石方的运距，按挖土区重心至填方区（或堆放区）重心间的最短距离计算。推土机、装载机、铲运机重车上坡时，其运距按坡道斜长乘表 3 - 9 系数计算。

表 3 - 9　　　　　　　　　　　　重车上坡运距系数表

坡度（％）	5～10	15 以内	20 以内	25 以内
系数	1.75	2.00	2.25	2.50

12. 行驶坡道土石方工程量计算

机械行驶坡道的土石方工程量，按批准的施工组织设计，并入相应的工程量内计算。

13. 运输钻孔桩泥浆工程量计算

运输钻孔桩泥浆，按桩的设计断面面积乘以桩孔中心线深度，以立方米计算。

14. 场地平整工程量计算

场地平整按下列规定以平方米计算：

（1）建筑物（构筑物）按首层结构外边线，每边各加 2m 计算。

（2）无柱檐廊、挑阳台、独立柱雨篷等，按其水平投影面积计算。

（3）封闭或半封闭的曲折型平面，其场地平整的区域，不得重复计算。

（4）道路、停车场、绿化地、围墙、地下管线等不能形成封闭空间的构筑物，不得计算。

15. 夯实与碾压工程量计算

原土夯实与碾压按设计尺寸，以平方米计算。填土碾压按设计尺寸，以立方米计算。

16. 回填土工程量计算

回填按下列规定以立方米计算：

（1）槽坑回填体积，按挖方体积减去设计室外地坪以下的地下建筑物（构筑物）或基础（含垫层）的体积计算。

（2）管道沟槽回填体积，按挖方体积减去表 3 - 10 所含管道回填体积计算。

表 3 - 10　　　　　　　　　　　　　　管道折合回填体积表　　　　　　　　　　　　　　m³/m

管道公称直径（mm 以内）	500	600	800	1000	1200	1500
Ⅰ类管道	—	0.22	0.46	0.74	—	—
Ⅱ类管道	—	0.33	0.60	0.92	1.15	1.45

（3）房心回填体积，以主墙间净面积乘以回填厚度计算。

17. 运土工程量计算

运土工程量以立方米计算（天然密实体积）。

18. 竣工清理工程量计算

竣工清理包括建筑物及四周 2m 以内的建筑垃圾清理、场内运输和指定地点的集中堆放，不包括建筑物垃圾的装车和场外运输。

竣工清理按下列规定以立方米计算：

（1）建筑物勒脚以上外墙外围水平面积乘以檐口高度。有山墙者以山尖二分之一高度计算。

（2）地下室（包括半地下室）的建筑体积，按地下室上口外围水平面积（不包括地下室采光井及敷贴外部防潮层的保护砌体所占面积）乘以地下室地坪至建筑物第一层地坪间的高度。地下室出入口的建筑体积并入地下室建筑体积内计算。

（3）其他建筑空间的建筑体积计算规定如下：

1）建筑物内按 1/2 计算建筑面积的建筑空间，如设计利用的净高在 1.20～2.10m 的坡屋顶内、场馆看台下，设计利用的无围护结构的坡地吊脚架空层、深基础架空层等；应计算竣工清理。

2）建筑物内不计算建筑面积的建筑空间，如设计不利用的坡屋顶内、场馆看台下、坡地吊脚架空层、深基础架空层，建筑物通道等，应计算竣工清理。

3）建筑物外可供人们正常活动的、按其水平投影面积计算场地平整的建筑空间，如有永久性顶盖无围护结构的无柱檐廊、挑阳台、独立柱雨篷等，应计算竣工清理。

4）建筑物外可供人们正常活动的、不计算场地平整的建筑空间，如有永久性顶盖无围护结构的架空走廊、楼层阳台、无柱雨篷（篷下做平台或地面）等，应计算竣工清理。

5）能够形成封闭空间的构筑物，如独立式烟囱、水塔、贮水（油）池、贮仓、筒仓等，应按照建筑物竣工清理的计算原则，计算竣工清理。

6）化粪池、检查井、给水阀门井，以及道路、停车场、绿化地、围墙、地下管线等构筑物，不计算竣工清理。

第三节 土石方工程清单项目设置及工程量计算

一、土方工程

土方工程工程量清单项目设置、项目特征描述的内容、计量单位及工程量计算规则，应按表 3-11 的规定执行。土壤分类见表 3-12，管沟施工每侧所需工作面宽度见表 3-13。

表 3-11   土方工程（编号：010101）

项目编码	项目名称	项目特征	计量单位	工程量计算规则	工作内容
010101001	平整场地	1. 土壤类别 2. 弃土运距 3. 取土运距	m²	按设计图示尺寸以建筑物首层建筑面积计算	1. 土方挖填 2. 场地找平 3. 运输
010101002	挖一般土方	1. 土壤类别 2. 挖土深度 3. 弃土运距	m³	按设计图示尺寸以体积计算	1. 排地表水 2. 土方开挖 3. 围护（挡土板）及拆除 4. 基底钎探 5. 运输
010101003	挖沟槽土方			按设计图示尺寸以基础垫层底面积乘以挖土深度计算	
010101004	挖基坑土方				
010101005	冻土开挖	1. 冻土厚度 2. 弃土运距		按设计图示尺寸开挖面积乘厚度以体积计算	1. 爆破 2. 开挖 3. 清理 4. 运输
010101006	挖淤泥、流砂	1. 挖掘深度 2. 弃淤泥、流砂距离		按设计图示位置、界限以体积计算	1. 开挖 2. 运输

项目编码	项目名称	项目特征	计量单位	工程量计算规则	工作内容
010101007	管沟土方	1. 土壤类别 2. 管外径 3. 挖沟深度 4. 回填要求	1. m 2. m³	1. 以 m 为计量，按设计图示以管道中心线长度计算 2. 以立方米计量，按设计图示管底垫层面积乘以挖土深度计算；无管底垫层按管外径的水平投影面积乘以挖土深度计算。不扣除各类井的长度，井的土方并入	1. 排地表水 2. 土方开挖 3. 围护（挡土板）支撑 4. 运输 5. 回填

注：1. 挖土方平均厚度应按自然地面测量标高至设计地坪标高间的平均厚度确定。基础土方开挖深度应按基础垫层底表面标高至交付施工场地标高确定，无交付施工场地标高时，应按自然地面标高确定。

2. 建筑物场地厚度≤±300mm 的挖、填、运、找平，应按本表中平整场地项目编码列项。厚度>±300mm 的竖向布置挖土或山坡切土应按本表中挖一般土方项目编码列项。

3. 沟槽、基坑、一般土方的划分为：底宽≤7m 且底长>3 倍底宽为沟槽；底长≤3 倍底宽且底面积≤150m² 为基坑；超出上述范围则为一般土方。

4. 挖土方如需截桩头时，应按桩基工程相关项目列项。

5. 桩间挖土不扣除桩的体积，并在项目特征中加以描述。

6. 弃、取土运距可以不描述，但应注明由投标人根据施工现场实际情况自行考虑，决定报价。

7. 土壤的分类应按表 3-12 确定，如土壤类别不能准确划分时，招标人可注明为综合，由投标人根据地勘报告决定报价。

8. 土方体积应按挖掘前的天然密实体积计算。非天然密实土方应按表 3-1 折算。

9. 挖沟槽、基坑、一般土方因工作面和放坡增加的工程量（管沟工作面增加的工程量）是否并入各土方工程量中，应按各省、自治区、直辖市或行业建设主管部门的规定实施，如并入各土方工程量中，办理工程结算时，按经发包人认可的施工组织设计规定计算。

10. 挖方出现流砂、淤泥时，如设计未明确，在编制工程量清单时，其工程数量可为暂估量，结算时应根据实际情况由发包人与承包人双方现场签证确认工程量。

11. 管沟土方项目适用于管道（给排水、工业、电力、通信）、光（电）缆沟［包括：人（手）孔、接口坑］及连接井（检查井）等。

表 3-12　　　　　　　　　　　　　　土 壤 分 类 表

土壤分类	土 壤 名 称	开 挖 方 法
一、二类土	粉土、砂土（粉砂、细砂、中砂、粗砂、砾砂）、质黏土、弱中盐渍土、软土（淤泥质土、泥炭、泥炭质土）、软塑红黏土、冲填土	用锹、少许用镐、条锄开挖。机械能全部直接铲挖满载者
三类土	黏土、碎石土（圆砾、角砾）混合土、可塑红黏土、硬塑红黏土、强盐渍土、素填土、压实填土	主要用镐、条锄、少许用锹开挖。机械需部分刨松方能铲挖满载者或可直接铲挖但不能满载者
四类土	碎石土（卵石、碎石、漂石、块石）、坚硬红黏土、超盐渍土、杂填土	全部用镐、条锄挖掘、少许用撬棍挖掘。机械须普遍刨松方能铲挖满载者

注：本表土的名称及其含义按国家标准《岩土工程勘察规范》（GB 50021—2001，2009 年版）定义。

表 3 - 13　　　　　　　　　　　管沟施工每侧所需工作面宽度计算表

管沟材料　　　　　　管道结构宽（mm）	≤500	≤1000	≤2500	>2500
混凝土及钢筋混凝土管道（mm）	400	500	600	700
其他材质管道（mm）	300	400	500	600

注：1. 本表按《全国统一建筑工程预算工程量计算规则》（GJDGZ—101—1995）整理。

　　2. 管道结构宽：有管座的按基础外缘，无管座的按管道外径。

二、石方工程

石方工程工程量清单项目设置、项目特征描述的内容、计量单位及工程量计算规则，应按表 3 - 14 的规定执行。岩石分类见表 3 - 15，石方体积折算系数见表 3 - 16。

表 3 - 14　　　　　　　　　　　　　石方工程（编号：010102）

项目编码	项目名称	项目特征	计量单位	工程量计算规则	工作内容
010102001	挖一般石方	1. 岩石类别 2. 开凿深度 3. 弃碴运距	m³	按设计图示尺寸以体积计算	1. 排地表水 2. 凿石 3. 运输
010102002	挖沟槽石方			按设计图示尺寸沟槽底面积乘以挖石深度以体积计算	
010102003	挖基坑石方			按设计图示尺寸基坑底面积乘以挖石深度以体积计算	
010102004	挖管沟石方	1. 岩石类别 2. 管外径 3. 挖沟深度	1. m 2. m³	1. 以米计量，按设计图示以管道中心线长度计算 2. 以立方米计量，按设计图示截面积乘以长度计算	1. 排地表水 2. 凿石 3. 回填 4. 运输

注：1. 挖石应按自然地面测量标高至设计地坪标高的平均厚度确定。基础石方开挖深度应按基础垫层底表面标高至交付施工现场地标高确定，无交付施工场地标高时，应按自然地面标高确定。

　　2. 厚度＞±300mm 的竖向布置挖石或山坡凿石应按本表中挖一般石方项目编码列项。

　　3. 沟槽、基坑、一般石方的划分为：底宽≤7m 且底长＞3 倍底宽为沟槽；底长≤3 倍底宽且底面积≤150m² 为基坑；超出上述范围则为一般石方。

　　4. 弃碴运距可以不描述，但应注明由投标人根据施工现场实际情况自行考虑，决定报价。

　　5. 岩石的分类应按表 3 - 16 确定。

　　6. 石方体积应按挖掘前的天然密实体积计算。非天然密实石方应按表 3 - 16 折算。

　　7. 管沟石方项目适用于管道（给排水、工业、电力、通信）、光（电）缆沟［包括：人（手）孔、接口坑］及连接井（检查井）等。

表 3 - 15　　　　　　　　　　　　　岩 石 分 类 表

坚硬程度		定性鉴定	代 表 性 岩 石
硬质岩	坚硬岩	锤击声清脆，又回弹，震手，难击碎，浸水后，大多无吸水反应	未风化—微风化；花岗岩、正长岩、玄武岩等
	较坚硬岩	锤击声清脆，有轻微回弹，稍震手，较难击碎，浸水后有吸水反应	中等风化的坚硬岩；未风化—微风化；大理石、板岩、白云岩等
软质岩	较软岩	锤击声不清脆，无回弹，易击碎，浸水后，指甲可刻出印痕	强风化坚硬岩；中等风化的较坚硬岩；未风化—微风化；泥灰岩、粉砂岩及砂质岩
	软岩	锤击声哑，无回弹，有凹痕，易击碎，浸水后，手可掰开	强风化的坚硬岩；中等风化—强化风化较坚硬岩；中等风化的较软岩；未风化的泥岩、绿泥石片岩等
	极软岩	锤击声哑，无回弹，有较深凹痕，手可捏碎，浸水后，手可捏成团	全风化的各种岩石；强风化的软岩；各种半成岩

注：本表依据国家标准《工程岩体分级标准》（GB 50218—2014）和《岩土工程勘察规范》（GB 50021—2001，2009 年版）整理。

表 3 - 16　　　　　　　　　　石方体积折算系数表

石方类别	天然密实度体积	虚方体积	松填体积	码方
石方	1.0	1.54	1.31	
块石	1.0	1.75	1.43	1.67
砂夹石	1.0	1.07	0.94	

注：本表按建设部颁发《爆破工程消耗量定额》（GYD—102—2008）整理。

三、回填

回填工程量清单项目设置、项目特征描述的内容、计量单位及工程量计算规则，应按表 3 - 17 的规定执行。

表 3 - 17　　　　　　　　　　回填（编号：010103）

项目编码	项目名称	项目特征	计量单位	工程量计算规则	工作内容
010103001	回填方	1. 密实度要求 2. 填方材料品种 3. 填方粒径要求 4. 填方来源、运距	m³	按设计图示尺寸以体积计算 　1. 场地回填：回填面积乘平均回填厚度 　2. 室内回填：主墙间面积乘回填厚度，不扣除间隔墙 　3. 基础回填：按挖方清单项目工程量减去自然地坪以下埋设的基础体积（包括基础垫层及其他构筑物）	1. 运输 2. 回填 3. 压实
010103002	余方弃置	1. 废弃料品种 2. 运距		按挖方清单项目工程量减利用回填方体积（正数）计算	余方点装料运输至弃置点

注：1. 填方密实度要求，在无特殊要求情况下，项目特征可描述为满足设计和规范的要求。

　　2. 填方材料品种可以不描述，但应注明由投标人根据设计要求验方后方可填入，并符合相关工程的质量规范要求。

　　3. 填方粒径要求，在无特殊要求情况下，项目特征可以不描述。

　　4. 如需买土回填应在项目特征填方来源中描述，并注明买土方数量。

【例 3 - 4】　　如图 3 - 30 所示，试计算此平整场地的工程量。

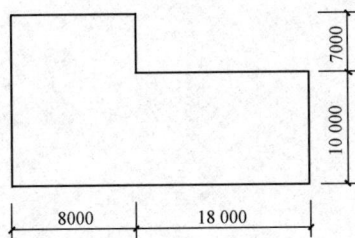

图 3 - 30　某建筑物底层平面图示（m）

解：
$$S_{面积}=(8+18+2\times2)\times(10+2\times2)+(8+2\times2)\times7$$
$$=420+84$$
$$=504m^2$$

四、土方工程工程量计算示例

1. 挖掘沟槽、基坑土方工程量计算

【例 3 - 5】　　有一个工程沟槽长 100m，挖土深为 2m，属于三类土地，毛石基础宽 0.70m，有工作面，试计算此人工挖沟槽工程量。

解：已知：$a=0.70$m，由于三类土，毛石基础每边各增加工作面宽度为 0.15m，$H=2$m，$L=100$m，K 取 0.33（三类土人工挖土放坡系数）。

$$V=L(a+22+KH)H$$
$$=100\times(0.7+2\times0.15+0.33\times2)\times2$$
$$=332(\text{m}^3)$$

2. 回填土土方体积计算

【例3-6】　有一工程挖方体积为 400m^3，基础及垫层体积为 250m^3，试计算此工程回填土工程量。

解：已知，$V_{挖}=400\text{m}^3$，$V_{基}=250\text{m}^3$。

$$V_{填}=V_{挖}-V_{基}$$
$$=400-250$$
$$=150(\text{m}^3)$$

第四章 桩基及脚手架工程工程量相关规定及计算

第一节 桩基及脚手架工程工程量计算相关知识规定

一、预制钢筋混凝土桩

1. 打桩

打预制钢筋混凝土桩的体积,按设计桩长(包括桩尖,不扣除桩尖虚体积)乘以桩截面面积计算。管桩的空心体积应扣除。如管桩的空心部分按设计要求灌注混凝土或其他填充材料时,应另行计算。预制桩、桩靴示意图如图 4-1 所示。

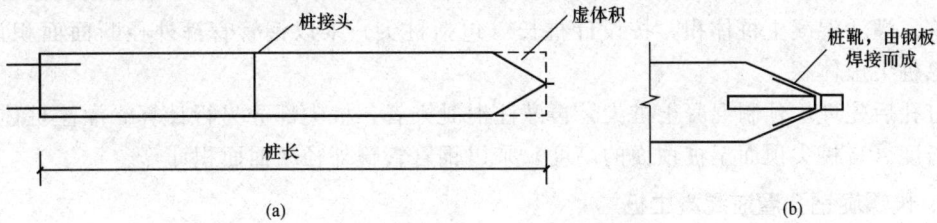

图 4-1 预制柱、桩靴示意图

(a) 预制桩示意图;(b) 桩靴示意图

2. 接桩

电焊接桩按设计接头,以个计算(图 4-2);硫黄胶泥接桩按桩断面积以平方米计算(图 4-3)。

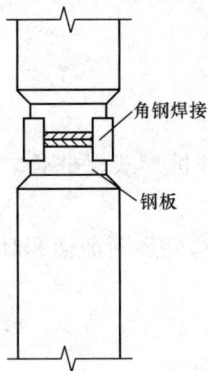

图 4-2 电焊接桩示意图   图 4-3 硫黄胶泥接桩示意图

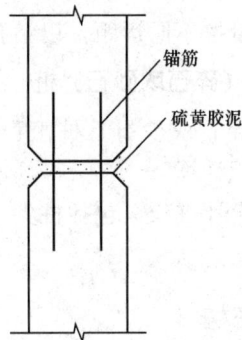

3. 送桩

送桩按桩截面面积乘以送桩长度（即打桩架底至桩顶面高度或自桩顶面至自然地坪面另加 0.5m）计算。

4. 液压静力压桩机压预制钢筋混凝土方桩

液压静力压桩机压预制钢筋混凝土方桩工程量按不同桩长、土壤级别，以预制钢筋混凝土方桩的体积计算。

二、钢板桩

打桩机打钢板桩工程量按不同桩长、土壤级别，以钢板桩的重量计算。

打桩机拔钢板桩工程量按不同桩长、土壤级别，以钢板桩的重量计算。

安拆导向夹具工程量按导向夹具的长度计算。

三、灌注桩

1. 打孔灌注混凝土桩

打孔灌注混凝土桩工程量按不同打桩机类型、桩长、土壤级别，以灌注混凝土桩的体积计算。灌注混凝土桩体积，按设计桩长（包括桩尖）乘以钢管管箍外径断面面积计算，不扣除桩尖虚体积。

打孔后先埋入预制混凝土桩尖，再灌注混凝土者，桩尖部分另行计算。灌注桩体积按设计长度（自桩尖顶面至桩顶面的高度）乘以钢管管箍外径断面面积计算。

2. 长螺旋钻孔灌注混凝土桩

长螺旋钻孔灌注混凝土桩工程量按不同桩机形式、桩长、土壤级别，以钻孔灌注混凝土桩的体积计算。

钻孔灌注混凝土桩体积按设计桩长（包括桩尖）增加 0.25m 乘以桩断面面积计算。

3. 潜水钻机钻孔灌注混凝土桩

潜水钻机钻孔灌注混凝土桩工程量按不同桩直径、土壤级别，以灌注混凝土桩的体积计算。

4. 泥浆运输

泥浆运输工程量按不同运距，以钻孔体积计算。

5. 打孔灌注砂（碎石或砂石）桩

打孔灌注砂（碎石或砂石）桩工程量按不同打桩机形式、桩长、单桩体积、土壤级别，以灌注桩的体积计算。

灌注桩体积按设计桩长（包括桩尖）乘以钢管管箍外径断面面积计算，不扣除桩尖虚体积。

四、灰土挤密桩

灰土挤密桩工程量按不同桩长、土壤级别，以挤密桩的体积计算。

挤密桩体积按设计桩长乘以桩断面面积计算。

五、脚手架工程

建筑工程施工中所需搭设的脚手架,应计算工程量。

目前,脚手架工程量有两种计算方法,即综合脚手架和单项脚手架。具体采用哪种方法计算,应按本地区预算定额的规定执行。

1. 综合脚手架

为了简化脚手架工程量的计算,一些地区以建筑面积为综合脚手架的工程量。

综合脚手架不管搭设方式,一般综合了砌筑、浇筑、吊装、抹灰等所需脚手架材料的摊销量,综合了木制、竹制、钢管脚手架等,但不包括浇灌满堂基础等脚手架的项目。

综合脚手架一般按单层建筑物或多层建筑物分不同檐口高度来计算工程量,若是高层建筑,还须计算高层建筑超高增加费。

综合脚手架适用于一般工业与民用建筑工程,多层建筑物六层以内总高不超过 20m,单层建筑物层高 6m 以内,总高不超过 20m,均以建筑面积计算。室内净高在 3.6m 以上的装饰用架,6m 以上的捣制混凝土柱、梁、墙用架,以及不能以建筑面积计算但又必须搭设的脚手架,均执行单项脚手架定额。

2. 单项脚手架

单项脚手架是根据工程具体情况按不同的搭设方式搭设的脚手架,一般包括:单排脚手架、双排脚手架、里脚手架、满堂脚手架、悬空脚手架、挑脚手架、防护架、烟囱(水塔)脚手架、电梯井字架、架空运输道等。

单项脚手架的项目应根据批准了的施工组织设计或施工方案确定;如施工方案无规定,应根据预算定额的规定确定。

(1) 单项脚手架工程量计算一般规则。

1) 建筑物外墙脚手架:凡设计室外地坪至檐口(或女儿墙上表面)的砌筑高度在 15m 以下的按单排脚手架计算;砌筑高度在 15m 以上的或砌筑高度虽不足 15m,但外墙门窗及装饰面积超过外墙表面积 60% 以上时,均按双排脚手架计算。

采用竹制脚手架时,按双排计算。

2) 建筑物内墙脚手架:凡设计室内地坪至顶板下表面(或山墙高度的 1/2 处)的砌筑高度在 3.6m 以下的(含 3.6m),按里脚手架计算;砌筑高度超过 3.6m 以上时,按单排脚手架计算。

3) 石砌墙体,凡砌筑高度超过 1.0m 以上时,按外脚手架计算。

4) 计算内、外墙脚手架时,均不扣除、门、窗洞口、空圈洞口等所占的面积。

5) 同一建筑物高度不同时,应按不同高度分别计算。

①现浇钢筋混凝土柱,按柱图示周长尺寸另加 3.6m,乘以柱高以平方米计算,套用相应外脚手架定额。

②现浇钢筋混凝土梁、墙,按设计室外地坪或楼板上表面至楼板底之间的高度,乘以梁、墙净长以平方米计算,套用相应双排外脚手架定额。

6）现浇钢筋混凝土框架柱、梁按双排脚手架计算。

7）围墙脚手架：凡室外自然地坪至围墙顶面的砌筑高度在 3.6m 以下的，按里脚手架计算；砌筑高度超过 3.6m 以上时，按单排脚手架计算。

8）室内顶棚装饰面距设计室内地坪在 3.6m 以上时，应计算满堂脚手架。计算满堂脚手架后，墙面装饰工程则不再计算脚手架。

9）滑升模板施工的钢筋混凝土烟囱、筒仓，不另计算脚手架。

10）砌筑贮仓，按双排外脚手架计算。

11）贮水（油）池，大型设备基础，凡距地坪高度超过 1.2m 以上时，均按双排脚手架计算。

12）整体满堂钢筋混凝土基础，凡其宽度超过 3m 以上时，按其底板面积计算满堂脚手架。

（2）砌筑脚手架工程量计算。

1）外脚手架按外墙外边线长度，乘以外墙砌筑高度以平方米计算，突出墙面宽度在 24cm 以内的墙垛，附墙烟囱等不计算脚手架；宽度超过 24cm 以外时按图示尺寸展开计算，并入外脚手架工程量之内。

2）里脚手架按墙面垂直投影面积计算。

3）独立柱按图示柱结构外围周长另加 3.6m，乘以砌筑高度以平方米计算，套用相应外脚手架定额。

【例 4-1】　某独立砖柱断面为 490mm×490mm，柱顶面高度为 2.8m，计算柱砌筑脚手架。

解：根据工程量计算规则，该柱的砌筑脚手架为：

$$(0.49×4+3.6)×2.8=15.57m^2$$

【例 4-2】　某单层建筑物，一砖外墙，外包尺寸：纵墙长 20.24m，横墙宽 8.24m，室内顶棚净高 9.2m，求顶棚抹灰脚手架工程量。

解：顶棚抹灰脚手架工程量为：

$$基本层=(20.24-0.48)(8.25-0.48)=152.55m^2$$

增加层（定额取定基本层操作高度为 5.2m）：

$$(9.2-5.2)/1.2=3 个增加层（余 0.4m 舍去不计）$$

（3）现浇钢筋混凝土框架脚手架计算。

1）现浇钢筋混凝土柱，按柱图示周长尺寸另加 3.6m，乘以柱高以平方米计算，套用外脚手架定额。

2）现浇钢筋混凝土梁、墙，按设计室外地坪或楼板上表面至楼板底之间的高度，乘以梁、墙净长以平方米计算，套用相应双排外脚手架定额。

（4）装饰工程脚手架工程量计算。

1）满堂脚手架，按室内净面积计算，其高度在 3.6~5.2m 之间时，计算基本层；超过 5.2m 时，每增加 1.2m 按增加一层计算，不足 0.6m 的不计，算式表示如下：

$$满堂脚手架增加层=\frac{室内净高-5.2m}{1.2m}$$

【例 4 - 3】　某大厅室内净高 10.00m，试计算满堂脚手架增加层数。

解：
$$满堂脚手架增加层 = \frac{10.00-5.2}{1.2} = 4\ 层$$

2）挑脚手架、按搭设长度和层数，以延长米计算。

3）悬空脚手架，按搭设水平投影面积以平方米计算。

4）高度超过 3.6m 的墙面装饰不能利用原砌筑脚手架时，可以计算装饰脚手架。装饰脚手架按双排脚手架乘以 0.3 计算。

（5）其他脚手架。

1）水平防护架，按实际铺板的水平投影面积计算。

2）垂直防护架，按自然地坪至最上一层横杆之间的搭设高度，乘以实际搭设长度，以平方米计算。

3）砌筑贮仓脚手架，不分单筒或贮仓组均按单筒外边线周长，乘以设计室外地坪至贮仓上口之间高度，以平方米计算。

4）贮水（抽）池脚手架，按外壁周长乘以室外地坪至池壁顶面之间高度，以平方米计算。

5）大型设备基础脚手架，按其外形周长乘地坪至外形顶面边线之间高度，以平方米计算。

6）架空运输脚手架，按搭设长度以延长米计算。

7）烟囱、水塔脚手架，区别不同高度以座计算；电梯井脚手架，按单孔以座计算；斜道区别不同高度以座计算。

（6）安全网。立挂式安全网按架网部分的实挂长度乘以实挂高度，以平方米计算。挑出式安全网按挑出的水平投影面积计算。

第二节　桩基及脚手架工程定额工程量套用

一、定额说明

1. 配套定额的一般规定

（1）单位工程的桩基础工程量在表 4 - 1 数量以内时，相应定额人工、机械乘以小型工程系数 1.05。

表 4 - 1　　　　　　　　**小型工程系数表**

项　　目	单位工程的工程量
预制钢筋混凝土桩	100m³
灌注桩	60m³
钢工具桩	50t

（2）打桩工程按陆地打垂直桩编制。设计要求打斜桩时，若斜度小于 1∶6，相应定额人工、机械乘以系数 1.25；若斜度大于 1∶6，相应定额人工、机械乘以系数 1.43。斜度

是指在竖直方向上，每单位长度所偏离竖直方向的水平距离。预制混凝土桩，在桩位半径15m 范围内的移动、起吊和就位，已包括在打桩子目内。超过 15m 时的场内运输，按定额构件运输 1km 以内子目的相应规定计算。

（3）桩间补桩或在强夯后的地基上打桩时，相应定额人工、机械乘以系数 1.15。

（4）打试验桩时，相应定额人工、机械乘以系数 2.0。定额不包括静测、动测的测桩项目，测桩只能计列一次，实际发生时，按合同约定价格列入。

（5）打送桩时，相应定额人工、机械乘以表 4-2 系数。

表 4-2　　　　　　　　　　　　　送 桩 深 度 系 数 表

送 桩 深 度	系 数
2m 以内	1.12
4m 以内	1.25
4m 以外	1.50

预制混凝土桩的送桩深度，按设计送桩深度另加 0.50m 计算。

2. 截桩定额说明

截桩按所截桩的根数计算，套用本章定额。截桩、凿桩头、钢筋整理应分项计算。截桩子目，不包括凿桩头和桩头钢筋整理；凿桩头子目，不包括桩头钢筋整理。凿桩头按桩体高 $40d$（d 为桩主筋直径，主筋直径不同时取大者）乘桩断面以立方米计算，钢筋整理按所整理的桩的根数计算。截桩长度不大于 1m 时，不扣减打桩工程量；长度大于 1m 时，其超过 1m 部分按实扣减打桩工程量，但不应扣减桩体及其场内运输工程量。成品桩体费用按双方认可的价格列入。

3. 灌注桩定额说明

（1）灌注桩已考虑了桩体充盈部分的消耗量，其中灌注砂、石桩还包括级配密实的消耗量，不包括混凝土搅拌、钢筋制作、钻孔桩和挖孔桩的土或回旋钻机泥浆的运输、预制桩尖、凿桩头及钢筋整理等项目，但活瓣桩尖和截桩不另计算。灌注混凝土桩凿桩头，按实际凿桩头体积计算。

（2）充盈部分的消耗量是指在灌注混凝土时实际混凝土体积比按设计桩身直径计算体积大的盈余部分的体积。

4. 深层搅拌水泥桩定额说明

深层搅拌水泥桩定额按 1 喷 2 搅施工编制，实际施工为 2 喷 4 搅时，定额人工、机械乘以系数 1.43。2 喷 2 搅、4 喷 4 搅分别按 1 喷 2 搅、2 喷 4 搅计算。高压旋喷（摆喷）水泥桩的水泥设计用量与定额不同时，可以调整。

5. 强夯与防护工程定额说明

（1）强夯定额中每百平方米夯点数，指设计文件规定单位面积内的夯点数量。

（2）防护工程的钢筋锚杆制作安装，均按相应章节的有关规定执行。

二、工程量定额计算规则

1. 钢筋混凝土桩

（1）预制钢筋混凝土桩按设计桩长（包括桩尖）乘以桩断面面积，以立方米计算。管桩的空心体积应扣除，按设计要求需加注填充材料时，填充部分另按相应规定计算。

（2）打孔灌注混凝土桩、钻孔灌注混凝土桩，按设计桩长（包括桩尖，设计要求入岩时，包括入岩深度）另加 0.5m，乘以设计桩外径（钢管箍外径）截面积，以立方米计算。

（3）夯扩成孔灌注混凝土桩，按设计桩长增加 0.3m，乘以设计桩外径截面积，另加设计夯扩混凝土体积，以立方米计算。

（4）人工挖孔灌注混凝土桩的桩壁和桩芯，分别按设计尺寸以立方米计算。

2. 电焊接桩

电焊接桩按设计要求接桩的根数计算。硫黄胶泥接桩按桩断面面积，以平方米计算。桩头钢筋整理按所整理的桩的根数计算。

3. 灰土桩、砂石桩、水泥桩

灰土桩、砂石桩、水泥桩，均按设计桩长（包括桩尖）乘以设计桩外径截面积，以立方米计算。

4. 地基强夯

地基强夯区别不同夯击能量和夯点密度，按设计图示夯击范围，以平方米计算。设计无规定时，按建筑物基础外围轴线每边各加 4m 以平方米计算。

夯击击数是指强夯机械就位后，夯锤在同一夯点上下夯击的次数（落锤高度应满足设计夯击能量的要求，否则按低锤满拍计算）。

5. 砂浆土钉防护、锚杆机钻孔防护

砂浆土钉防护、锚杆机钻孔防护（不包括锚杆），按施工组织设计规定的钻孔入土（岩）深度，以米计算。喷射混凝土护坡区分土层与岩层，按施工组织设计规定的防护范围，以平方米计算。

6. 脚手架

（1）计算内、外墙脚手架工程量时，均不扣除门、窗洞口、空圈洞口等所占的面积。

（2）建筑物内墙脚手架，凡设计室内地坪至顶板下表面（或山墙高度的 1/2 处）的砌筑高度在 3.6m 以下的，按内脚手架计算；砌筑高度超过 3.6m 以上时，按单排脚手架计算。

（3）同一建筑物高度不同时，应按不同高度分别计算。

（4）室内顶棚装饰面距设计室内地坪在 3.6m 以上时，应计算满堂脚手架，计算满堂脚手架后，墙面装饰工程则不再计算脚手架。

（5）砌筑贮仓，按双排外脚手架计算。滑升模板施工的钢筋混凝土烟囱、筒仓，不另计算脚手架。

（6）贮水（油）池、大型设备基础，凡距地坪高度超过 1.2m 以上的，均按双排脚手

架计算。

（7）整体满堂钢筋混凝土基础，凡其宽度超过 3m 以上的，均按双排脚手架计算，按满堂脚手架基本层的 50％ 套用。

（8）架空运输，定额以宽 2m 为准，如架宽超过 2m，应调整费用、材料等。

第三节　桩基及脚手架工程清单项目设置及工程量计算

一、桩基工程

1. 打桩

打桩工程量清单项目设置、项目特征描述的内容、计量单位及工程量计算规则，应按表 4-3 的规定执行。

表 4-3　　　　　　　　　　　打桩（编号：010301）

项目编码	项目名称	项目特征	计量单位	工程量计算规则	工作内容
010301001	预制钢筋混凝土方桩	1. 地层情况 2. 送桩深度、桩长 3. 桩截面 4. 桩倾斜度 5. 沉桩方法 6. 接桩方式 7. 混凝土强度等级	1. m 2. m³ 3. 根	1. 以米计量，按设计图示尺寸以桩长（包括桩尖）计算 2. 以立方米计量，按设计图示截面积乘以桩长（包括桩尖）以实体积计算 3. 以根计量，按设计图示数量计算	1. 工作平台搭拆 2. 桩机竖拆、移位 3. 沉桩 4. 接桩 5. 送桩
010301002	预制钢筋混凝土管桩	1. 地层情况 2. 送桩深度、桩长 3. 桩外径、壁厚 4. 桩倾斜度 5. 沉桩方法 6. 桩尖类型 7. 混凝土强度等级 8. 填充材料种类 9. 防护材料种类			1. 工作平台搭拆 2. 桩机竖拆、移位 3. 沉桩 4. 接桩 5. 送桩 6. 桩尖制作安装 7. 填充材料、刷防护材料
010301003	钢管桩	1. 地层情况 2. 送桩深度、桩长 3. 材质 4. 管径、壁厚 5. 桩倾斜度 6. 沉桩方法 7. 填充材料种类 8. 防护材料种类	1. t 2. 根	1. 以吨计量，按设计图示尺寸以质量计算 2. 以根计量，按设计图示数量计算	1. 工作平台搭拆 2. 桩机竖拆、移位 3. 沉桩 4. 接桩 5. 送桩 6. 切割钢管、精割盖帽 7. 管内取土 8. 填充材料、刷防护材料

续表

项目编码	项目名称	项目特征	计量单位	工程量计算规则	工作内容
010301004	截（凿）桩头	1. 桩类型 2. 桩头截面、高度 3. 混凝土强度等级 4. 有无钢筋	1. m³ 2. 根	1. 以立方米计量，按设计桩截面乘以桩头长度以体积计算 2. 以根计量，按设计图示数量计算	1. 截（切割）桩头 2. 凿平 3. 废料外运

注：1. 地层情况按 GB 50854—2013 规范表 3-2 和表 3-8 的规定，并根据岩土工程勘察报告按单位工程各地层所占比例（包括范围值）进行描述。对无法准确描述的地层情况，可注明由投标人根据岩土工程勘察报告自行决定报价。

2. 项目特征中的桩截面、混凝土强度等级、桩类型等可直接用标准图代号或设计桩型进行描述。

3. 预制钢筋混凝土方桩、预制钢筋混凝土管桩项目以成品桩编制，应包括成品桩购置费，如果用现场预制，应包括现场预制桩的所有费用。

4. 打试验桩和打斜桩应按相应项目单独列项，并应在项目特征中注明试验桩或斜桩（斜率）。

5. 截（凿）桩头项目适用于规范 GB 50500—2013 附录 B、附录 C 所列桩的桩头截（凿）。

6. 预制钢筋混凝土管桩桩顶与承台的连接构造按本规范附录 E 相关项目列项。

2. 灌注桩

灌注桩工程量清单项目设置、项目特征描述的内容、计量单位及工程量计算规则，应按表 4-4 的规定执行。

表 4-4　　　　　　　　　　灌注桩（编号：010302）

项目编码	项目名称	项目特征	计量单位	工程量计算规则	工作内容
010302001	泥浆护壁成孔灌注桩	1. 地层情况 2. 空桩长度、桩长 3. 桩径 4. 成孔方法 5. 护筒类型、长度 6. 混凝土种类、强度等级	1. m 2. m³ 3. 根	1. 以米计量，按设计图示尺寸以桩长（包括桩尖）计算 2. 以立方米计量，按不同截面在桩上范围内以体积计算 3. 以根计量，按设计图示数量计算	1. 护筒埋设 2. 成孔、固壁 3. 混凝土制作、运输、灌注、养护 4. 土方、废泥浆外运 5. 打桩场地硬化及泥浆池、泥浆沟
010302002	沉管灌注桩	1. 地层情况 2. 空桩长度、桩长 3. 复打长度 4. 桩径 5. 沉管方法 6. 桩尖类型 7. 混凝土种类、强度等级			1. 打（沉）拔钢管 2. 桩尖制作、安装 3. 混凝土制作、运输、灌注、养护

项目编码	项目名称	项目特征	计量单位	工程量计算规则	工作内容
010302003	干作业成孔灌注桩	1. 地层情况 2. 空桩长度、桩长 3. 桩径 4. 扩孔直径、高度 5. 成孔方法 6. 混凝土种类、强度等级	1. m 2. m³ 3. 根	1. 以米计量，按设计图示尺寸以桩长（包括桩尖）计算 2. 以立方米计量，按不同截面在桩上范围内以体积计算 3. 以根计量，按设计图示数量计算	1. 成孔、扩孔 2. 混凝土制作、运输、灌注、振捣、养护
010302004	挖孔桩土（石）方	1. 地层情况 2. 挖孔深度 3. 弃土（石）运距	m³	按设计图示尺寸（含护壁）截面积乘以挖孔深度以立方米计算	1. 排地表水 2. 挖土、凿石 3. 基底钎探 4. 运输
010302005	人工挖孔灌注桩	1. 桩芯长度 2. 桩芯直径、扩底直径、扩底高度 3. 护壁厚度、高度 4. 护壁混凝土种类、强度等级 5. 桩芯混凝土种类、强度等级	1. m³ 2. 根	1. 以立方米计量，按桩芯混凝土体积计算 2. 以根计量，按设计图示数量计算	1. 护壁制作 2. 混凝土制作、运输、灌注、振捣、养护
010302006	钻孔压浆桩	1. 地层情况 2. 空钻长度、桩长 3. 钻孔直径 4. 水泥强度等级	1. m 2. 根	1. 以米计量，按设计图示尺寸以桩长计算 2. 以根计量，按设计图示数量计算	钻孔、下注浆管、投放骨料、浆液制作、运输、压浆
010302007	灌注桩后压浆	1. 注浆导管材料、规格 2. 注浆导管长度 3. 单孔注浆量 4. 水泥强度等级	孔	按设计图示以注浆孔数计算	1. 注浆导管制作、安装 2. 浆液制作、运输、压浆

注：1. 地层情况按本规范表 4-2 和表 4-8 的规定，并根据岩土工程勘察报告按单位工程各地层所占比例（包括范围值）进行描述。对无法准确描述的地层情况，可注明由投标人根据岩土工程勘察报告自行决定报价。

2. 项目特征中的桩长应包括桩尖，空桩长度＝孔深－桩长，孔深为自然地面至设计桩底的深度。

3. 项目特征中的桩截面（桩径）、混凝土强度等级、桩类型等可直接用标准图代号或设计桩型进行描述。

4. 泥浆护壁成孔灌注桩是指在泥浆护壁条件下成孔，采用水下灌注混凝土的桩。其成孔方法包括冲击钻成孔、冲抓锥成孔、回旋钻成孔、潜水钻成孔、泥浆护壁的旋挖成孔等。

5. 沉管灌注桩的沉管方法包括锤击沉管法、振动沉管法、振动冲击沉管法、内夯沉管法等。

6. 干作业成孔灌注桩是指不用泥浆护壁和套管护壁的情况下，用钻机成孔后，下钢筋笼，灌注混凝土的桩，适用于地下水位以上的土层使用。其成孔方法包括螺旋钻成孔、螺旋钻成孔扩底、干作业的旋挖成孔等。

7. 混凝土种类：指清水混凝土、彩色混凝土、水下混凝土等，如在同一地区既使用预拌（商品）混凝土，又允许现场搅拌混凝土时，也应注明（下同）。

8. 混凝土灌注桩的钢筋笼制作、安装，按规范 GB 50500—2013 附录 E 中相关项目编码列项。

二、脚手架工程

脚手架工程工程量清单项目设置、项目特征描述的内容、计量单位及工程量计算规则，应按表4-5的规定执行。

表4-5　　　　　　　　　　　脚手架工程（编码：011701）

项目编码	项目名称	项目特征	计量单位	工程量计算规则	工作内容
011701001	综合脚手架	1. 建筑结构形式 2. 檐口高度	m²	按建筑面积计算	1. 场内、场外材料搬运 2. 搭、拆脚手架、斜道、上料平台 3. 安全网的铺设 4. 选择附墙点与主体连接 5. 测试电动装置、安全锁等 6. 拆除脚手架后材料的堆放
011701002	外脚手架	1. 搭设方式 2. 搭设高度 3. 脚手架材质		按所服务对象的垂直投影面积计算	1. 场内、场外材料搬运 2. 搭、拆脚手架、斜道、上料平台 3. 安全网的铺设 4. 拆除脚手架后材料的堆放
011701003	里脚手架				
011701004	悬空脚手架	1. 搭设方式 2. 悬挑宽度 3. 脚手架材质		按搭设的水平投影面积计算	
011701005	挑脚手架		m	按搭设长度乘以搭设层数以延长米计算	
011701006	满堂脚手架	1. 搭设方式 2. 搭设高度 3. 脚手架材质		按搭设的水平投影面积计算	
011701007	整体提升架	1. 搭设方式及启动装置 2. 搭设高度	m²	按所服务对象的垂直投影面积计算	1. 场内、场外材料搬运 2. 选择附墙点与主体连接 3. 搭、拆脚手架、斜道、上料平台 4. 安全网的铺设 5. 测试电动装置、安全锁等 6. 拆除脚手架后材料的堆放
011701008	外装饰吊篮	1. 升降方式及启动装置 2. 搭设高度及吊篮型号		按所服务对象的垂直投影面积计算	1. 场内、场外材料搬运 2. 吊篮的安装 3. 测试电动装置、安全锁、平衡控制器等 4. 吊篮的拆卸

注：1. 使用综合脚手架时，不再使用外脚手架、里脚手架等单项脚手架；综合脚手架适用于能够按"建筑面积计算规则"计算建筑面积的建筑工程脚手架，不适用于房屋加层、构筑物及附属工程脚手架。

2. 同一建筑物有不同檐高时，按建筑物竖向切面分别按不同檐高编列清单项目。

3. 整体提升架已包括2m高的防护架体设施。

4. 脚手架材质可以不描述，但应注明由投标人根据工程实际情况按照国家现行标准《建筑施工扣件式钢管脚手架安全技术规范》JGJ 130、《建筑施工附着升降脚手架管理暂行规定》（建建〔2000〕230号）等规范自行确定。

【例 4 - 4】　某办公楼 C30 预制钢筋混凝土方桩，103 根，桩长 50m，桩径 $D=$ 1000mm，设计桩底标高为 -50.00m，自然地坪标高为 -0.600m，泥浆外运 5km，桩孔不回填。求 C30 预制锕筋混凝土方桩工程量。

解：根据预制钢筋混凝土方桩工程量的计算规则，C30 预制钢筋混凝土方桩工程量：108 根。

工程量清单计算，见表 4 - 6。

表 4 - 6　　　　　　　　　　　**[例 4 - 4] 工程量清单计算表**

项目编码	项目名称	项目特征描述	计量单位	工程量
010301001	预制钢筋混凝土方桩	C30 预制钢筋混凝土方桩，103 根，桩长 45m，桩径 $D=1000$mm，设计桩底标高为 -50.000m，自然地坪标高为 -0.600m，泥浆外运 5km，桩孔上部不回填	根	108

【例 4 - 5】　有一工程桩基础采用 C25 静压沉管灌注桩，设计桩径 $-\phi500$mm，设计单桩承载力 50t，桩尖采用 C40 预制混凝土桩尖桩总根数 300 根，设计桩长 30m（含桩尖），桩顶标高 -2.2m，自然地坪标高 -0.35m。试编制桩基础的工程量清单及报价。（注混凝土采用现场搅拌、非泵送碎石混凝土、钢筋笼暂不作要求计算）

解：（1）工程量清单编制

本工程的静压沉管灌注桩属于混凝土灌注桩清单项目

该清单工程量按工程量计算规则计算为：$30\times300=9000$m

编制工程量清单见表 4 - 7：

表 4 - 7　　　　　　　　　　　**[例 4 - 5] 工程量清单表**

序号	项目编码	项目名称	项目特征描述	计量单位	工程量	金额/元 综合单价	合价	其中：暂估价
1	010302002001	混凝土灌注桩	1. 土壤级别：普通土 2. 单桩长度、根数：30m 以内，共 300 根 3. 桩截面：$\phi500$mm 4. 混凝土强度等级：C25 5. 成孔方法：静压没管	m	9000			

（2）工程量清单计价单价分析（表 4-8）

混凝土灌注桩项目发生的工程内容有：

成孔：$(30+2.0-0.35)\times300=9555.00$m

混凝土制作、运输、灌注、振捣、养护：$0.25^2\times\pi\times(30+0.5)\times300=1795.69$m³

表 4 - 8　　　　　　　　　　　　工程量清单计价单价分析表

序号	项目编码	项目名称	计量单位	工程量	综合单价组成					综合单价	合计
					人工费	材料费	机械使用费	企业管理费	利润		
1	010302002	混凝土灌注桩	m	9000.00							
1.1	010302002001	静压沉管灌注混凝土桩（桩长在 15m 以外，φ50cm 以内）（碎石）	m	9555.00	3.67	6.73	9.26	1.03	0.41	21.10	201610.5
1.2	010302002002	C25 沉管灌注混凝土桩现场混凝土（碎石）	m³	1795.69	43.20	253.41	22.16	5.23	6.48	330.48	593439.6
合　　计											795050.1

（3）分部分项清单计价表（表 4 - 9）

表 4 - 9　　　　　　　　　　　　分部分项清单计价表

序号	项目编码	项目名称	项目特征描述	计量单位	工程量	金额/元		
						综合单价	合价	其中：暂估价
1	010302002001	混凝土灌注桩	1. 土壤级别：普通土 2. 单桩长度、根数：30m 以内、共 300 根 3. 桩截面：φ500mm 4. 混凝土强度等级：C25 5. 成孔方法：静压沉管	m	9000.00	88.34	795050.1	

第五章 砌筑工程工程量相关规定及计算

第一节 砌筑工程工程量计算相关知识规定

一、墙体

1. 计算墙体的规定

(1) 计算墙体时，应扣除门窗洞口、过人洞、空圈、嵌入墙身的钢筋混凝土柱、梁（包括过梁、圈梁及埋入墙内的挑梁）、砖平碹（图5-1）、平砌砖过梁和暖气包壁龛（图5-2）及内墙板头（图5-3）的体积，不扣除梁头、外墙板头（图5-4）、檩头、垫木、木楞头、沿椽木、木砖、门窗框（图5-5）走头、砖墙内的加固钢筋、木筋、铁件、钢管及每个面积在 0.3m² 以下的孔洞等所占的体积，突出墙面的窗台虎头砖（图5-6）、压顶线（图5-7）、山墙泛水（图5-8）、烟囱根（图5-9、图5-10）、门窗套（图5-11）及三皮砖以内的腰线和挑檐（图5-12）等体积亦不增加。

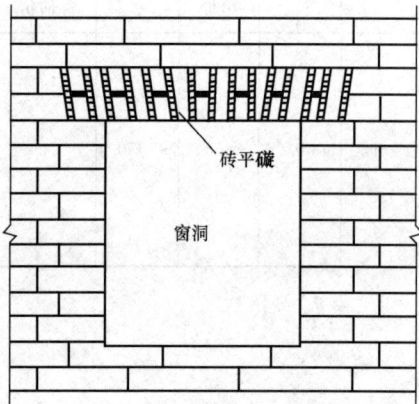

图5-1 砖平碹示意图

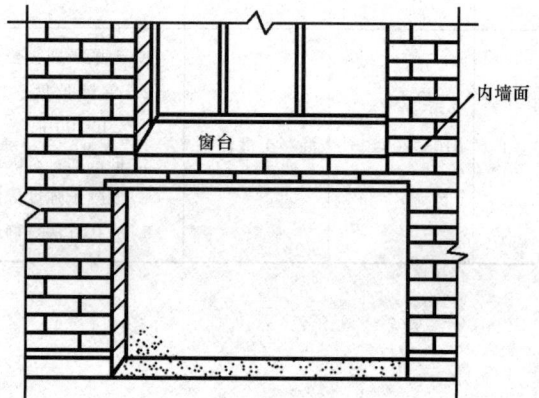

图5-2 暖气包壁龛示意图

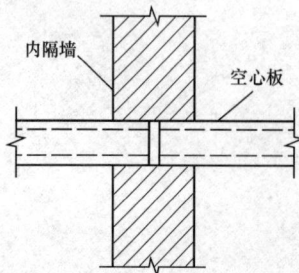

图5-3 内墙板头示意图

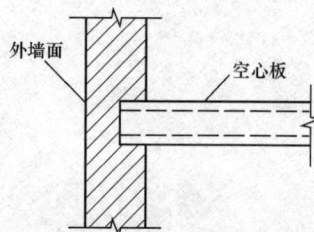

图5-4 外墙板头示意图

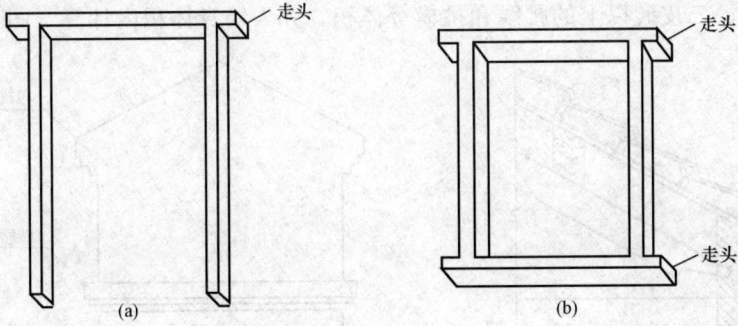

图 5-5　木门窗走头示意图

（a）木门框走头示意图；（b）木窗框走头示意图

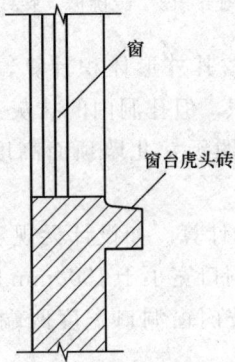

图 5-6　突出墙面的窗台虎头砖示意图

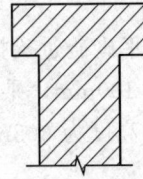

图 5-7　压顶线示意图

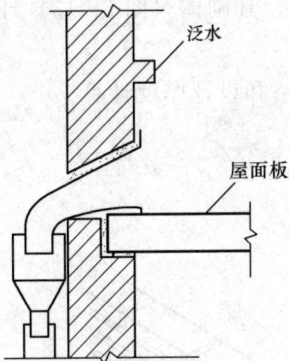

图 5-8　山墙泛水、排水示意图

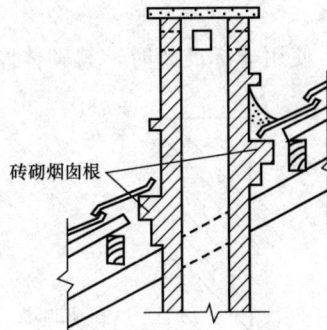

图 5-9　砖烟囱剖面图（平瓦坡屋面）

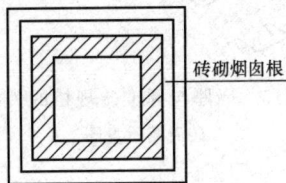

图 5-10　砖烟囱平面图

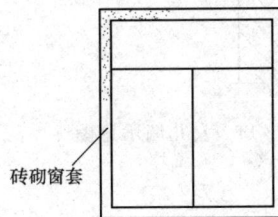

图 5-11　窗套示意图

（2）砖垛、三皮砖以上的腰线和挑檐等体积，并入墙身体积内计算（图 5-13）。

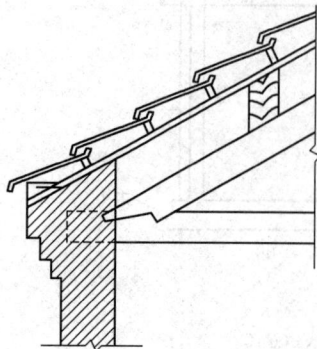

图 5-12　坡屋面砖挑檐示意图

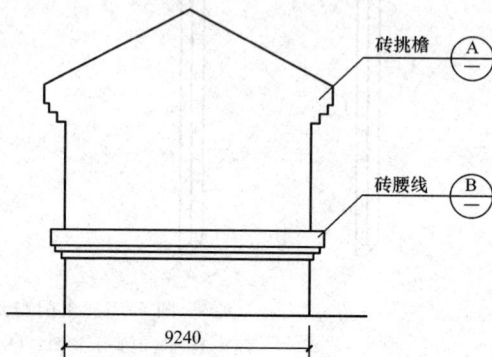

图 5-13　砖挑檐、腰线示意图

（3）附墙烟囱（包括附墙通风道、垃圾道）按其外形体积计算，并入所依附的墙体内，不扣除每一个孔洞横截面在 $0.1m^2$ 以下的体积，但孔洞内的抹灰工程量亦不增加。

（4）女儿墙（图 5-14）高度，自外墙顶面至图示女儿墙顶面高度，不同墙厚分别并入外墙计算。

（5）砖平碹、平砌砖过梁按图示尺寸以立方米计算。如设计无规定时，砖平碹按门窗洞口宽度两端共加 100mm，乘以高度计算（门窗洞口宽小于 1500mm 时，高度为 240mm；大于 1500mm 时，高度为 365mm）；平砌砖过梁按门窗洞口宽度两端共加 500mm，高按 440mm 计算。

2. 墙体厚度的规定

（1）标准砖尺寸以 240mm×115mm×53mm 为准，其砌体（图 5-15）计算厚度按表 5-1 计算。

（2）使用非标准砖时，其砌体厚度应按砖实际规格和设计厚度计算。

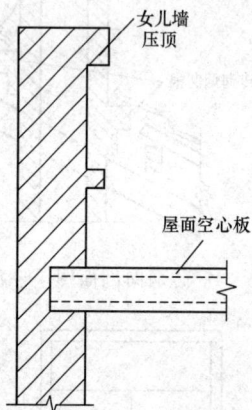

图 5-14　女儿墙示意图

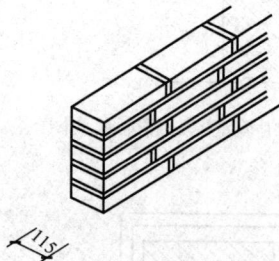

图 5-15　墙厚与标准砖规格的关系
1/2 砖墙示意图

表 5 - 1　　　　　　　　　　　标准砖砌体计算厚度表

砖数（厚度）	1/4	1/2	3/4	1	1.5	2	2.5	3
计算厚度（mm）	53	115	180	240	365	490	615	740

二、砖基础

1. 基础与墙（柱）身分界线

（1）基础与墙（柱）身（图 5 - 16）使用同一种材料时，以设计室内地面为界；有地下室者，以地下室室内设计地面为界（图 5 - 17），以下为基础，以上为墙（柱）身。

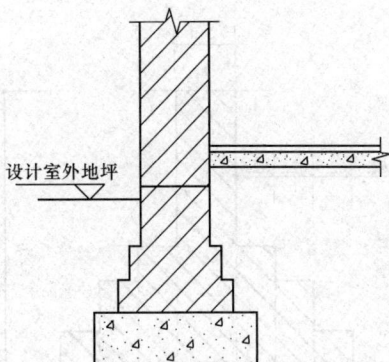

图 5 - 16　基础与墙身划分示意图　　　　图 5 - 17　地下室的基础与墙身划分示意图

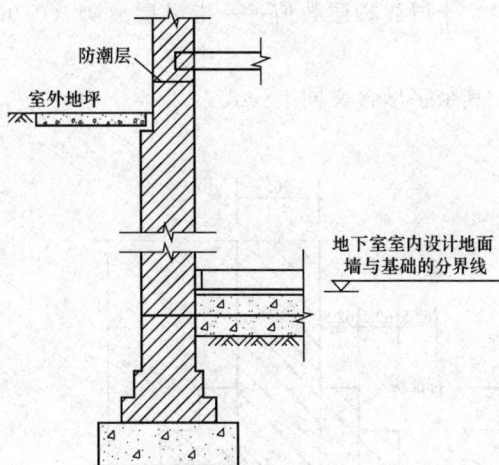

（2）基础与墙身使用不同材料时，位于设计室内地面±300mm 以内时，以不同材料为分界线，超过±300mm 时，以设计室内地面为分界线。

（3）砖、石围墙，以设计室外地坪为界线，以下为基础，以上为墙身。

2. 基础长度

外墙基础按外墙中心线长度计算；内墙墙基按内墙基净长计算。基础大放脚 T 形接头处的重叠部分以及嵌入基础的钢筋、铁件、管道、基础防潮层及单个面积在 0.3m² 以内孔洞所占体积不予扣除，但靠墙暖气沟的挑檐亦不增加。附墙垛基础宽出部分体积应并入基础工程量内。

砖砌挖孔桩护壁工程量按实砌体积计算。

3. 有放脚砖墙基础

（1）等高式放脚砖基础 [图 5 - 18（a）]。

计算公式

$$V_{基} = （基础墙厚×基础墙高＋放脚增加面积）×基础长$$
$$= (dh＋\Delta S)×l$$
$$= [dh＋0.126×0.0625n(n＋1)]l = [dh＋0.0007875n(n＋1)]l$$

式中　　　　　0.0007875——一个放脚标准块面积；

　　0.007875$n(n+1)$——全部放脚增加面积；

　　　　　　　　　n——放脚层数；

　　　　　　　　　d——基础墙厚；

　　　　　　　　　h——基础墙高；

　　　　　　　　　l——基础长。

（2）不等高式放脚砖基础［图 5 - 18（b）］。

计算公式

$$V_{基} = \{dh + 0.007875[n(n+1) - \sum 半层放脚层数值]\} \times l$$

式中　半层放脚层数值——指半层放脚（0.063m 高）所在放脚层的值，如图 5 - 18（b）
　　　　　　　　　　　　中为 1＋3＝4。

其余字母含义同上公式。

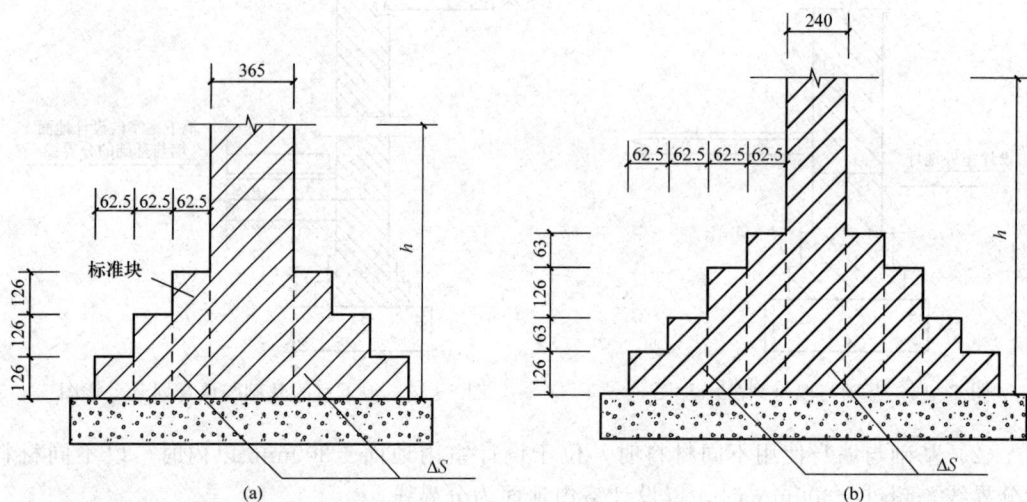

图 5 - 18　大放脚砖基础示意图

（a）等高式大放脚砖基础；（b）不等高式大放脚砖基础

（3）基础放脚 T 形接头重复部分（图 5 - 19）。

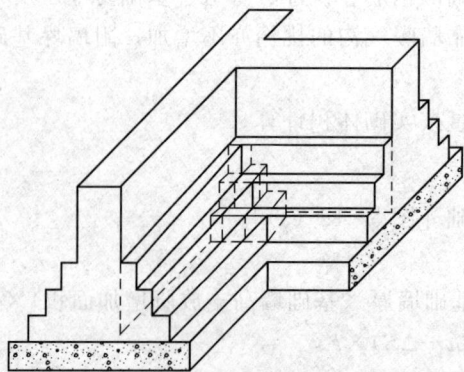

图 5 - 19　基础放脚 T 形接头重复部分示意图

标准砖大放脚基础，放脚面积 ΔS 见表 5 - 2。

表 5 - 2　　　　　　　　　　　　　砖墙基础大放脚面积增加表

放脚层数（n）	增加断面积 ΔS（m²）	
	等高	不等高（奇数层为半层）
一	0.01575	0.0079
二	0.04725	0.0394
三	0.0945	0.0630
四	0.1575	0.1260
五	0.2363	0.1654
六	0.3308	0.2599
七	0.4410	0.3150
八	0.5670	0.4410
九	0.7088	0.5119
十	0.8663	0.6694
十一	1.0395	0.7560
十二	1.2285	0.9450
十三	1.4333	1.0474
十四	1.6538	1.2679
十五	1.8900	1.3860
十六	2.1420	1.6380
十七	2.4098	1.7719
十八	2.6933	2.0554

注：1. 等高式 $\Delta S = 0.007875 n(n+1)$。

　　2. 不等高式 $\Delta S = 0.007878 [n(n+1) - \sum$ 半层层数值$]$。

4. 毛条石、条石基础

条石基础断面如图 5 - 20 所示；毛条石基础断面如图 5 - 21 所示。

图 5 - 20　毛条石基础断面形状　　　　　图 5 - 21　毛条石基础断面形状

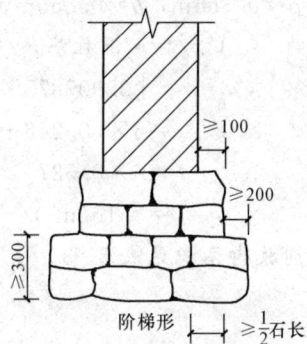

5. 有放脚砖柱基础

有放脚砖柱基础工程量计算分为两部分：一是将柱的体积算至基础底；二是将柱四周放脚体积算出（图 5 - 22、图 5 - 23）。

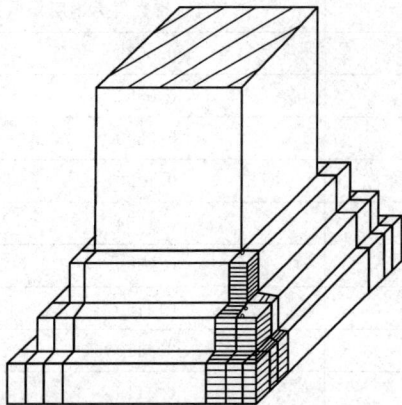

图 5 - 22　砖柱四周放脚示意图　　　　图 5 - 23　砖柱基四周放脚体积 ΔV 示意图

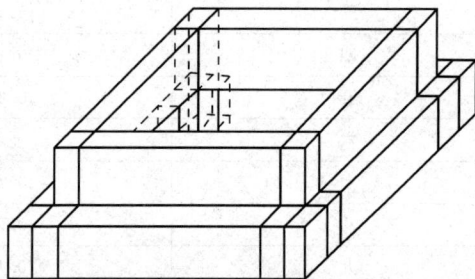

计算公式：

$$V_{柱基} = abh + \Delta V$$
$$= abh + n(n+1)[0.007875(a+b) + 0.000328125(2n+1)]$$

式中　a——柱断面长；

　　　b——柱断面宽；

　　　h——柱基高；

　　　n——放脚层数；

　ΔV——砖柱四周放脚体积。

【例 5 - 1】　某工程有 6 个等高式放脚砖柱基础，根据下列条件计算砖基础工程量：

柱断面：$0.365m \times 0.365m$

柱基高：$1.85m$

放脚层数：5 层

解：已知 $a = 0.365m$，$b = 0.365m$，$h = 1.85$，$n = 5$

$$V_{柱基} = 6 根柱基 \times \{0.365 \times 0.365 \times 1.85 + 5 \times 6 \times$$
$$[0.007875 \times (0.365 + 0.365) + 0.000328125 \times (2 \times 5 + 1)]\}$$
$$= 6 \times (0.246 + 0.281)$$
$$= 6 \times 0.527$$
$$= 3.16 (m^3)$$

砖柱基四周放脚体积见表 5 - 3。

表 5 - 3　　　　　　　　　　　　　　　砖柱基四周放脚体积表　（m³）

放脚层数 \ a×b	0.24×0.24	0.24×0.365	0.365×0.365 0.24×0.49	0.365×0.49 0.24×0.615	0.49×0.49 0.365×0.615	0.49×0.615 0.365×0.74	0.365×0.865 0.615×0.615	0.615×0.74 0.49×0.865	0.74×0.74 0.615×0.865
一	0.010	0.011	0.013	0.015	0.017	0.019	0.021	0.024	0.025
二	0.033	0.038	0.045	0.050	0.056	0.062	0.068	0.074	0.080
三	0.073	0.085	0.097	0.108	0.120	0.132	0.144	0.156	0.167
四	0.135	0.154	0.174	0.194	0.213	0.233	0.253	0.272	0.292
五	0.221	0.251	0.281	0.310	0.340	0.369	0.400	0.428	0.458
六	0.337	0.379	0.421	0.462	0.503	0.545	0.586	0.627	0.669
七	0.487	0.543	0.597	0.653	0.708	0.763	0.818	0.873	0.928
八	0.674	0.745	0.816	0.887	0.957	1.028	1.095	1.170	1.241
九	0.910	0.990	1.078	1.167	1.256	1.344	1.433	1.521	1.61
十	1.173	1.282	1.390	1.498	1.607	1.715	1.823	1.931	2.04

三、砖墙

1. 墙的长度

外墙长度按外墙中心线长度计算，内墙长度按内墙净长线计算。

墙长计算方法如下：

（1）墙长在转角处的计算。墙体在 90°转角时，用中轴线尺寸计算墙长，就能算准墙体的体积。

（2）T 形接头的墙长计算。当墙体处于 T 形接头时，T 形上部水平墙拉通算完长度后，垂直部分的墙只能从墙内边算净长。

（3）十字形接头的墙长计算。当墙体处于十字形接头状时，计算方法基本同 T 形接头，因此，十字形接头处分断的二道墙也应算净长。

2. 墙身高度的规定

（1）外墙墙身高度。斜（坡）屋面无檐口顶棚者算至屋面板底；有屋架，且室内外均有顶棚者（图 5 - 24），算至屋架下弦底面另加 200mm；无顶棚者算至屋架下弦底面另加 300mm（图 5 - 25），出檐宽度超过 600mm 时，应按实砌高度计算；平屋面算至钢筋混凝土板底（图 5 - 26）。

（2）内墙墙身高度。内墙位于屋架下弦者，其高度算至屋架底；无屋架者（图 5 - 27）算至顶棚底另加 100mm；有钢筋混凝土楼板隔层者算至板底；有框架梁时算至梁底面。

（3）内、外山墙墙身高度，按其平均高计算（图 5 - 28）。

3. 框架间砌体

分别内外墙以框架间的净空面积乘以墙厚计算。框架外表镶贴砖部分也并入框架间砌体工程量内计算。

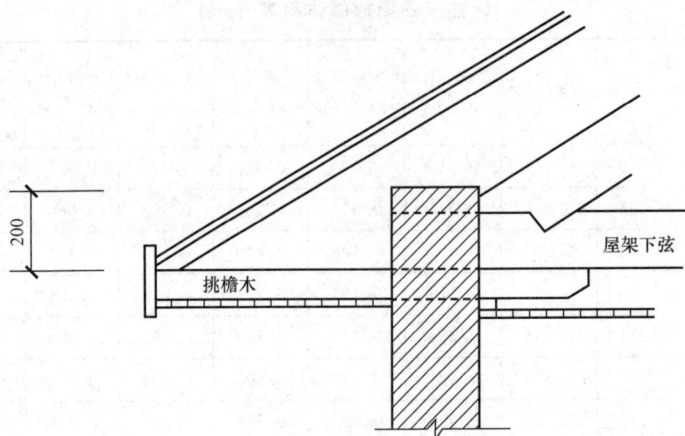

图 5 - 24　室内外均有顶棚时的外墙高度示意图

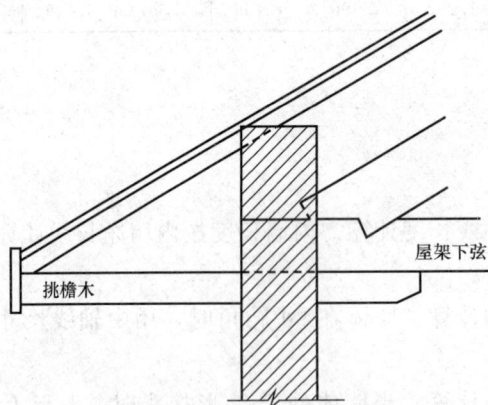

图 5 - 25　有屋架无顶棚时的外墙高度示意图

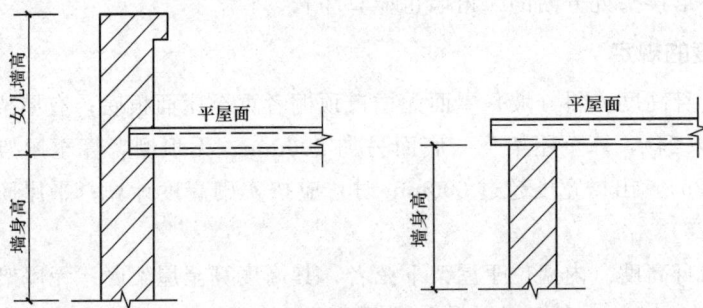

图 5 - 26　平屋面外墙墙身高度示意图

空花墙按空花部分外形体积以立方米计算，空花部分不予扣除，其中实体部分另行计算（图 5 - 29）。

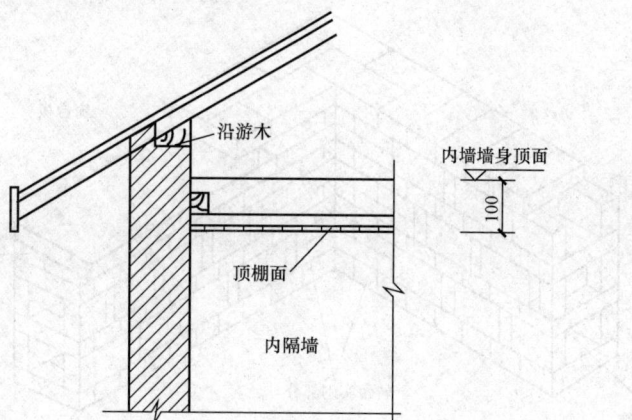

图 5-27　无屋架时的内墙墙身高度示意图

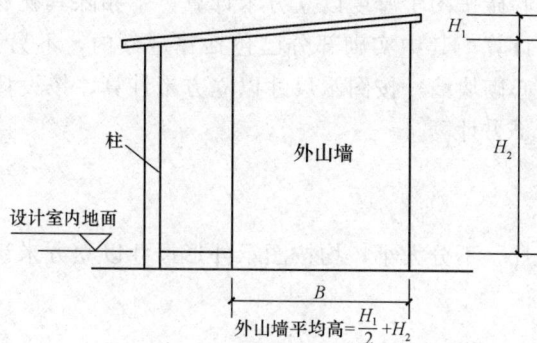

外山墙平均高 $= \dfrac{H_1}{2} + H_2$

图 5-28　一坡水屋面外山墙墙高示意图

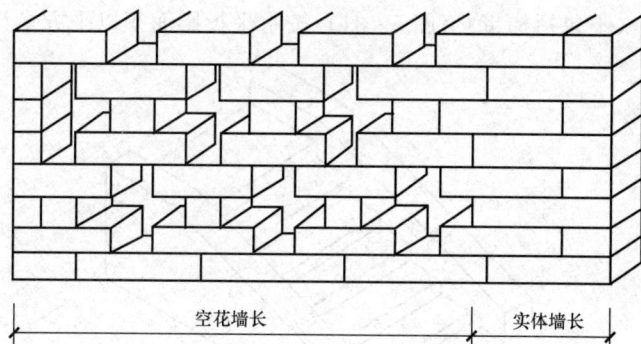

图 5-29　空花墙与实体墙划分示意图

4. 空斗墙按外形尺寸以立方米计算

墙角、内外墙交接处，门窗洞口立边，窗台砖及屋檐处的实砌部分已包括在定额内，不另行计算。但窗间墙、窗台下、楼板下、梁头下等实砌部分，应另行计算，套零星砌体定额项目（图 5-30）。

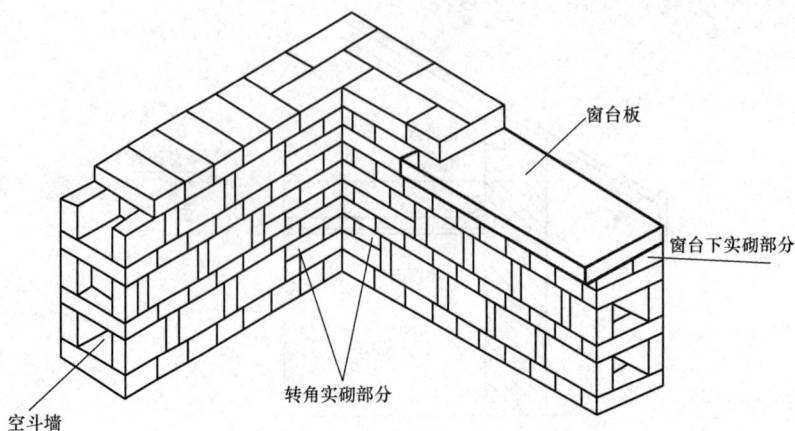

图 5 - 30   空斗墙转角及窗台下实砌部分示意图

　　另外，多孔砖、空心砖按图示厚度以立方米计算，不扣除其孔、空心部分体积。填充墙按外形尺寸以立方米计算，其中实砌部分已包括在定额内，不另计算。加气混凝土墙、硅酸盐砌块墙、小型空心砌块墙，按图示尺寸以立方米计算，按设计规定需要镶嵌砖砌体部分已包括在定额内，不另计算。

四、其他砌体

　　(1) 砖砌锅台、炉灶，不分大小，均按图示外形尺寸以立方米计算，不扣除各种空洞的体积。

　　说明：

　　①锅台，一般指大食堂、餐厅里用的锅灶。

　　②炉灶，一般指住宅里每户用的灶台。

　　(2) 砖砌台阶（不包括梯带）（图 5 - 31）按水平投影面积以平方米计算。

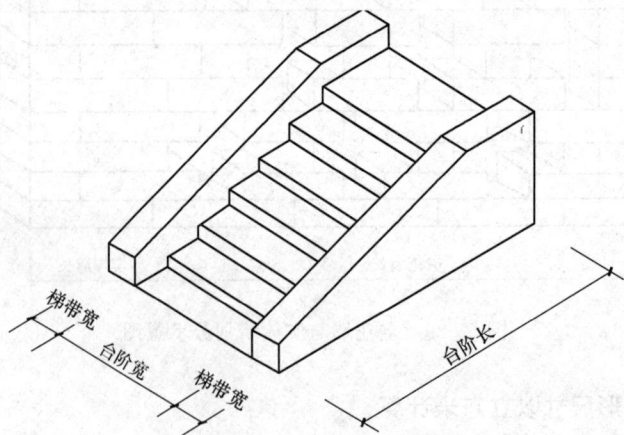

图 5 - 31   砖砌台阶示意图

（3）厕所蹲位、水槽腿、灯箱、垃圾箱、台阶挡墙或梯带、花台、花池、地垄墙及支撑地楞。

木的砖墩，房上烟囱、屋面架空隔热层砖墩及毛石墙的门窗立边、窗台虎头砖等实砌体积，以立方米计算，套用零星砌体定额项目（图 5 - 32～图 5 - 34）。

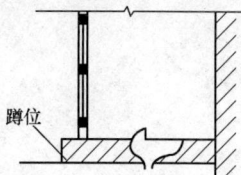

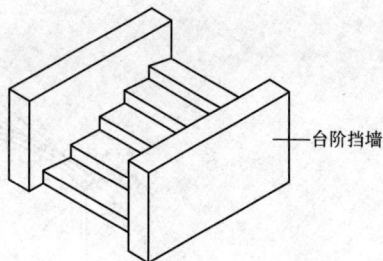

图 5 - 32　砖砌蹲位示意图　　　图 5 - 33　砖砌水池（槽）腿　　　图 5 - 34　有挡墙台阶示意图
　　　　　　　　　　　　　　　　　　　　示意图

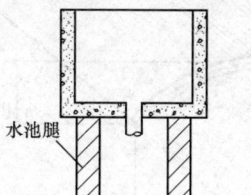

五、砖烟囱

（1）筒身。圆形、方形均按图示筒壁平均中心线周长乘以厚度，并扣除筒身各种孔洞、钢筋混凝土圈梁、过梁等体积以立方米计算。其筒壁周长不同时可按下式分段计算：

$$V = \sum (H \times c \times \pi D)$$

式中　V——筒身体积；

　　　H——每段筒身垂直高度；

　　　c——每段筒壁厚度；

　　　D——每段筒壁中心线的平均直径。

（2）烟道、烟囱内衬按不同材料，扣除孔洞后，以图示实体积计算。

（3）烟囱内壁表面隔热层，按筒身内壁并扣除各种孔洞后的面积以平方米计算；填料按烟囱内衬与筒身之间的中心线平均周长乘以图示宽度和筒高，并扣除各种孔洞所占体积（但不扣除连接横砖及防沉带的体积）后以立方米计算。

（4）烟道砌砖。烟道与炉体的划分以第一道闸门为界，炉体内的烟道部分列入炉体工程量计算。

烟道拱顶（图 5 - 35）按实体积计算，其计算方法有两种：

方法一：按矢跨比公式计算

计算公式：

$$V = 中心线拱跨 \times 弧长系数 \times 拱厚 \times 拱长$$
$$= b \times P \times d \times L$$

注：烟道拱顶弧长系数见表 5 - 4。表中弧长系数 P 的计算公式为（当 $h=1$ 时）：

$$P = \frac{1}{90}\left(\frac{0.5}{b} + 0.125b\right)\pi \arcsin \frac{b}{1 + 0.25b^2}$$

当矢跨比 $\dfrac{h}{l} = \dfrac{1}{7}$ 时，弧长系数 P 为

$$P = \frac{1}{90}\left(\frac{0.5}{7} + 0.125 \times 7\right) \times 3.1416 \times \arcsin\frac{7}{1 + 0.25 \times 7^2}$$

$$= 1.054$$

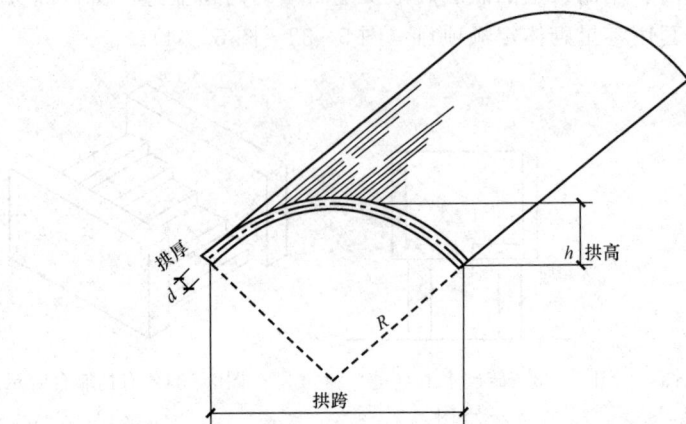

图 5-35 烟道拱顶示意图

【例 5-2】 已知矢高为 1，拱跨为 7，拱厚为 0.15m，拱长 7.8m，求拱顶体积。

解：查表 5-4，知弧长系数 P 为 1.07。

表 5-4 烟道拱顶弧长系数表

矢跨比 $\frac{h}{b}$	$\frac{1}{2}$	$\frac{1}{4}$	$\frac{1}{5}$	$\frac{1}{6}$	$\frac{1}{7}$	$\frac{1}{8}$	$\frac{1}{9}$	$\frac{1}{10}$
弧长系数 P	1.57	1.27	1.16	1.10	1.07	1.05	1.04	1.03

故 $$V = 7 \times 1.07 \times 0.15 \times 7.8 = 8.76 \ (\text{m}^3)$$

方法二：按圆弧长公式计算

计算公式：

$$V = 圆弧长 \times 拱厚 \times 拱长$$
$$= l \times d \times L$$

式中： $$l = \frac{\pi}{180}R\theta$$

【例 5-3】 某烟道拱顶厚 0.18m，半径 4.8m，θ 角为 180°，拱长 10m，求拱顶体积。

解：已知 $d = 0.18$m，$R = 4.8$m，$\theta = 180°$，$L = 15$m

$$V = \frac{3.1416}{180} \times 1.8 \times 180 \times 0.18 \times 15$$

$$= 40.71 (\text{m}^3)$$

六、砖砌水塔

砖砌水塔组成如图 5-36 所示。

(1) 水塔基础与塔身划分。以砖基础的扩大部分顶面为界，以上为塔身，以下为基础，分别套用相应基础砌体定额。

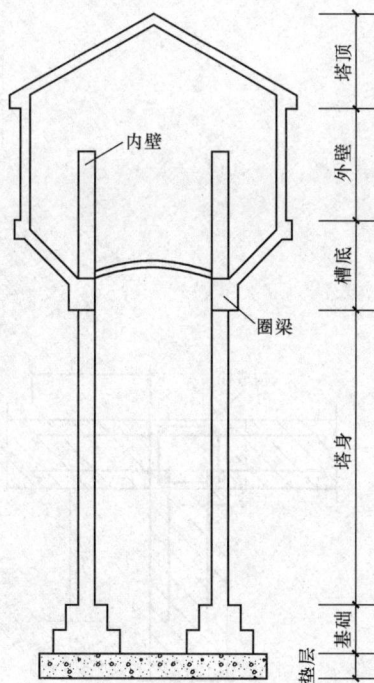

图 5-36　水塔各部分划分示意图

（2）塔身以图示实砌体积计算，并扣除门窗洞口和混凝土构件所占的体积，砖平拱磉及砖出檐等并入塔身体积内计算，套水塔砌筑定额。

（3）砖水箱内外壁，不分壁厚，均以图示实砌体积计算，套相应的内外砖墙定额。

七、砌体内钢筋加固

砌体内钢筋加固根据设计规定，以吨计算，套用钢筋混凝土章节相应项目（图 5-37~图 5-39）。

八、砌筑工程量计算注意事项

（1）熟悉定额项目类型。砖石工程的定额项目，主要有砖石基础，普通砖墙、空斗墙、空心砖墙，砌块墙，空花墙，填充墙和毛石砌体，各类砖柱，砖平拱、砖弧拱和钢筋砖过梁，以及火墙，锅台和炉灶等零星砌体定额项目。

（2）熟悉定额项目要求。单层建筑物标高（设计室内地面至檐口顶面）在 3.6m 以下者，除贴砖墙项目外，均应扣除定额内垂直运输机械费用。

毛石墙镶砖项目是在毛石墙内侧镶砌半砖，总厚度为 60cm 的墙体。方整石加工工序分打荒，錾凿和剁斧三种，打荒是将粗具六面体的方整石打去不规则部分，稍加修整；錾凿是将打荒的石材表面用钢錾细密，均匀地凿点，使其边，角和面平直方整，剁斧是采用剁斧基准线法，将经过打荒和錾凿石材的棱、角和面细致加工。

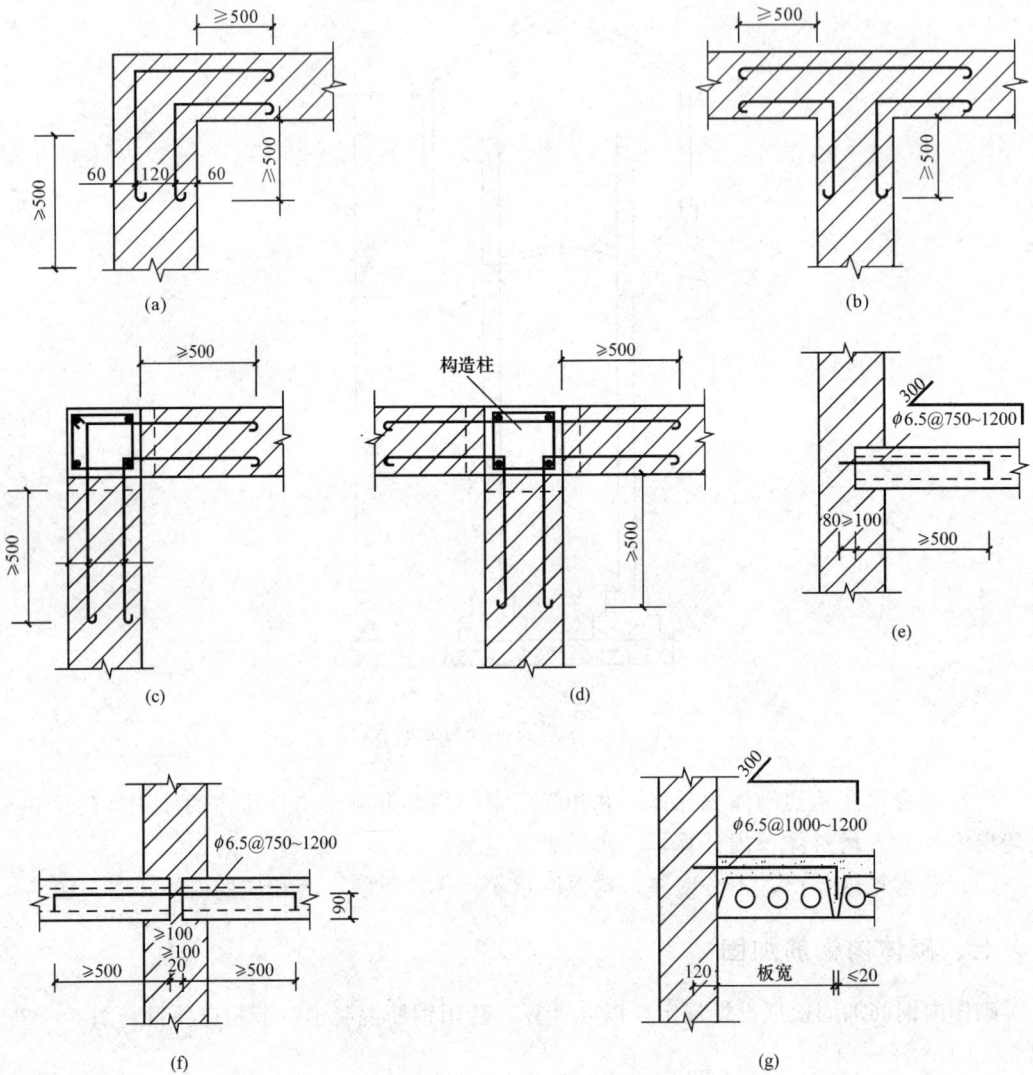

图 5 - 37 砌体内钢筋加固示意图

（a）砖墙转角处；（b）砖墙 T 形接头处；（c）有构造柱的墙转角处；

（d）有构造柱的 T 形墙接头处；（e）板端与外墙连接；（f）板端内墙连接；（g）板与纵墙连接

砌圆弧形毛石基础和墙身项目，包括砖石组合墙体，应按相应定额项目人工乘以 1.10 系数计算。毛石护坡高度超过 4.0m 者，其相应定额项目人工乘以 1.15 系数。

（3）确定主体砂浆和附加砂浆。主体砂浆是墙体砌筑砂浆。附加砂浆分别是：对于硅酸盐砌块墙，镶砌普通砖为 M5 混合砂浆；对于钢筋砖过梁，钢筋保护层为 1：3 水泥砂浆，如设计要求不同时，主砂浆项允许换算，附加砂浆不允许换算。

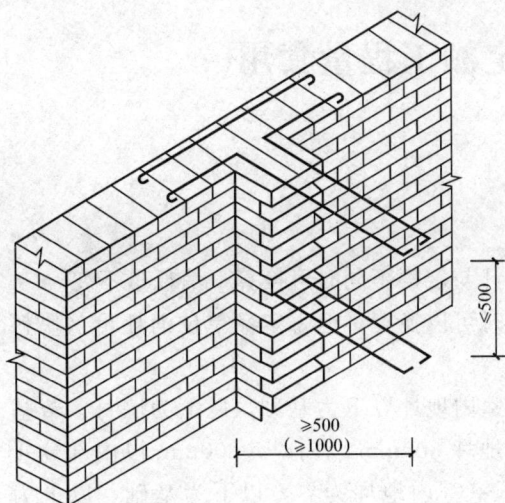

图 5 - 38　T 形接头钢筋加固示意

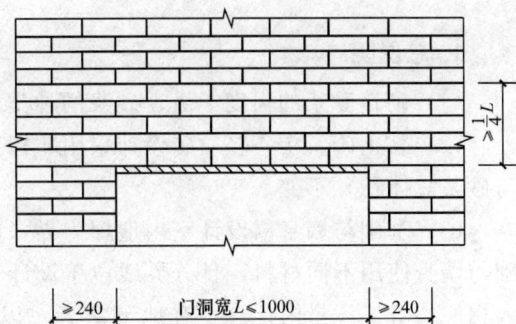

图 5 - 39　钢筋砖过梁示意图

（4）确定普通砖墙体厚度。当设计无规定时，普通砖墙体厚度，按表 5 - 5 规定计算。

表 5 - 5　　　　　　　　　　　　　普 通 砖 墙 体 厚 度

墙厚（砖）	B/4	B/2	3B/4	1B	1.5B	2B	2.5B	3B
计算厚度（mm）	53	115	180	240	365	490	615	740

（5）确定基础与墙身分界线。

1）当基础和墙身使用同一种材料时，以室内设计地坪为分界线，以下为基础，以上为墙身，如图 5 - 40 所示。

2）当基础和墙身使用不同材料时，如两种材料分界处距室内设计地坪超过±30cm 以上，以室内设计地坪为分界线，如图 5 - 41 所示。

3）两种材料分界处距室内设计地坪在±30cm 以内，以不同材料分界处为分界线，如图 5 - 42 所示。

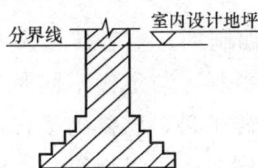

图 5 - 40　基础与
墙身分界线

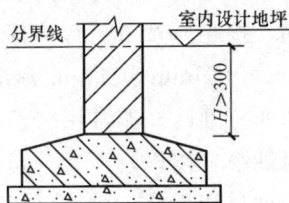

图 5 - 41　基础与
墙身分界线

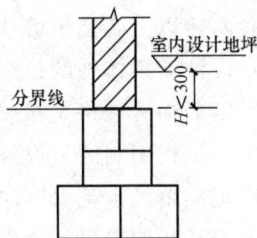

图 5 - 42　基础与
墙身分界线

第二节　砌筑工程定额工程量套用

一、定额说明

1. 总说明

（1）砌筑砂浆的强度等级、砂浆的种类，设计与定额不同时可换算，消耗量不变。

（2）黏土砖、实心轻质砖设计采用非标准砖时可以换算，但每定额单位消耗量（块料与砂浆总体积）不变。

（3）基础与墙身以设计室内地坪为界，设计室内地坪以下为基础，以上为墙身。若基础与墙身使用不同材料，且分界线位于设计室内地坪300mm以内时，300mm以内部分并入相应墙身工程量内计算。有地下室者，以地下室室内地坪为界，以下为基础，以上为墙身。

（4）围墙以设计室外地坪为界，室外地坪以下为基础，以上为墙身。

（5）室内柱以设计室内地坪为界，以下为柱基础，以上为柱。若基础与柱身使用不同材料，且分界线位于设计室内地坪300mm以内时，300mm以内部分并入相应柱身工程量内计算。室外柱以设计室外地坪为界，以下为柱基础，以上为柱。

（6）挡土墙与基础的划分以挡土墙设计地坪标高低的一侧为界，以下为基础，以上为墙身。

（7）定额中不包括施工现场的筛砂用工。砌筑砂浆中的过筛净砂，按每立方米0.30工日，另行计算。以净砂体积为工程量，套相应补充定额。

2. 砖砌体

（1）实心轻质砖包括蒸压灰砂砖、蒸压粉煤灰砖、煤渣砖、煤矸石砖、页岩烧结砖、黄河淤泥烧结砖等。

（2）砖砌体均包括原浆勾缝用工，加浆勾缝时，按装饰工程相应项目另行计算。

（3）零星项目是指小便池槽、蹲台、花台、隔热板下砖墩、石墙砖立边和虎头砖等。

（4）两砖以上砖挡土墙执行砖基础项目，两砖以内执行砖墙相应项目。

（5）设计砖砌体中的拉结钢筋，按相应章节另行计算。

（6）定额中砖规格是按240mm×115mm×53mm标准砖编制的，空心砖、多孔砖规格是按常用规格编制的，设计采用非标准砖、非常用规格砌筑材料，与定额不同时可以换算，但每定额单位消耗量（块料与砂浆总体积）不变。砌轻质砖子目，已掺砌了普通黏土砖或黏土多孔砖的项目，掺砌砖的种类和规格，设计与定额不同时，可以换算，掺砌砖的消耗量（块数折合体积）及其他均不变。未掺砌砖的项目，按掺砌砖的体积换算，其他不变。掺砌砖执行砖零星砌体子目。

（7）各种轻质砖综合了以下种类的砖。

1）实心轻质砖包括蒸压灰砂砖、蒸压粉煤灰砖、煤渣砖、煤矸石砖、页岩烧结砖、黄河淤泥烧结砖等。

2）多孔砖包括粉煤灰多孔砖、烧结黄河淤泥多孔砖等。

3）空心砖包括蒸压灰砂空心砖、粉煤灰空心砖、页岩空心砖、混凝土空心砖等。

（8）多孔砖包括黏土多孔砖和粉煤灰、煤矸石等轻质多孔砖。定额中列出 KP 型砖（240mm×115mm×90mm 和 178mm×115mm×90mm）和模数砖（190mm×90mm×90mm、190mm×140mm×90mm 和 190mm×190mm×90mm）两种系列规格，并考虑了不够模数部分由其他材料填充。

（9）黏土空心砖按其空隙率大小分承重型空心砖和非承重型空心砖，规格分别是240mm×115mm×115mm、240mm×180mm×115mm、115mm×240mm×115mm 和240mm×240mm×115mm。

（10）空心砖和空心砌块墙中的混凝土芯柱、混凝土压顶及圈梁等，按相应章节另行计算。

（11）多孔砖、空心砖和砌块，砌筑弧形墙时，人工乘以系数 1.1，材料乘以系数 1.03。

3. 构筑物

（1）砖构筑物定额包括单项及综合项目。综合项目是按国标、省标的标准做法编制，使用时对应标准图号直接套用，不再调整。设计文件与标准图做法不同时，套用单项定额。

（2）砖构筑物定额不包括土方内容，发生时按土石方相应定额执行。

（3）构筑物综合项目中的化粪池及检查井子目，按国标图集 S2 编制。凡设计采用国家标准图集的，均按定额执行，不另调整。

（4）水表池、沉砂池、检查井等室外给水排水小型构筑物，实际工程中，常依据省标图集 LS 设计和施工。凡依据省标准图集 LS 设计和施工的室外给水排水小型构筑物，均执行室外给水排水小型构筑物补充定额，不作调整。

（5）砖地沟挖土方、回填土参照土石方工程项目。

4. 砌块

（1）小型空心砌块墙定额选用 190 系列（砌块宽 $b=190mm$），若设计选用其他系列时，可以换算。

（2）砌块墙中用于固定门窗或吊柜、窗帘盒、散热器等配件所需的灌注混凝土或预埋构件，按相应章节另行计算。

（3）砌块规格按常用规格编制的，设计采用非常用规格砌筑材料，与定额不同时可以换算，但每定额单位消耗量（块料与砂浆总体积）不变。砌块子目，已掺砌了普通黏土砖或黏土多孔砖的项目，掺砌砖的种类和规格，设计与定额不同时，可以换算，掺砌砖的消耗量（块数折合体积）及其他均不变。未掺砌砖的项目，按掺砌砖的体积换算，其他不变。掺砌砖执行砖零星砌体子目。

5. 石砌体

（1）定额中石材按其材料加工程度，分为毛石、整毛石和方整石。使用时应根据石料名称、规格分别套用。

（2）方整石柱、墙中石材按 400mm（长）×220mm（高）×200mm（厚）规格考虑。设计不同时，可以换算。块料和砂浆的总体积不变。

（3）方整石零星砌体子目，适用于窗台、门窗洞口立边、压顶、台阶、墙面点缀石等定额未列项目的方整石的砌筑。

（4）毛石护坡高度超过 4m 时，定额人工乘以系数 1.15。

（5）砌筑弧形基础、墙时，按相应定额项目人工乘以系数 1.1。

（6）整砌毛石墙（有背里的）项目中，毛石整砌厚度为 200mm；方整石墙（有背里的）项目中，方整石整砌厚度为 220mn，定额均已考虑了拉结石和错缝搭砌。

6. 轻质墙板

（1）轻质墙板，适用于框架、框剪结构中的内外墙或隔墙，定额按不同材质和墙体厚度分别列项。

（2）轻质条板墙，不论空心条板或实心条板，均按厂家提供墙板半成品（包括板内预埋件，配套吊挂件、U 形卡等），现场安装编制。

（3）轻质条板墙中与门窗连接的钢筋码和钢板（预埋件），定额已综合考虑，但钢柱门框、铝门框、木门框及其固定件（或连接件）按有关章节相应项目另行计算。

（4）钢丝网架水泥夹心板厚是指钢丝网架厚度，不包括抹灰厚度。括号内尺寸为保温芯材厚度。

（5）各种轻质墙板综合内容如下。

1）GRC 轻质多孔板适用于圆孔板、方孔板，其材质适用于水泥多孔板、珍珠岩多孔板、陶粒多孔板等。

2）挤压成型混凝土多孔板即 AC 板，适用于普通混凝土多孔板和粉煤灰混凝土多孔条板、陶粒混凝土多孔条板、炉碴与膨胀珍珠岩多孔条板等。

3）石膏空心条板适用于石膏珍珠岩空心条板、石膏硅酸盐空心条板等。

4）GRC 复合夹心板适用于水泥珍珠岩夹心板、岩棉夹心板等。

（6）轻质墙板选用常用材质和板型编制的。轻质墙板的材质、板型设计等，与定额不同时可以换算，但定额消耗量不变。

二、工程量定额计算规则

1. 条形基础

外墙条形基础按设计外墙中心线长度、柱间条形基础按柱间墙体的设计净长度、内墙条形基础按设计内墙净长度乘以设计断面，以立方米计算，基础大放脚 T 形接头处的重叠部分，以及嵌入基础的钢筋、铁件、管道、基础防潮层、单个面积在 0.3m² 以内的孔洞所占体积不予扣除，但靠墙暖气沟的挑檐也不增加，洞口上的砖平碹亦不另算。附墙垛基础宽出部分体积并入基础工程量内。

2. 独立基础

独立基础按设计图示尺寸，以立方米计算。

3. 砖墙体

（1）外墙、内墙、框架间墙（轻质墙板、镂空花格及隔断板除外）按其高度乘以长度乘以设计厚度，以立方米计算。框架外表贴砖部分并入框架间砌体工程量内计算。

（2）计算墙体时，应扣除门窗洞口、过人洞、空圈以及嵌入墙身的钢筋混凝土柱（包括构造柱）、梁（包括过梁、圈梁、挑梁）、砖平碹、砖过梁（普通黏土砖墙除外）、暖气包壁龛的体积；不扣除梁头、外墙板头、檩头、垫木、木楞头、沿椽木、木砖、门窗走头，墙内的加固钢筋、木筋、铁件、钢管以及每个面积在 $0.3m^2$ 以内的孔洞等所占体积；突出墙面的窗台虎头砖、压顶线、山墙泛水、烟囱根、门窗套及三皮砖以内的腰线和挑檐等体积也不增加。墙垛、三皮砖以上的腰线和挑檐等体积，并入墙身体积内计算。

（3）女儿墙按外墙计算，砖垛、三皮砖以上的腰线和挑檐（对三皮砖以上的腰线和挑檐规范规定不计算）等体积，按其外形尺寸并入墙身体积计算。

（4）附墙烟囱（包括附墙通风道、垃圾道，混凝土烟风道除外），按其外形体积并入所依附的墙体积内计算。计算时不扣除每一横截面在 $0.1m^2$ 以内的孔洞所占的体积，但孔洞内抹灰工程量也不增加。混凝土烟道、风道按设计混凝土砌块（扣除孔洞）体积，以立方米计算。计算墙体工程量时，应按混凝土烟风道工程量，扣除其所占墙体体积。

4. 砖平碹、平砌砖过梁

（1）砖平碹、平砌砖过梁按图示尺寸，以立方米计算。如设计无规定时，砖平碹按门窗洞口宽度两端共加 100mm 乘以高度（洞口宽小于 1500mm 时，高度按 240mm；大于 1500mm 时，高度按 365mm）乘以设计厚度计算。平砌砖过梁按门窗洞口宽度两端共加 500mm，高度按 440mm 计算。普通黏土砖平（拱）碹或过梁（钢筋除外），与普通黏土砖墙砌为一体时，其工程量并入相应砖砌体内，不单独计算。

（2）方整石平（拱）碹，与无背里的方整石砌为一体时，其工程量并入相应方整石砌体内，不单独计算。

5. 镂空花格墙

镂空花格墙按设计空花部分外形面积（空花部分不予扣除），以平方米计算。混凝土镂空花格按半成品考虑。

6. 其他砌筑

（1）砖台阶按设计图示尺寸，以立方米计算。

（2）砖砌栏板按设计图示尺寸扣除混凝土压顶、柱所占的面积，以平方米计算。

（3）预制水磨石隔断板、窗台板，按设计图示尺寸，以平方米计算。

（4）砖砌地沟不分沟底、沟壁按设计图示尺寸，以立方米计算。

（5）变压式排气烟道，自设计室内地坪或安装起点，计算至上一层楼板的上表面；顶端遇坡屋面时，按其高点计算至屋面板上表面，以延长米计算工程量（楼层交接处的混凝土垫块及垫块安装灌缝已综合在子目中，不单独计算）。

（6）厕所蹲台、小便池槽、水槽腿、花台、砖墩、毛石墙的门窗砖立边和窗台虎头砖、锅台等定额未列的零星项目，按设计图示尺寸，以立方米计算，套用零星砌体项目。

7. 烟囱

(1) 基础。基础与筒身的划分以基础大放脚为分界，大放脚以下为基础，以上为筒身。工程量按设计图纸尺寸，以立方米计算。

(2) 烟囱筒身。

1) 圆形、方形筒身均按图示筒壁平均中心线周长乘以厚度，并扣除筒身 $0.3m^2$ 以上孔洞、钢筋混凝土圈梁、过梁等体积，以立方米计算。

2) 砖烟囱筒身原浆勾缝和烟囱帽抹灰已包括在定额内，不另行计算。如设计要求加浆勾缝时。套用勾缝定额，原浆勾缝所含工料不予扣除。

3) 烟囱的混凝土集灰斗（包括分隔墙、水平隔墙、梁、柱）、轻质混凝土填充砌块及混凝土地面，按有关章节规定计算，套用相应定额。

4) 砖烟囱、烟道及其砖内衬，如设计要求采用楔形砖时，其数量按设计规定计算，套用相应定额项目。加工标准半砖和楔形半砖时，按楔形整砖定额的 1/2 计算。

5) 砖烟囱砌体内采用钢筋加固时，其钢筋用量按设计规定计算，套用相应定额。

(3) 烟囱内衬及内表面涂刷隔绝层。

1) 烟囱内衬，按不同内衬材料并扣除孔洞后，以图示实体积计算。

2) 填料按烟囱筒身与内衬之间的体积，以立方米计算，不扣除连接横砖（防沉带）的体积。

3) 内衬伸入筒身的连接横砖已包括在内衬定额内，不另行计算。

4) 为防止酸性凝液渗入内衬及筒身问而在内衬上抹水泥砂浆排水坡的工料，已包括在定额内，不单独计算。

5) 烟囱内表面涂刷隔绝层，按筒身内壁并扣除各种孔洞后的面积，以平方米计算。

6) 烟囱内衬项目也适用于烟道内衬。

(4) 烟道砌砖：

1) 烟道与炉体的划分以第一道闸门为界，炉体内的烟道部分列入炉体工程量内计算。

2) 烟道中的混凝土构件，按相应定额项目计算。

3) 混凝土烟道，以立方米计算（扣除各种孔洞所占体积），套用地沟定额（架空烟道除外）。

8. 砖水塔

(1) 水塔基础与塔身划分：以砖砌体的扩大部分顶面为界，以上为塔身，以下为基础。水塔基础工程量按设计尺寸，以立方米计算，套用烟囱基础的相应项目。

(2) 塔身以图示实砌体积计算，扣除门窗洞口和混凝土构件所占的体积，砖平拱碹及砖出檐等并入塔身体积内计算。

(3) 砖水箱内外壁，不分壁厚，均以图示实砌体积计算，套用相应的内外砖墙定额。

(4) 定额内已包括原浆勾缝，如设计要求加浆勾缝时，套用勾缝定额，原浆勾缝的工料不予扣除。

9. 检查井、化粪池及其他

(1) 砖砌井（池）壁不分厚度，均以立方米计算，洞口上的砖平拱碹等并入砌体体积内计算。与井壁相连接的管道及其内径在 20cm 以内的孔洞所占体积不予扣除。

（2）渗井是指上部浆砌、下部干砌的渗水井。干砌部分不分方形、圆形，均以立方米计算。计算时不扣除渗水孔所占体积。浆砌部分套用砖砌井（池）壁定额。渗井是指地面以下用以排除地面雨水、积水或管道污水的井。水流入井内后逐渐自行渗入地层。

（3）铸铁盖板（带座）安装以套计算。

10. 石砌护坡

（1）石砌护坡按设计图示尺寸，以立方米计算。

（2）乱毛石表面处理，按所处理的乱石表面积或延长米，以平方米或延长米计算。

11. 砖地沟

（1）垫层铺设按照基础垫层相关规定计算。

（2）砖地沟按图示尺寸，以立方米计算。

（3）抹灰按零星抹灰项目计算。

12. 轻质墙板

按设计图示尺寸，以平方米计算。

第三节　砌筑工程项目设置及工程量计算

一、砖砌体

砖砌体工程量清单项目设置、项目特征描述的内容、计量单位及工程量计算规则，应按表 5-6 的规定执行。

表 5-6　　　　　　　　　砖砌体（编号：010401）

项目编码	项目名称	项目特征	计量单位	工程量计算规则	工作内容
010401001	砖基础	1. 砖品种、规格、强度等级 2. 基础类型 3. 砂浆强度等级 4. 防潮层材料种类	m^3	按设计图示尺寸以体积计算 包括附墙垛基础宽出部分体积，扣除地梁（圈梁）、构造柱所占体积，不扣除基础大放脚 T 形接头处的重叠部分及嵌入基础内的钢筋、铁件、管道、基础砂浆防潮层和单个面积≤0.3m² 的孔洞所占体积，靠墙暖气沟的挑檐不增加 基础长度：外墙按外墙中心线，内墙按内墙净长线计算	1. 砂浆制作、运输 2. 砌砖 3. 防潮层铺设 4. 材料运输
010401002	砖砌挖孔桩护壁	1. 砖品种、规格、强度等级 2. 砂浆强度等级		按设计图示尺寸以立方米计算	1. 砂浆制作、运输 2. 砌砖 3. 材料运输

项目编码	项目名称	项目特征	计量单位	工程量计算规则	工作内容
010401003	实心砖墙	1. 砖品种、规格、强度等级 2. 墙体类型 3. 砂浆强度等级、配合比	m³	按设计图示尺寸以体积计算 　扣除门窗、洞口、嵌入墙内的钢筋混凝土柱、梁、圈梁、挑梁、过梁及凹进墙内的壁龛、管槽、暖气槽、消火栓箱所占体积，不扣除梁头、板头、檩头、垫木、木楞头、沿缘木、木砖、门窗走头、砖墙内加固钢筋、木筋、铁件、钢管及单个面积≤0.3m² 的孔洞所占的体积。凸出墙面的腰线、挑檐、压顶、窗台线、虎头砖、门窗套的体积亦不增加。凸出墙面的砖垛并入墙体体积内计算 　1. 墙长度：外墙按中心线、内墙按净长计算 　2. 墙高度： 　（1）外墙：斜（坡）屋面无檐口天棚者算至屋面板底；有屋架且室内外均有天棚者算至屋架下弦底另加 200mm；无天棚者算至屋架下弦底另加 300mm，出檐宽度超过 600mm 时按实砌高度计算；与钢筋混凝土楼板隔层者算至板顶。平屋顶算至钢筋混凝土板底 　（2）内墙：位于屋架下弦者，算至屋架下弦底；无屋架者算至天棚底另加 100mm；有钢筋混凝土楼板隔层者算至楼板顶；有框架梁时算至梁底 　（3）女儿墙：从屋面板上表面算至女儿墙顶面（如有混凝土压顶时算至压顶下表面） 　（4）内、外山墙：按其平均高度计算 　3. 框架间墙：不分内外墙按墙体净尺寸以体积计算 　4. 围墙：高度算至压顶上表面（如有混凝土压顶时算至压顶下表面），围墙柱并入围墙体积内	1. 砂浆制作、运输 2. 砌砖 3. 刮缝 4. 砖压顶砌筑 5. 材料运输
010401004	多孔砖墙				
010401005	空心砖墙				

项目编码	项目名称	项目特征	计量单位	工程量计算规则	工作内容
010401006	空斗墙	1. 砖品种、规格、强度等级 2. 墙体类型 3. 砂浆强度等级、配合比	m³	按设计图示尺寸以空斗墙外形体积计算。墙角、内外墙交接处、门窗洞口立边、窗台砖、屋檐处的实砌部分体积并入空斗墙体积内	1. 砂浆制作、运输 2. 砌砖 3. 装填充料 4. 刮缝 5. 材料运输
010401007	空花墙			按设计图示尺寸以空花部分外形体积计算，不扣除空洞部分体积	
010401008	填充墙	1. 砖品种、规格、强度等级 2. 墙体类型 3. 填充材料种类及厚度 4. 砂浆强度等级、配合比		按设计图示尺寸以填充墙外形体积计算	
010401009	实心砖柱	1. 砖品种、规格、强度等级 2. 柱类型 3. 砂浆强度等级、配合比		按设计图示尺寸以体积计算。扣除混凝土及钢筋混凝土梁垫、梁头、板头所占体积	1. 砂浆制作、运输 2. 砌砖 3. 刮缝 4. 材料运输
010401010	多孔砖柱				
010401011	砖检查井	1. 井截面、深度 2. 砖品种、规格、强度等级 3. 垫层材料种类、厚度 4. 底板厚度 5. 井盖安装 6. 混凝土强度等级 7. 砂浆强度等级 8. 防潮层材料种类	座	按设计图示数量计算	1. 砂浆制作、运输 2. 铺设垫层 3. 底板混凝土制作、运输、浇筑、振捣、养护 4. 砌砖 5. 刮缝 6. 井池底、壁抹灰 7. 抹防潮层 8. 材料运输
010401012	零星砌砖	1. 零星砌砖名称、部位 2. 砖品种、规格、强度等级 3. 砂浆强度等级、配合比	1. m³ 2. m² 3. m 4. 个	1. 以立方米计量，按设计图示尺寸截面积乘以长度计算 2. 以平方米计量，按设计图示尺寸水平投影面积计算 3. 以米计量，按设计图示尺寸长度计算 4. 以个计量，按设计图示数量计算	1. 砂浆制作、运输 2. 砌砖 3. 刮缝 4. 材料运输

续表

项目编码	项目名称	项目特征	计量单位	工程量计算规则	工作内容
010401013	砖散水、地坪	1. 砖品种、规格、强度等级 2. 垫层材料种类、厚度 3. 散水、地坪厚度 4. 面层种类、厚度 5. 砂浆强度等级	m²	按设计图示尺寸以面积计算	1. 土方挖、运、填 2. 地基找平、夯实 3. 铺设垫层 4. 砌砖散水、地坪 5. 抹砂浆面层
010401014	砖地沟、明沟	1. 砖品种、规格、强度等级 2. 沟截面尺寸 3. 垫层材料种类、厚度 4. 混凝土强度等级 5. 砂浆强度等级	m	以米计量，按设计图示以中心线长度计算	1. 土方挖、运、填 2. 铺设垫层 3. 底板混凝土制作、运输、浇筑、振捣、养护 4. 砌砖 5. 刮缝、抹灰 6. 材料运输

注：1. "砖基础"项目适用于各种类型砖基础：柱基础、墙基础、管道基础等。

2. 基础与墙（柱）身使用同一种材料时，以设计室内地面为界（有地下室者，以地下室室内设计地面为界），以下为基础，以上为墙（柱）身。基础与墙身使用不同材料时，位于设计室内地面高度≤±300mm时，以不同材料为分界线，高度＞±300mm时，以设计室内地面为分界线。

3. 砖围墙以设计室外地坪为界，以下为基础，以上为墙身。

4. 框架外表面的镶贴砖部分，按零星项目编码列项。

5. 附墙烟囱、通风道、垃圾道应按设计图示尺寸以体积（扣除孔洞所占体积）计算并入所依附的墙体体积内。当设计规定孔洞内需抹灰时，应按零星抹灰项目编码列项。

6. 空斗墙的窗间墙、窗台下、楼板下、梁头下等的实砌部分，按零星砌砖项目编码列项。

7. "空花墙"项目适用于各种类型的空花墙，使用混凝土花格砌筑的空花墙，实砌墙体与混凝土花格应分别计算，混凝土花格按混凝土及钢筋混凝土中预制构件相关项目编码列项。

8. 台阶、台阶挡墙、梯带、锅台、炉灶、蹲台、池槽、池槽腿、砖胎模、花台、花池、楼梯栏板、阳台栏板、地垄墙、≤0.3m²的孔洞填塞等，应按零星砌砖项目编码列项。砖砌锅台与炉灶可按外形尺寸以个计算，砖砌台阶可按水平投影面积以平方米计算，小便槽、地垄墙可按长度计算、其他工程以立方米计算。

9. 砖砌体内钢筋加固，应按规范 GB 50500—2013 附录 E 中相关项目编码列项。

10. 砖砌体勾缝按规范 GB 50500—2013 附录 M 中相关项目编码列项。

11. 检查井内的爬梯按 GB 50500—2013 附录 E 中相关项目编码列项；井内的混凝土构件按本规范附录 E 中混凝土及钢筋混凝土预制构件编码列项。

12. 如施工图设计标注做法见标准图集时，应在项目特征描述中注明标注图集的编码、页号及节点大样。

二、砌块砌体

砌块砌体工程量清单项目设置、项目特征描述的内容、计量单位及工程量计算规则，应按表 5-7 的规定执行。

表 5 - 7　　　　　　　　　　　　　砌块砌体（编号：010402）

项目编码	项目名称	项目特征	计量单位	工程量计算规则	工作内容
010402001	砌块墙	1. 砌块品种、规格、强度等级 2. 墙体类型 3. 砂浆强度等级	m³	按设计图示尺寸以体积计算 扣除门窗、洞口、嵌入墙内的钢筋混凝土柱、梁、圈梁、挑梁、过梁及凹进墙内的壁龛、管槽、暖气槽、消火栓箱所占体积，不扣除梁头、板头、檩头、垫木、木楞头、沿缘木、木砖、门窗走头、砌块墙内加固钢筋、木筋、铁件、钢管及单个面积≤0.3m² 的孔洞所占的体积。凸出墙面的腰线、挑檐、压顶、窗台线、虎头砖、门窗套的体积也不增加。凸出墙面的砖垛并入墙体体积内计算 1. 墙长度：外墙按中心线、内墙按净长计算 2. 墙高度： （1）外墙：斜（坡）屋面无檐口天棚者算至屋面板底；有屋架且室内外均有天棚者算至屋架下弦底另加 200mm；无天棚者算至屋架下弦底另加 300mm，出檐宽度超过 600mm 时按实砌高度计算；与钢筋混凝土楼板隔层者算至板顶；平屋面算至钢筋混凝土板底 （2）内墙：位于屋架下弦者，算至屋架下弦底；无屋架者算至天棚底另加 100mm；有钢筋混凝土楼板隔层者算至楼板顶；有框架梁时算至梁底 （3）女儿墙：从屋面板上表面算至女儿墙顶面（如有混凝土压顶时算至压顶下表面） （4）内、外山墙：按其平均高度计算 3. 框架间墙：不分内外墙按墙体净尺寸以体积计算 4. 围墙：高度算至压顶上表面（如有混凝土压顶时算至压顶下表面），围墙柱并入围墙体积内	1. 砂浆制作、运输 2. 砌砖、砌块 3. 勾缝 4. 材料运输

项目编码	项目名称	项目特征	计量单位	工程量计算规则	工作内容
010402002	砌块柱	1. 砌块品种、规格、强度等级 2. 墙体类型 3. 砂浆强度等级	m³	按设计图示尺寸以体积计算扣除混凝土及钢筋混凝土梁垫、梁头、板头所占体积	1. 砂浆制作、运输 2. 砌砖、砌块 3. 勾缝 4. 材料运输

注：1. 砌体内加筋、墙体拉结的制作、安装，应按规范 GB 50500—2013 附录 E 中相关项目编码列项。

2. 砌块排列应上、下错缝搭砌，如果搭错缝长度满足不了规定的压搭要求，应采取压砌钢筋网片的措施，具体构造要求按设计规定。若设计无规定时，应注明由投标人根据工程实际情况自行考虑；钢筋网片按本规范附录 F 中相应编码列项。

3. 砌体垂直灰缝宽＞30mm 时，采用 C20 细石混凝土灌实。灌注的混凝土应按规范 GB 50500—2013 附录 E 相关项目编码列项。

三、石砌体

石砌体工程量清单项目设置、项目特征描述的内容、计量单位及工程量计算规则，应按表 5-8 的规定执行。

表 5-8   石砌体（编号：010403）

项目编码	项目名称	项目特征	计量单位	工程量计算规则	工作内容
010403001	石基础	1. 石料种类、规格 2. 基础类型 3. 砂浆强度等级	m³	按设计图示尺寸以体积计算包括附墙垛基础宽出部分体积，不扣除基础砂浆防潮层及单个面积≤0.3m² 的孔洞所占体积，靠墙暖气沟的挑檐不增加体积。基础长度：外墙按中心线，内墙按净长计算	1. 砂浆制作、运输 2. 吊装 3. 砌石 4. 防潮层铺设 5. 材料运输
010403002	石勒脚	1. 石料种类、规格 2. 石表面加工要求 3. 勾缝要求 4. 砂浆强度等级、配合比	m³	按设计图示尺寸以体积计算，扣除单个面积＞0.3m² 的孔洞所占的体积	1. 砂浆制作、运输 2. 吊装 3. 砌石 4. 石表面加工 5. 勾缝 6. 材料运输

续表

项目编码	项目名称	项目特征	计量单位	工程量计算规则	工作内容
010403003	石墙	1. 石料种类、规格 2. 石表面加工要求 3. 勾缝要求 4. 砂浆强度等级、配合比	m³	按设计图示尺寸以体积计算 扣除门窗、洞口、嵌入墙内的钢筋混凝土柱、梁、圈梁、挑梁、过梁及凹进墙内的壁龛、管槽、暖气槽、消火栓箱所占体积，不扣除梁头、板头、檩头、垫木、木楞头、沿缘木、木砖、门窗走头、石墙内加固钢筋、木筋、铁件、钢管及单个面积≤0.3m²的孔洞所占的体积。凸出墙面的腰线、挑檐、压顶、窗台线、虎头砖、门窗套的体积也不增加。凸出墙面的砖垛并入墙体体积内计算 1. 墙长度：外墙按中心线、内墙按净长计算 2. 墙高度 (1) 外墙：斜（坡）屋面无檐口天棚者算至屋面板底；有屋架且室内外均有天棚者算至屋架下弦底另加200mm；无天棚者算至屋架下弦底另加300mm，出檐宽度超过600mm时按实砌高度计算；有钢筋混凝土楼板隔层者算至板顶；平屋顶算至钢筋混凝土板底 (2) 内墙：位于屋架下弦者，算至屋架下弦底；无屋架者算至天棚底另加100mm；有钢筋混凝土楼板隔层者算至楼板顶；有框架梁时算至梁底 (3) 女儿墙：从屋面板上表面算至女儿墙顶面（如有混凝土压顶时算至压顶下表面） (4) 内、外山墙：按其平均高度计算 3. 围墙：高度算至压顶上表面（如有混凝土压顶时算至压顶下表面），围墙柱并入围墙体积内	1. 砂浆制作、运输 2. 吊装 3. 砌石 4. 石表面加工 5. 勾缝 6. 材料运输

项目编码	项目名称	项目特征	计量单位	工程量计算规则	工作内容
010403004	石挡土墙	1. 石料种类、规格 2. 石表面加工要求 3. 勾缝要求 4. 砂浆强度等级、配合比	m³	按设计图示尺寸以体积计算	1. 砂浆制作、运输 2. 吊装 3. 砌石 4. 变形缝、泄水孔、压顶抹灰 5. 滤水层 6. 勾缝 7. 材料运输
010403005	石柱				1. 砂浆制作、运输 2. 吊装 3. 砌石 4. 石表面加工 5. 勾缝 6. 材料运输
010403006	石栏杆		m	按设计图示以长度计算	
010403007	石护坡	1. 垫层材料种类、厚度 2. 石料种类、规格 3. 护坡厚度、高度 4. 石表面加工要求 5. 勾缝要求 6. 砂浆强度等级、配合比	m³	按设计图示尺寸以体积计算	1. 铺设垫层 2. 石料加工 3. 砂浆制作、运输 4. 砌石 5. 石表面加工 6. 勾缝 7. 材料运输
010403008	石台阶				
010403009	石坡道		m²	按设计图示以水平投影面积计算	
010403010	石地沟、明沟	1. 沟截面尺寸 2. 土壤类别、运距 3. 垫层材料种类、厚度 4. 石料种类、规格 5. 石表面加工要求 6. 勾缝要求 7. 砂浆强度等级、配合比	m	按设计图示以中心线长度计算	1. 土方挖、运 2. 砂浆制作、运输 3. 铺设垫层 4. 砌石 5. 石表面加工 6. 勾缝 7. 回填 8. 材料运输

注：1. 石基础、石勒脚、石墙的划分：基础与勒脚应以设计室外地坪为界。勒脚与墙身应以设计室内地面为界。石围墙内外地坪标高不同时，应以较低地坪标高为界，以下为基础；内外标高之差为挡土墙时，挡土墙以上为墙身。

2. "石基础"项目适用于各种规格（粗料石、细料石等）、各种材质（砂石、青石等）和各种类型（柱基、墙基、直形、弧形等）基础。

3. "石勒脚""石墙"项目适用于各种规格（粗料石、细料石等）、各种材质（砂石、青石、大理石、花岗石等）和各种类型（直形、弧形等）勒脚和墙体。

4. "石挡土墙"项目适用于各种规格（粗料石、细料石、块石、毛石、卵石等）、各种材质（砂石、青石、石灰石等）和各种类型（直形、弧形、台阶形等）挡土墙。

5. "石柱"项目适用于各种规格、各种石质、各种类型的石柱。

6. "石栏杆"项目适用于无雕饰的一般石栏杆。

7. "石护坡"项目适用于各种石质和各种石料（粗料石、细料石、片石、块石、毛石、卵石等）。

8. "石台阶"项目包括石梯带（垂带），不包括石梯膀，石梯膀应按石挡土墙项目编码列项。

9. 如施工图设计标注做法见标准图集时，应在项目特征描述中注明标注图集的编码、页号及节点大样。

四、垫层

垫层工程量清单项目设置、项目特征描述的内容、计量单位及工程量计算规则，应按表 5-9 的规定执行。

表 5-9　　　　　　　　　垫层（编号：010404）

项目编码	项目名称	项目特征	计量单位	工程量计算规则	工作内容
010404001	垫层	垫层材料种类、配合比、厚度	m³	按设计图示尺寸以立方米计算	1. 垫层材料的拌制 2. 垫层铺设 3. 材料运输

注：除混凝土垫层应按规范 GB 50500—2013 附录 E 中相关项目编码列项外，没有包括垫层要求的清单项目应按本表垫层项目编码列项。

五、相关问题及说明

（1）标准砖尺寸应为 240mm×115mm×53mm。
（2）标准砖墙厚度应按表 5-10 计算。

表 5-10　　　　　　　　标 准 墙 计 算 厚 度 表

砖数（厚度）	1/4	1/2	3/4	1	$1\frac{1}{2}$	2	$2\frac{1}{2}$	3
计算厚度（mm）	53	115	180	240	365	490	615	740

【例 5-4】　有一建筑物实心外墙，高 6m，墙厚为 365mm，中心线长度为 80.08m，如设此外墙墙垛为 10 个，且墙垛的平面尺寸为 370mm×240mm，试计算此建筑物外墙的清单工程量。

解：依据题意得，

其中，　　　　　　　　　　　外墙＝$V_{墙体}$＋$V_{墙垛}$

$$V_{墙体}=80.08\times0.365\times6=175.38（m^3）$$
$$V_{墙垛}=0.365\times0.24\times6\times10=5.26（m^3）$$

所以，　　　　　　　　$V_{外墙}=175.38+5.26=180.64（m^3）$

【例 5-5】　某工程按设计规定采用毛石基础，如图 5-43 所示，求其工程量。

解：工程量清单与定额工程量计算规则相同。

$$L_{1-1}=(4.2+3.6+4.2+0.45\times2+3.6+1.0+0.45\times2)\times2-0.38\times4$$
$$=35.28(m)$$
$$L_{2-2}=(4.2-0.24)\times2+(30-0.24)+(7.2-0.24\times2)=44.4(m)$$
$$V_{1-1}=(0.44+0.64+0.84)\times0.4\times44.4=34.1(m^3)$$
$$V_{2-2}=(0.67+0.97+1.27)\times0.4\times35.28=36.69(m^3)$$

内外墙毛石基础工程量合计：

$$V=V_{1-1}+V_{2-2}=34.1+36.69=70.79(m^3)$$

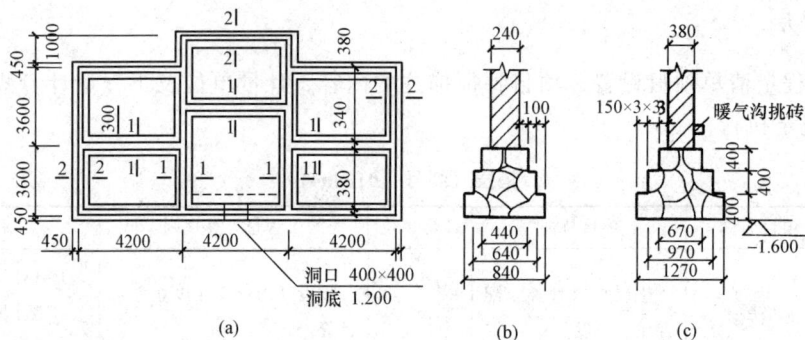

图 5-43　××工程示意图

(a) 平面图；(b) 1—1剖面图；(c) 2—2剖面图

工程量清单计算，见表5-11。

表 5-11　　　　　　　　　　　工 程 量 清 单 计 算 表

项目编码	项目名称	项目特征描述	计量单位	工程量
010403001	石基础	毛石基础，基础深1.2m	m³	70.79

【例 5-6】　某工程设计有断面为450mm×450mm的清水整毛石柱四根，水泥砂浆M7.5砌筑。柱高4.0m，每根柱均有断面为250mm×450mm的钢筋混凝土梁穿过。清水整毛石柱面设计采用水泥砂浆勾平缝。试编制该石柱的工程量清单并报价。

解：(1) 工程量清单编制

石柱的清单工程量为：$(0.45 \times 0.45 \times 4.0 - 0.25 \times 0.45 \times 0.45) \times 4 = 3.04(\text{m}^3)$

编制工程量清单表如表5-12下：

表 5-12　　　　　　　　　　　工 程 量 清 单 表

序号	项目编码	项目名称	项目特征描述	计量单位	工程量	综合单价	合价	其中：暂估价
1	010305005001	石柱	(1) 勾缝要求：平缝 (2) 砂浆强度等级、配合比：水泥砂浆M7.5 (3) 柱截面：450mm×450mm (4) 石料种类、规格：方整石	m³	3.04			

(2) 工程量清单计价单价分析

石柱项目发生的工程内容有：

1) 清水整毛石柱：工程量同清单3.04m。

2) 整毛石外墙面水泥砂浆平缝：$0.45 \times 4 \times 4.0 \times 4 = 28.8(\text{m}^2)$

工程量清单计价单价分析表见表5-13。

表5-13　　　　　　　　　　工程量清单计价单价分析表

序号	项目编码	项目名称	计量单位	工程量	综合单价组成					综合单价	合计
					人工费	材料费	机械使用费	企业管理费	利润		
1	010403005	石柱	m³	3.04							
1.1	010403005001	清水整毛石柱	m³	3.04	141.04	321.48	0.26	24.02	9.74	496.54	1509
1.2	010403005002	整毛石外墙面水泥砂浆平缝	m²	28.8	3.90	1.13	0.01	0.43	0.11	5.58	161
合计											1670

（3）分部分项清单计价表（表5-14）

表5-14　　　　　　　　　　分部分项清单计价表

序号	项目编码	项目名称	项目特征描述	计量单位	工程量	金额/元		
						综合单价	合价	其中：暂估价
1	010403005	石柱	（1）勾缝要求：平缝 （2）砂浆强度等级、配合比：水泥砂浆 M7.5 （3）柱截面：450mm×450mm （4）石料种类、规格：方整石	m³	3.04	549.34	1670	

第六章　混凝土及钢筋混凝土工程工程量相关规定及计算

第一节　混凝土及钢筋混凝土工程工程量相关规定

一、现浇混凝土工程量

1. 计算规定

混凝土工程量除另有规定者外，均按图示尺寸实体体积以立方米计算。不扣除构件内钢筋、预埋铁件及墙、板中 $0.3m^2$ 内的孔洞所占体积。

2. 基础（图 6-1～图 6-5）

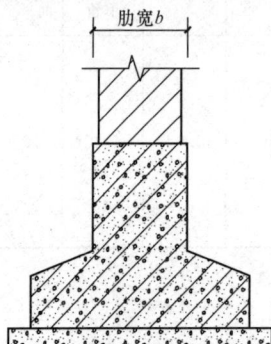

图 6-1　有肋带形基础示意图
$h/b>4$ 时，肋按墙计算

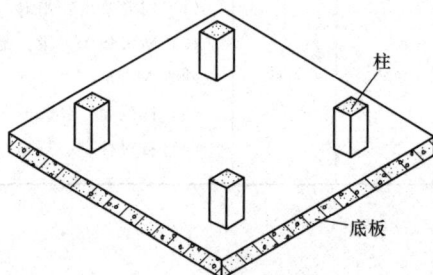

图 6-2　板式（筏形）满堂基础示意图

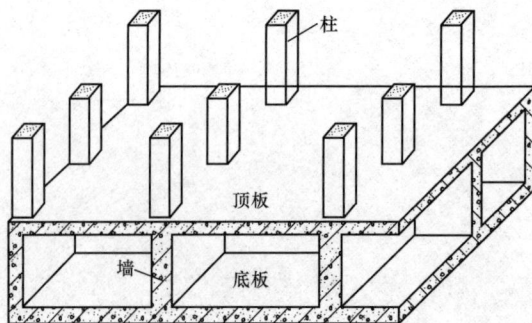

图 6-3　箱形满堂基础示意图

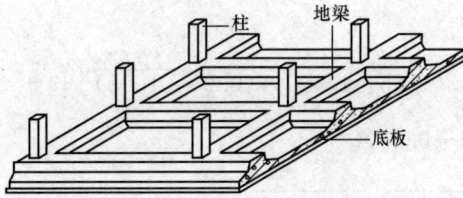

图 6-4　梁板式满堂基础

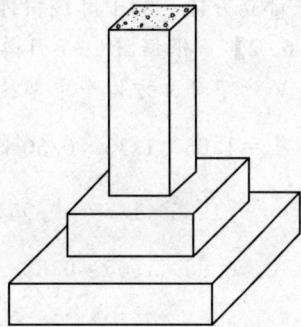

图 6-5　钢筋混凝土独立基础

(1) 有肋带形混凝土基础（图 6-1），其肋高与肋宽之比在 4∶1 以内的，按有肋带形基础计算；超过 4∶1 时，其基础底板按板式基础计算，以上部分按墙计算。

(2) 箱形满堂基础应分别按无梁式满堂基础、柱、墙、梁、板有关规定计算，套相应定额项目（图 6-3）。

(3) 设备基础除块体外，其他类型设备基础分别按基础、梁、柱、板、墙等有关规定计算，套相应的定额项目。

(4) 独立基础。钢筋混凝土独立基础与柱在基础上表面分界，如图 6-5 所示。

【例 6-1】　根据图 6-6 计算 5 个钢筋混凝土独立柱基工程量。

解：$V = [1.30 \times 1.25 \times 0.30 + (0.2 + 0.4 + 0.2) \times$

$(0.2 + 0.45 + 0.2) \times 0.25] \times 3$ 个

$= (0.488 + 0.170) \times 3$

$= 3.28 (\text{m}^3)$

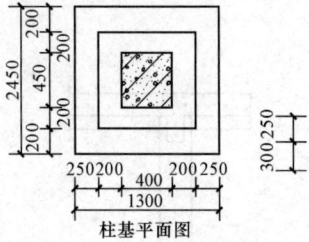

图 6-6　柱基示意图

(5) 杯形基础。现浇钢筋混凝土杯形基础（图 6-7）的工程量分四个部分计算：

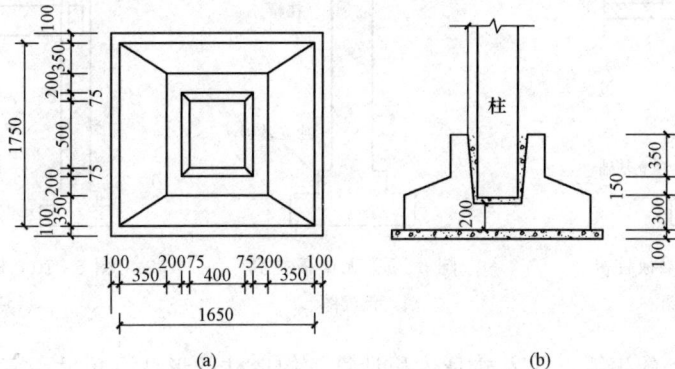

图 6-7　杯形基础示意图

(a) 平面图；(b) 剖面图

①底部立方体；②中部棱台体；③上部立方体；④最后扣除杯口空心棱台体。

【例 6 - 2】　根据图 6 - 7 计算现浇钢筋混凝土杯形基础工程量。

解：$V=$ 下部立方体＋中部棱台体＋上部立方体－杯口空心棱台体

$$=1.65\times1.75\times0.30+\frac{1}{3}\times0.15\times$$

$$[1.65\times1.75+0.95\times1.05+\sqrt{(1.65\times1.75)\times(0.95\times1.05)}]+$$

$$0.95\times1.05\times0.35-\frac{1}{3}\times(0.8-0.2)\times$$

$$[0.4\times0.5+0.55\times0.65+\sqrt{(0.4\times0.5)\times(0.55\times0.65)}]$$

$$=1.33(\text{m}^3)$$

3. 柱

柱按图示断面尺寸乘以柱高以立方米计算。柱高按下列规定确定：

（1）有梁板的柱高（图 6 - 8），应自柱基上表面（或楼板上表面）至柱顶高度计算。

（2）无梁板的柱高（图 6 - 9），应自柱基上表面（或楼板上表面）至柱帽下表面之间的高度计算。

（3）框架柱的柱高（图 6 - 10）应自柱基上表面至柱顶高度计算。

（4）构造柱按全高计算，与砖墙嵌接部分的体积并入柱身体积内计算。

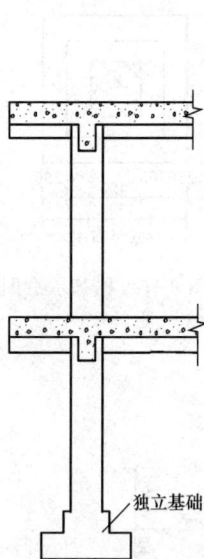

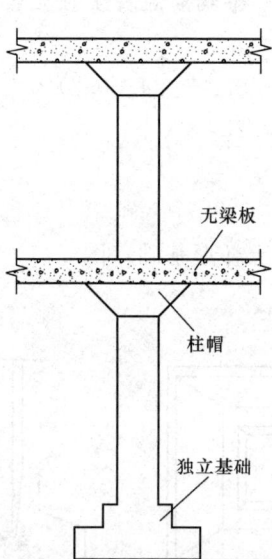

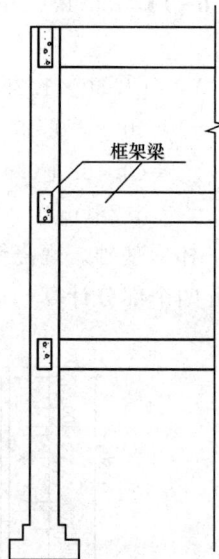

图 6 - 8　有梁板柱高　　　　　　图 6 - 9　无梁板柱高　　　　　图 6 - 10　框架柱柱高
　　　示意图　　　　　　　　　　　示意图　　　　　　　　　　　　示意图

（5）依附柱上的牛腿，并入柱身体积计算。构造柱的形状、尺寸示意图如图 6 - 11～图 6 - 12 所示。

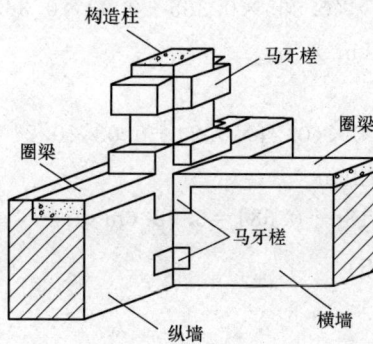

图 6-11 构造柱与砖墙嵌接部分体积（马牙槎）示意图

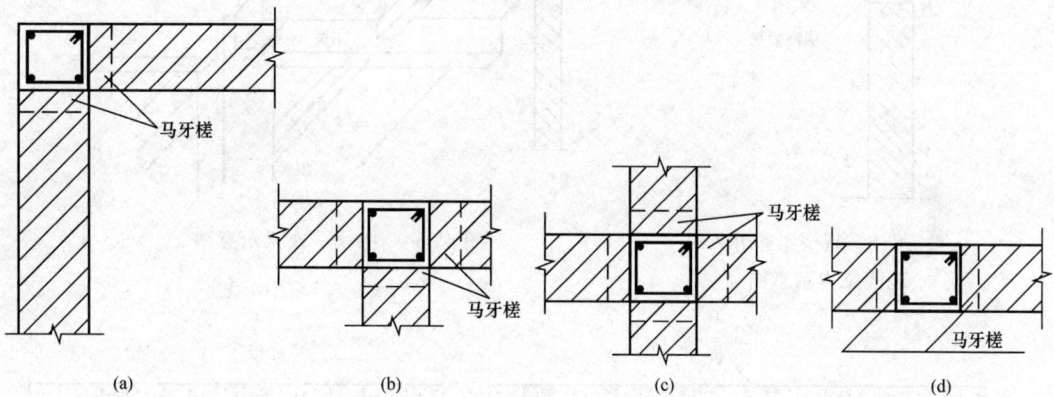

图 6-12 不同平面形状构造柱示意图

(a) 90°转角；(b) T 形接头；(c) 十字形接头；(d) 一字形

构造柱体积计算公式：

当墙厚为 240 时：

$$V = 构造柱高 \times (0.24 \times 0.24 + 0.03 \times 0.24 \times 马牙槎边数)$$

【例 6-3】 根据下列数据计算构造柱体积。

90°转角形：墙厚 240，柱高 14.0m；

T 形接头：墙厚 240，柱高 16.0m；

十字形接头：墙厚 365，柱高 18.0m；

一字形：墙厚 240，柱高 10.0m。

解：（1）90°转角

$$V = 14.0 \times (0.24 \times 0.24 + 0.03 \times 0.24 \times 2 \text{边})$$
$$= 1.008(\text{m}^3)$$

（2）T 形

$$V = 16.0 \times (0.24 \times 0.24 + 0.03 \times 0.24 \times 3 \text{边})$$
$$= 1.27(\text{m}^3)$$

（3）十字形

$$V = 20.0 \times (0.365 \times 0.365 + 0.03 \times 0.365 \times 4 \text{ 边})$$
$$= 3.53 (\text{m}^3)$$

（4）一字形

$$V = 10.0 \times (0.24 \times 0.24 + 0.03 \times 0.24 \times 2 \text{ 边})$$
$$= 0.72 (\text{m}^3)$$

小计：$0.864 + 1.188 + 3.186 + 0.684 = 5.92$（$\text{m}^3$）

4. 梁（图 6 - 13～图 6 - 15）

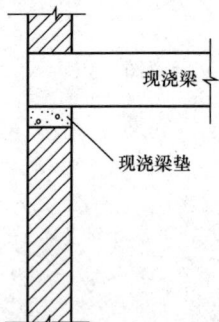

图 6 - 13　现浇梁垫并入
现浇梁内示意图

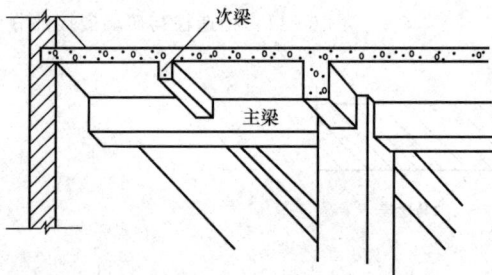

图 6 - 14　主梁、次梁示意图

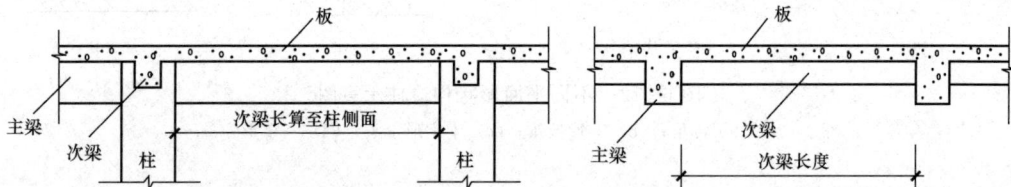

图 6 - 15　主梁、次梁示意图

梁按图示断面尺寸乘以梁长以立方米计算，梁长按下列规定确定：

（1）梁与柱连接时，梁长算至柱侧面。

（2）主梁与次梁连接时，次梁长算至主梁侧面。

（3）伸入墙内梁头、梁垫体积并入梁体积内计算。

5. 板

现浇板按图示面积乘以板厚以立方米计算。

（1）有梁板包括主、次梁与板，按梁板体积之和计算。

（2）无梁板按板和柱帽体积之和计算。

（3）平板按板实体积计算。

（4）现浇挑檐、天沟与板（包括屋面板、楼板）连接时，以外墙为分界线，与圈梁（包括其他梁）连接时，以梁外边线为分界线。外墙边线以外或梁外边线以外为挑檐、天沟（图 6 - 16）。

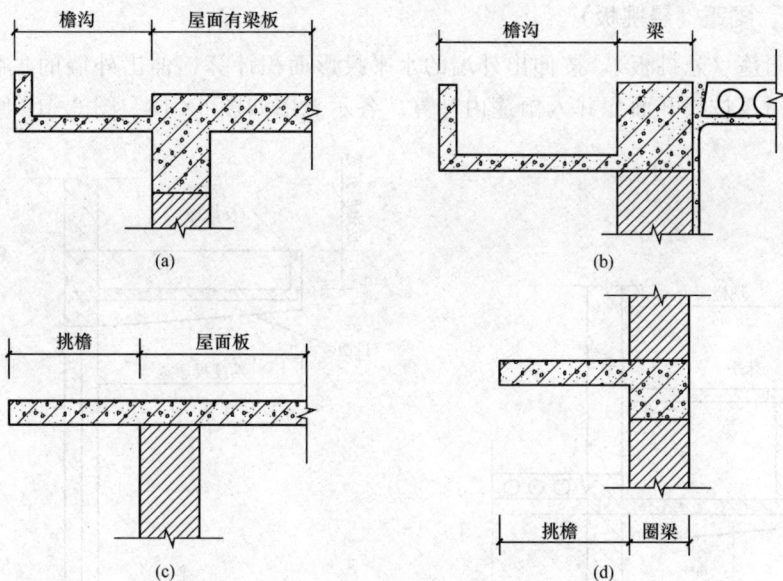

图 6-16　现浇挑檐天沟与板、梁划分

（a）屋面檐沟；（b）屋面檐沟；（c）屋面挑檐；（d）挑檐

（5）各类板伸入墙内的板头并入板体积内计算。

6. 墙

现浇钢筋混凝土墙按图示中心线长度乘以墙高及厚度，以立方米计算。应扣除门窗洞口及 $0.3m^2$ 以外孔洞的体积，墙垛及突出部分并入墙体积内计算。

7. 整体楼梯

现浇钢筋混凝土整体楼梯，包括休息平台、平台梁、斜梁及楼梯的连接梁，按水平投影面积计算，不扣除宽度小于 500mm 的楼梯井，伸入墙内部分不另增加。

说明：平台梁、斜梁比楼梯板厚，好像少算了；不扣除宽度小于 500mm 楼梯井，好像多算了；伸入墙内部分不另增加等。这些因素在编制定额时已经作了综合考虑。

【例 6-4】　某工程现浇钢筋混凝土楼梯（图 6-17）包括休息平台至平台梁，试计算该楼梯工程量（建筑物 5 层，共 4 层楼梯）。

解：$S = (1.23+0.50+1.23) \times (1.23+$
　　　$3.00+0.20) \times 4$
　　$= 2.96 \times 4.43 \times 4$
　　$= 13.113 \times 4$
　　$= 52.45(m^2)$

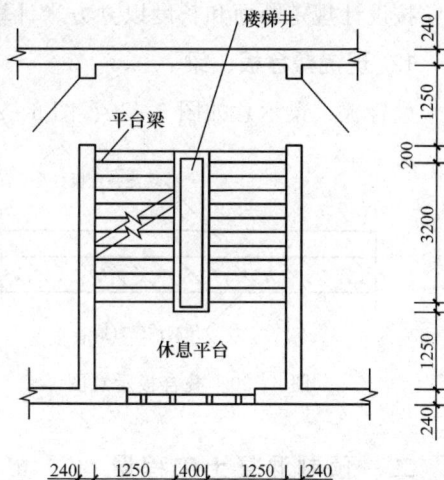

图 6-17　楼梯平面图

8. 阳台、雨篷（悬挑板）

阳台、雨篷（悬挑板），按伸出外墙的水平投影面积计算，伸出外墙的牛腿不另计算。带反挑檐的雨篷按展开面积并入雨篷内计算。各示意图如图 6-18、图 6-19 所示。

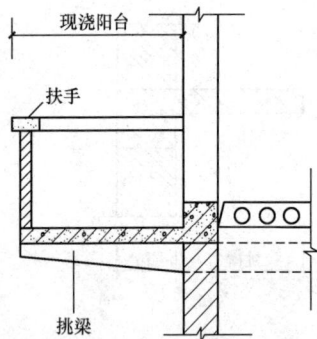

图 6-18 有现浇挑梁的现浇阳台　　　　图 6-19 带反边雨篷示意图

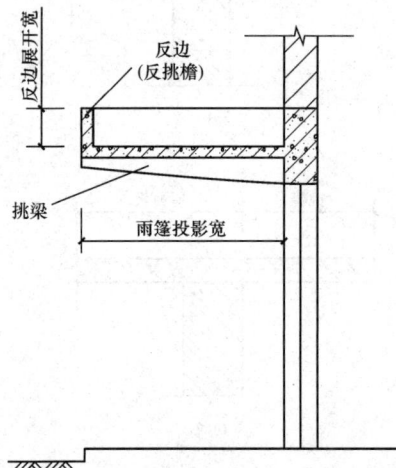

9. 栏杆、栏板

栏杆按净长度以延长米计算。伸入墙内的长度已综合在定额内。栏板以立方米计算，伸入墙内的栏板，合并计算。

10. 预制板

预制板补现浇板缝时，按平板计算。

11. 预制钢筋混凝土框架柱现浇接头（包括梁接头）

按设计规定断面和长度以立方米计算。

12. 现浇叠合板、梁

叠合板、梁示意如图 6-20、图 6-21 所示。

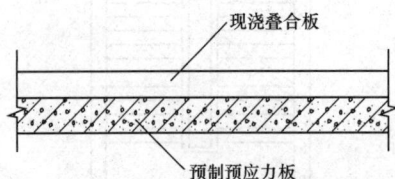

图 6-20 叠合板示意图　　　　　图 6-21 叠合梁示意图

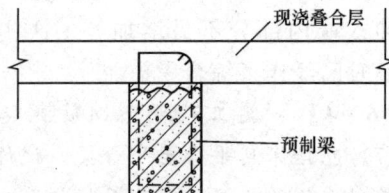

二、预制混凝土工程量

（1）预制混凝土工程量均按图示尺寸实体体积以立方米计算，不扣除构件内钢筋、铁件及小于 300mm×300mm 以内孔洞面积。

【例6-5】 根据图6-22计算20块预制天沟板的工程量。

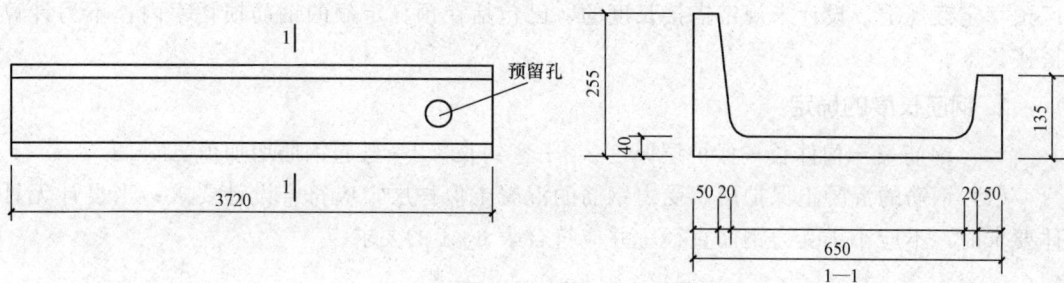

图6-22　预制天沟板

解：V＝断面积×长度×块数

$$=\Big[(0.05+0.07)\times\frac{1}{2}\times(0.25-0.04)+0.60\times0.04+$$

$$(0.05+0.07)\times\frac{1}{2}\times(0.13-0.04)\Big]\times3.58\times20$$

$$=0.150\times20=3.00\text{m}^3$$

【例6-6】 根据图6-23计算8根预制工字形柱的工程量。

解：V＝(上柱体积＋牛腿部分体积＋下柱外形体积－工字形槽口体积)×根数

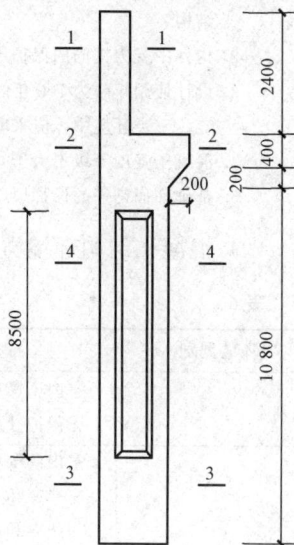

$$=\Big\{(0.40\times0.40\times2.40)+\Big[0.40\times(1.0+0.80)$$

$$\times\frac{1}{2}\times0.20+0.40\times1.0\times0.40\Big]+(10.8\times$$

$$0.80\times0.40)-\frac{1}{2}\times(8.5\times0.50+8.45\times0.45)$$

$$\times0.15\times2\ \text{边}\Big\}\times8$$

$$=(0.384+0.232+3.456-1.208)\times8$$

$$=2.864\times8$$

$$=22.91(\text{m}^3)$$

(2) 预制桩按桩全长（包括桩尖）乘以桩断面（空心桩应扣除孔洞体积）以立方米计算。

图6-23　预制工字形柱

(3) 混凝土与钢杆件组合的构件，混凝土部分按构件实体积以立方米计算，钢构件部分按吨计算，分别套相应的定额项目。

三、钢筋工程量相关知识及规定

1. 钢筋工程量有关规定

(1) 钢筋工程应区别现浇、预制构件、不同钢种和规格，分别按设计长度乘以单位质量，以t计算。

（2）计算钢筋工程量时，设计已规定钢筋搭接长度的，按规定搭接长度计算；某些地区预算定额规定，设计未规定搭接长度的，已包括在预算定额的钢筋损耗率内，不另计算搭接长度。

2. 钢筋长度的确定

钢筋长＝构件长－保护层厚度×2＋弯钩长×2＋弯起钢筋增加值 $\Delta L×2$

（1）钢筋的混凝土保护层。受力钢筋的混凝土保护层，应符合设计要求；当设计无具体要求时，不应小于受力钢筋直径，并应符合表 6 - 1 的要求。

表 6 - 1　　　　　　　　　　　　混凝土保护层的最小厚度（mm）

环境类别	板、墙	梁、柱
一	15	20
二 a	20	25
二 b	25	35
三 a	30	40
三 b	40	50

注：1. 表中混凝土保护层厚度指最外层钢筋外边缘至混凝土表面的距离，适用于设计使用年限为 50 年的混凝土结构。
　　2. 构件中受力钢筋的保护层厚度不应小于钢筋的公称直径。
　　3. 设计使用年限为 100 年的混凝土结构，一类环境中，最外层钢筋的保护层厚度不应小于表中数值的 1.4 倍；二、三类环境中，应采取专门的有效措施。
　　4. 混凝土强度等级不大于 C25 时，表中保护层厚度数值应增加 5。
　　5. 基础底面钢筋的保护层厚度，有混凝土垫层时应从垫层顶面算起，且不应小于 40mm。

（2）混凝土结构环境类别见表 6 - 2。

表 6 - 2　　　　　　　　　　　　混凝土结构的环境类别

环境类别	条　件
一	室内干燥环境； 无侵蚀性静水浸没环境
二 a	室内潮湿环境； 非严寒和非寒冷地区的露光环境； 非严寒和非寒冷地区与无侵蚀性的水或土壤直接接触的环境； 严寒和寒冷地区的冰冻线以下与无侵蚀性的水或土壤直接接触的环境
二 b	干湿交替环境； 水位频繁变动环境； 严寒和寒冷地区的露天环境； 严寒和寒冷地区冰冻线以上与无侵蚀性的水或土壤直接接触的环境
三 a	严寒和寒冷地区冬季水位变动区环境； 受除冰盐影响环境； 海风环境
三 b	盐渍土环境； 受除冰盐作用环境； 海岸环境

环境类别	条　　件
四	海水环境
五	受人为或自然的侵蚀性物质影响的环境

注：1. 室内潮湿环境是指构件表面经常处于结露或湿润状态的环境。

　　2. 严寒和寒冷地区的划分应符合现行国家标准《民用建筑热工设计规范》CB 50176 的有关规定。

　　3. 海岸环境和海风环境宜根据当地情况，考虑主导风向及结构所处迎风、背风部位等因素的影响，由调查研究和工程经验确定。

　　4. 受除冰盐影响环境是指受到除冰盐盐雾影响的环境；受除冰盐作用环境是指被除冰盐溶液溅射的环境以及使用除冰盐地区的洗车房、停车楼等建筑。

　　5. 暴露的环境是指混凝土结构表面所处的环境。

（3）纵向钢筋弯钩长度计算。HPB300 级钢筋末端需要做 180°弯钩时，其圆弧弯曲直径 D 不应小于钢筋直径 d 的 2.5 倍，平直部分长度不宜小于钢筋直径 d 的 3 倍（图 6-2）；HRB335 级、HRB400 级钢筋的弯弧内直径不应小于钢筋直径的 4 倍，弯钩的弯后平直部分应符合设计要求。

①钢筋弯钩增加长度基本公式如下：

$$L_x = \left(\frac{n}{2}d + \frac{d}{2}\right)\pi \times \frac{x}{180°} + zd - \left(\frac{n}{2}d + d\right)$$

式中　L——钢筋弯钩增加长度，mm；

　　　　n——弯钩弯心直径的倍数值；

　　　　d——钢筋直径，mm；

　　　　x——弯钩角度；

　　　　z——以 d 为基础的弯钩末端平直长度系数，mm。

②纵向钢筋 180°弯钩增加长度（当弯心直径＝2.5d，z＝3 时）的计算。根据图 6-24 和基本公式计算 180°弯钩增加长度。

$$
\begin{aligned}
L_{180} &= \left(\frac{2.5}{2}d + \frac{d}{2}\right)\pi \times \frac{180°}{180°} + 3d - \left(\frac{2.5}{2}d + d\right) \\
&= 1.75d\pi \times 1 + 3d - 2.25d \\
&= 5.498d + 0.75d \\
&= 6.248d
\end{aligned}
$$

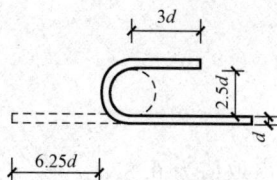

取值为 6.25d。

③纵向钢筋 90°弯钩（当弯心直径＝4d，z＝12 时）的计算。根据图 6-25a 和基本公式计算 90°弯钩增加长度。

$$
\begin{aligned}
L_{90} &= \left(\frac{4}{2}d + \frac{d}{2}\right)\pi \times \frac{90}{180°} + 12d - \left(\frac{4}{2}d + d\right) \\
&= 2.5d\pi \times \frac{1}{2} + 12d - 3d \\
&= 3.927d + 9d \\
&= 12.927
\end{aligned}
$$

取值为 12.93d。

图 6-24　180°弯钩

④纵向钢筋 135°弯钩（当弯心直径＝4d，z＝5 时）的计算。根据图 6 - 25b 和基本公式计算 90°弯钩增加长度。

$$L_{135} = \left(\frac{4}{2}d + \frac{d}{2}\right)\pi \times \frac{135°}{180°} + 5d - \left(\frac{4}{2}d + d\right)$$
$$= 2.5d\pi \times 0.75 + 5d - 3d$$
$$= 5.891d + 2d$$
$$= 7.891$$

取值为 7.89d。

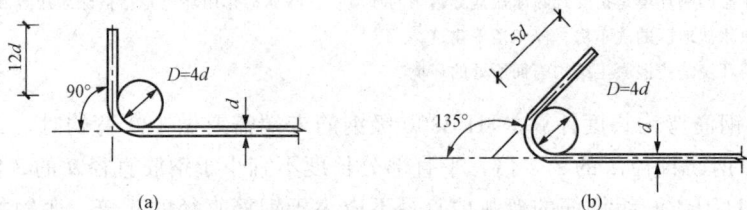

图 6 - 25　90°和 135°弯钩

(a) 末端带 90°弯钩；(b) 末端带 135°弯钩

（4）箍筋弯钩。箍筋的末端应作弯钩，弯钩形式应符合设计要求。当设计无具体要求时，用 HPB300 级钢筋或冷拔低碳钢丝制作的箍筋，其弯钩的弯曲直径应大于受力钢筋直径，且不小于箍筋直径的 2.5 倍。弯钩平直部分的长度，对一般结构，不宜小于箍筋直径的 5 倍；对有抗震要求的结构，不应小于箍筋直径的 10 倍（图 6 - 26）。

①箍筋 135°弯钩（当弯心直径＝2.5d，z＝5 时）的计算。根据图 6 - 26 和基本公式计算 135°弯钩增加长度。

$$L_{135} = \left(\frac{2.5}{2}d + \frac{d}{2}\right)\pi \times \frac{135°}{180°} + 5d - \left(\frac{2.5}{2}d + d\right)$$
$$= 1.75d\pi \times 0.75 + 5d - 2.25d$$
$$= 4.123d + 2.75d$$
$$= 6.873d$$

取值为 6.87d。

②箍筋 135°弯钩（当弯心直径＝2.5d，z＝10 时）的计算。根据图 6 - 27 和基本公式计算 135°弯钩增加长度。

$$L_{135} = \left(\frac{2.5}{2}d + \frac{d}{2}\right)\pi \times \frac{135°}{180°} + 10d - \left(\frac{2.5}{2}d + d\right)$$
$$= 1.75d\pi \times 0.75 + 10d - 2.25d$$
$$= 4.123d + 7.75d$$
$$= 11.873d$$

取值为 11.89d。

（5）弯起钢筋增加长度。弯起钢筋的弯起角度，一般有 30°、45°、60°三种，其弯起增加值是指斜长与水平投影长度之间的差值，如图 6 - 27 所示。

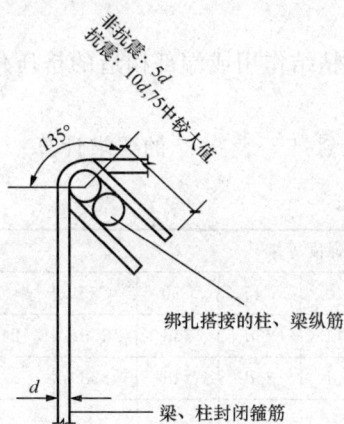

图 6 - 26　箍筋弯钩

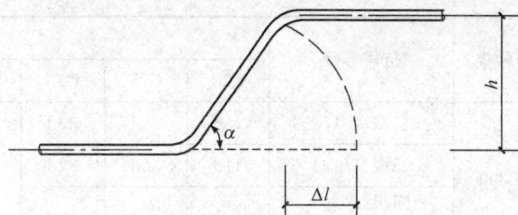

图 6 - 27　弯起钢筋增加长度示意图

弯起钢筋斜长及增加长度计算方法见表 6 - 3。

表 6 - 3　　　　　　　　　　弯起钢筋斜长及增加长度计算表

形状				
计算方法	斜边长 s	$2h$	$1.414h$	$1.155h$
	增加长度 $s-l=\Delta l$	$0.268h$	$0.414h$	$0.577h$

（6）钢筋的绑扎接头。按《混凝土结构设计规范》（GB 50010—2010）的规定，纵向受拉钢筋的绑扎搭接接头的搭接长度，应根据位于同一连接区段内的钢筋搭接接头面积百分率，且不应小于 300mm，按表 6 - 4 中规定计算。

表 6 - 4　　　　　　　　　纵向受拉钢筋的绑扎搭接接头的搭接长度

纵向受拉钢筋绑扎搭接长度 l_l、l_{lE}			注：
抗震	非抗震		1. 当直径不同的钢筋搭接时，l_l、l_{lE} 按直径较小的钢筋计算。
$l_{lE}=\zeta_l l_{aE}$	$l_l=\zeta_l l_a$		2. 任何情况下不应小于 300mm。
纵向受拉钢筋搭接长度修正系数 ζ_l			3. 式中 ζ_l 为纵向受拉钢筋搭接长度修正系
纵向钢筋搭接接头面积百分率（％）	≤25	50　　　100	数。当纵向钢筋搭接接头百分率为表的中间值
ζ_l	1.2	1.4　　　1.6	时，可按内插法取值

3. 钢筋锚固

钢筋的锚固长度是指受力钢筋依靠其表面与混凝土的粘结作用或端部构造的挤压作用而达到设计承受应力所需的长度。

根据 11G101-1 标准图规定，钢筋的锚固长度应按表 6-5～表 6-7 的要求计算。

表 6-5　　　　　　　　　　　　　受拉钢筋基本锚固长度 l_{ab}、l_{abE}

钢筋种类	抗震等级	混凝土强度等级								
		C20	C25	C30	C35	C40	C45	C50	C55	≥C60
HPB300	一、二级（l_{abE}）	45d	39d	35d	32d	29d	28d	26d	25d	24d
	三级（l_{abE}）	41d	36d	32d	29d	26d	25d	24d	23d	22d
	四级（l_{abE}） 非抗震（l_{ab}）	39d	34d	30d	28d	25d	24d	23d	22d	21d
HRB335 HRBF335	一、二级（l_{abE}）	44d	38d	33d	31d	29d	26d	25d	24d	24d
	三级（l_{abE}）	40d	35d	31d	28d	26d	24d	23d	22d	22d
	四级（l_{abE}） 非抗震（l_{ab}）	38d	33d	29d	27d	25d	23d	22d	21d	21d
HRB400 HRBF400 RRB400	一、二级（l_{abE}）	—	46d	40d	37d	33d	32d	31d	30d	29d
	三级（l_{abE}）	—	42d	37d	34d	30d	29d	28d	27d	26d
	四级（l_{abE}） 非抗震（l_{ab}）		40d	35d	32d	29d	28d	27d	26d	25d
HRB500 HRBF500	一、二级（l_{abE}）	—	55d	49d	45d	41d	39d	37d	36d	35d
	三级（l_{abE}）		50d	45d	41d	38d	36d	34d	33d	32d
	四级（l_{abE}） 非抗震（l_{ab}）		48d	43d	39d	36d	34d	32d	31d	30d

表 6-6　　　　　　　　受拉钢筋锚固长度 l_a、抗震锚固长度 l_{aE}

非抗震	抗震	备　　注
$l_a = \zeta_a l_{ab}$	$l_{aE} = \zeta_{aE} l_a$	1. l_a 不应小于 200mm。 2. 锚固长度修正系数 ζ_a 按表 1.6 取用，当多于一项时，可按连乘计算，但不应小于 0.6。 3. ζ_{aE} 为抗震锚固长度修正系数，对一、二级抗震等级取 1.15，对三级抗震等级取 1.05，对四级抗震等级取 1.00

表 6-7　　　　　　　　　受拉钢筋锚固长度修正系数 ζ_a

锚 固 条 件		ζ_a	备　　注
带肋钢筋的公称直径大于 25mm		1.10	—
环氧树脂涂层带肋钢筋		1.25	
施工过程中易受扰动的钢筋		1.10	
锚固区保护层厚度	3d	0.80	中间值按内插法取值，d 为锚固钢筋直径
	5d	0.70	

4. 钢筋质量计算

（1）钢筋理论质量计算。

$$钢筋理论质量＝钢筋长度×每米质量$$

式中　每米质量——每米钢筋的质量，取值为 $0.006165d^2$，kg/m；

d——以 mm 为单位的钢筋直径。

（2）钢筋工程量计算。

$$钢筋工程量＝钢筋分规格长×分规格每米质量$$

5. 钢筋工程量计算实例

【例 6 - 7】　某建筑工程用 $\phi6$ 螺距为 150mm 的螺旋形钢筋作为圆柱箍筋，此工程的设计圆柱的直径为 900mm，高 1m，共有 18 根，试计算此 18 根箍筋的总长度。

解：依据题意，设圆柱高为 H，直径为 D，螺距为 b，则

$$
\begin{aligned}
L_{箍筋} &= H \times \sqrt{1+\left[\pi(D-0.05)/b\right]^2} \\
&= 10 \times \sqrt{1+\left[3.14 \times (0.9-0.05)/0.15\right]^2} \\
&= 10 \times 17.821 \\
&= 178.2 (\text{m})
\end{aligned}
$$

18 根箍筋长度为：$178.2\text{m} \times 18 = 3207.85(\text{m})$

6. 平法钢筋工程量计算

（1）梁构件。

1）在平法楼层框架梁中常见的钢筋形状如图 6 - 28 所示。

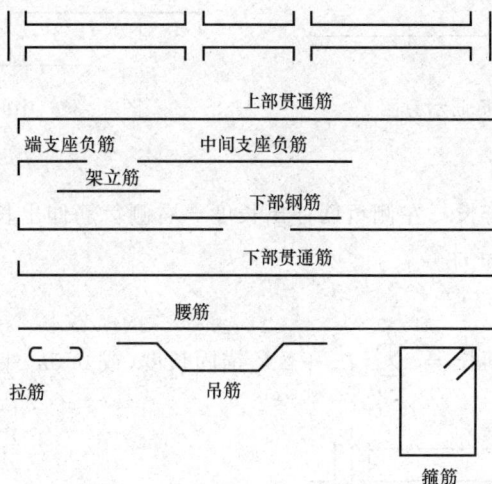

图 6 - 28　平法楼层框架梁常见钢筋形状示意图

2）钢筋长度计算法。平法楼层框架梁常见的钢筋计算方法有以下几种。

①上部贯通筋（图 6 - 29）。

上部贯通筋长 L＝各跨长之和－左支座内侧宽－右支座内侧宽＋锚固长度＋搭接长度

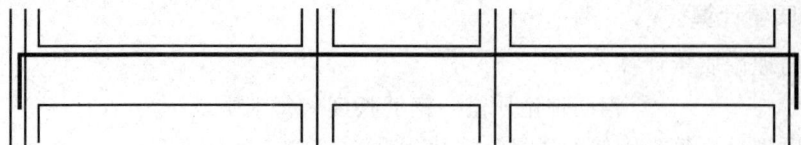

图 6 - 29 上部贯通筋

锚固长度取值：

当（支座宽度－保护层）$\geqslant L_{aE}$ 且 $\geqslant 0.5h_c+5d$ 时，锚固长度 $= \max(L_{aE}, 0.5h_c+5d)$；

当（支座宽度－保护层）$< L_{aE}$ 时，锚固长度 = 支座宽度－保护层 $+15d$。

其中，h_c 为柱宽，d 为钢筋直径。

②端支座负筋（图 6 - 30）。

$$上排钢筋长 L = L_{ni}/3 + 锚固长度$$
$$下排钢筋长 L = L_{ni}/4 + 锚固长度$$

式中　$L_{ni}(i=1, 2, 3, \cdots)$——梁净跨长，锚固长度同上部贯通筋。

③中间支座负筋（图 6 - 31）。

$$上排钢筋长 L = 2 \times (L_{ni}/3) + 支座宽度$$
$$下排钢筋长 L = 2 \times (L_{ni}/4) + 支座宽度$$

式中　跨度值 L_n——左跨 L_{ni} 和右跨 L_{ni+1} 的较大值，其中 $i=1, 2, 3\cdots$

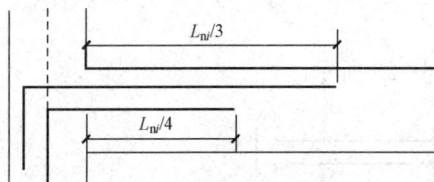

图 6 - 30 端支座负筋示意图

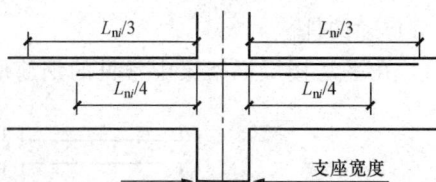

图 6 - 31 中间支座负筋示意图

④架立筋（图 6 - 32）。

架立筋 $L = 本跨净跨长 － 左侧负筋伸出长度 － 右侧负筋伸出长度 + 2 \times 搭接长度$

搭接长度可按 150mm 计算。

⑤下部钢筋（图 6 - 33）。

$$下部钢筋长 = \sum_{i=1}^{n} [L_n + 2 \times 锚固长度（或 0.5h_c+5d）]_i$$

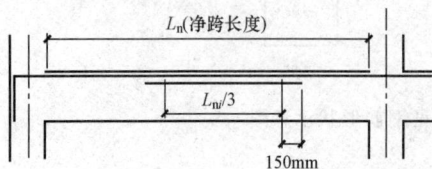

图 6 - 32 架立筋示意图

图 6 - 33 框架梁下部钢筋示意图

⑥下部贯通筋（图 6-34）。

下部贯通筋长 L＝各跨长之和－左支座内侧宽－右支座内侧宽＋锚固长度＋搭接长度

式中锚固长度同上部贯通筋。

⑦梁侧面钢筋（图 6-35）。

梁侧面钢筋长 L＝各跨长之和－左支座内侧宽－右支座内侧宽＋锚固长度＋搭接长度

说明：当为侧面构造钢筋时，搭接与锚固长度为 $15d$；当为侧面受扭纵向钢筋时，搭接长度为 L_{lE} 或 L_l，其锚固长度为 L_{aE} 或 L_a，锚固方式同框架梁下部纵筋。

⑧拉筋（图 6-36）。

当只勾住主筋时：

$$拉筋长度 L＝梁宽－2×保护层＋2×1.9d＋2×\max(10d,75mm)＋2d$$

$$拉筋根数 n＝[(梁净跨长－2×50)/(箍筋非加密间距×2)]＋1$$

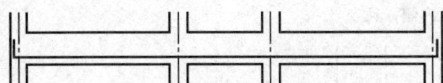

图 6-34　框架梁下部钢筋示意图

图 6-35　框架梁侧面钢筋示意图

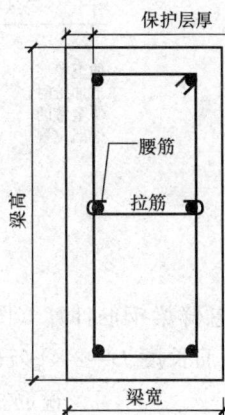

图 6-36　框架梁内拉筋示意图

⑨吊筋（图 6-37）。

$$吊筋长度 L＝2×20d(锚固长度)＋2×斜段长度＋次梁宽度＋2×50$$

说明：当梁高≤800mm 时，斜段长度＝（梁高－2×保护层）/sin45°；

当梁高＞800mm 时，斜段长度＝（梁高－2×保护层）/sin60°。

⑩箍筋（图 6-38）。

$$箍筋长度 L＝2×(梁高－2×保护层＋梁宽－2×保护层)＋2×11.9d＋4d$$

$$箍筋根数 n＝2×[(加密区长度－50)/加密区间距]＋11＋$$

$$[(非加密区长度/非加密区间距)－1]$$

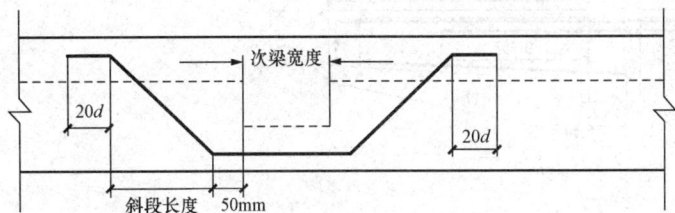

图 6-37　框架梁内吊筋示意图

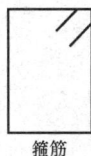

图 6-38　框架梁内箍筋示意图

说明：当为 1 级抗震时，箍筋加密区长度为 max(2×梁高，500)；

当为 2～4 级抗震时，箍筋加密区长度为 max(1.5×梁高，500)。

⑪屋面框架梁钢筋（图 6-39）。

屋面框架梁上部贯通筋和端支座负筋的锚固长度 L＝柱宽－保护层＋梁高－保护层

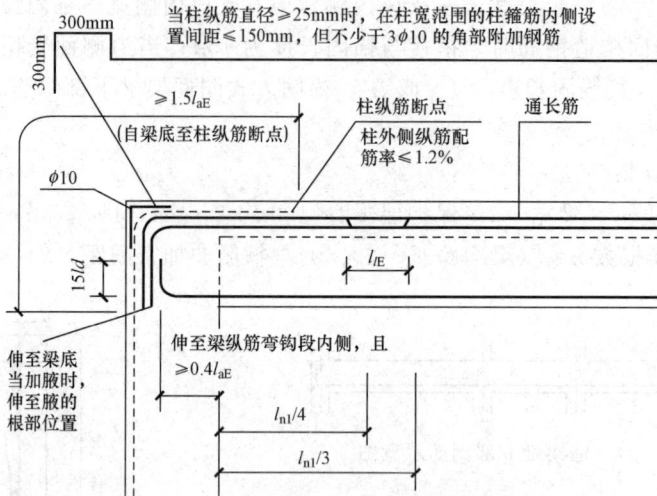

图 6-39　屋面框架梁钢筋示意图

⑫悬臂梁钢筋计算（图 6-40）。

$$箍筋长度 L＝2×[(H＋H_b)/2－2×保护层＋挑梁宽－2×保护层]＋11.9d＋4d$$

$$箍筋根数 n＝(L－次梁宽－2×50)/箍筋间距＋1$$

$$上部上排钢筋 L＝L_{ni}/3＋支座宽＋L－保护层＋max\{(H_b－2×保护层),12d\}$$

$$上部下排钢筋 L＝L_{ni}/4＋支座宽＋0.75L$$

$$下部钢筋 L＝15d＋XL－保护层$$

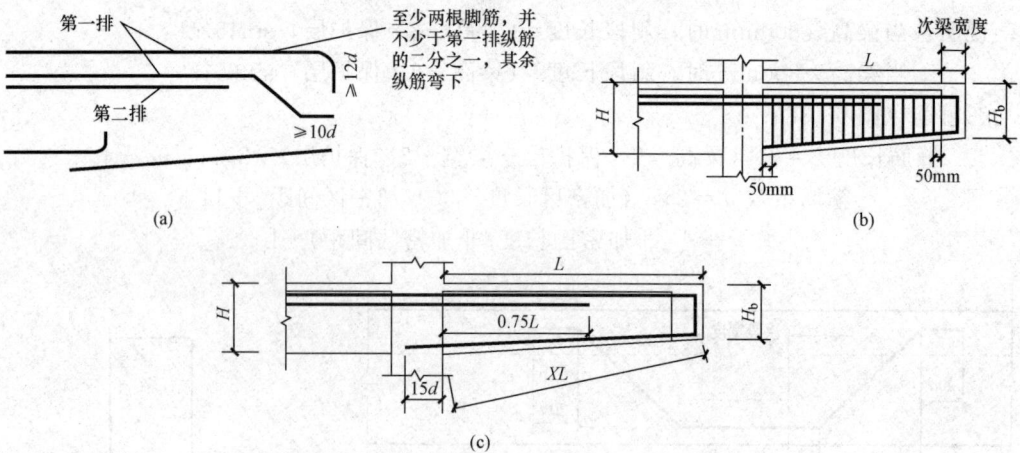

图 6-40　悬臂梁钢筋示意图

说明：不考虑地震作用时，当纯悬挑梁的纵向钢筋直锚长度$\geqslant l_a$且$\geqslant 0.5h_c + 5d$时，可不必上下弯锚；当直锚伸至对边仍不足l_a时，则应按图示弯锚；当直锚伸至对边仍不足$0.45l_a$时，则应采用较小直径的钢筋。

当悬挑梁由屋面框架梁延伸出来时，其配筋构造应由设计者补充；当梁的上部设有第3排钢筋时，其延伸长度应由设计者注明。

(2) 柱构件。平法柱钢筋主要是纵筋和箍筋两种形式，不同的部位有不同的构造要求。每种类型的柱，其纵筋都会分为基础、首层、中间层和顶层四个部分来设置。

1) 基础部位钢筋计算（图 6 - 41）。

柱纵筋长 L ＝本层层高－下层柱钢筋外露长度 $\max(\geqslant H_n/6, \geqslant 500, \geqslant$ 柱截面长边尺寸)＋本层柱钢筋外露长度 $\max(\geqslant H_n/6, \geqslant 500, \geqslant$ 柱截面长边尺寸)＋搭接长度(对焊接时为 0)

基础插筋 L ＝基础高度－保护层＋基础弯折 $a(\geqslant 150)$＋基础钢筋外露长度 $H_n/3(H_n$ 指楼层净高)＋搭接长度(焊接时为 0)

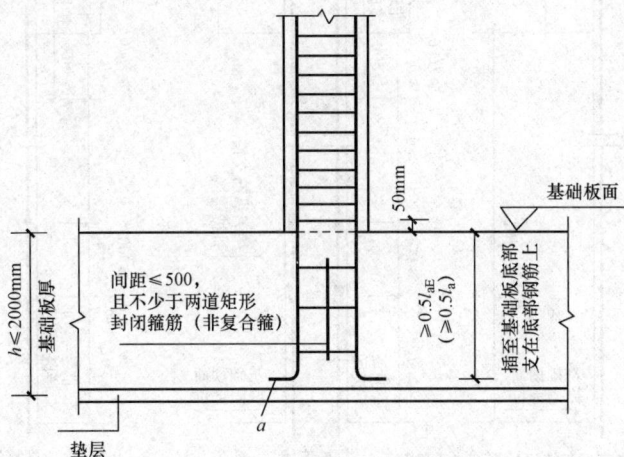

图 6 - 41　柱插筋构造示意图

2) 首层柱钢筋计算（图 6 - 42）。

柱纵筋长度＝首层层高－基础柱钢筋外露长度 $H_n/3$＋本层柱钢筋外露长度 $\max$ $(\geqslant H_n/6, \geqslant 500, \geqslant$ 柱截面长边尺寸)＋搭接长度(焊接时为 0)

3) 中间柱钢筋计算。

柱纵筋长 L ＝本层层高－下层柱钢筋外露长度 $\max(\geqslant H_n/6, \geqslant 500, \geqslant$ 柱截面长边尺寸)＋本层柱钢筋外露长度 $\max(\geqslant H_n/6, \geqslant 500, \geqslant$ 柱截面长边尺寸)＋搭接长度(焊接时为 0)

4) 顶层柱钢筋计算（图 6 - 43）。

柱纵筋长 L ＝本层层高－下层柱钢筋外露长度 $\max(\geqslant H_n/6, \geqslant 500, \geqslant$ 柱截面长边尺寸)－屋顶节点梁高＋锚固长度

锚固长度确定分为 3 种。

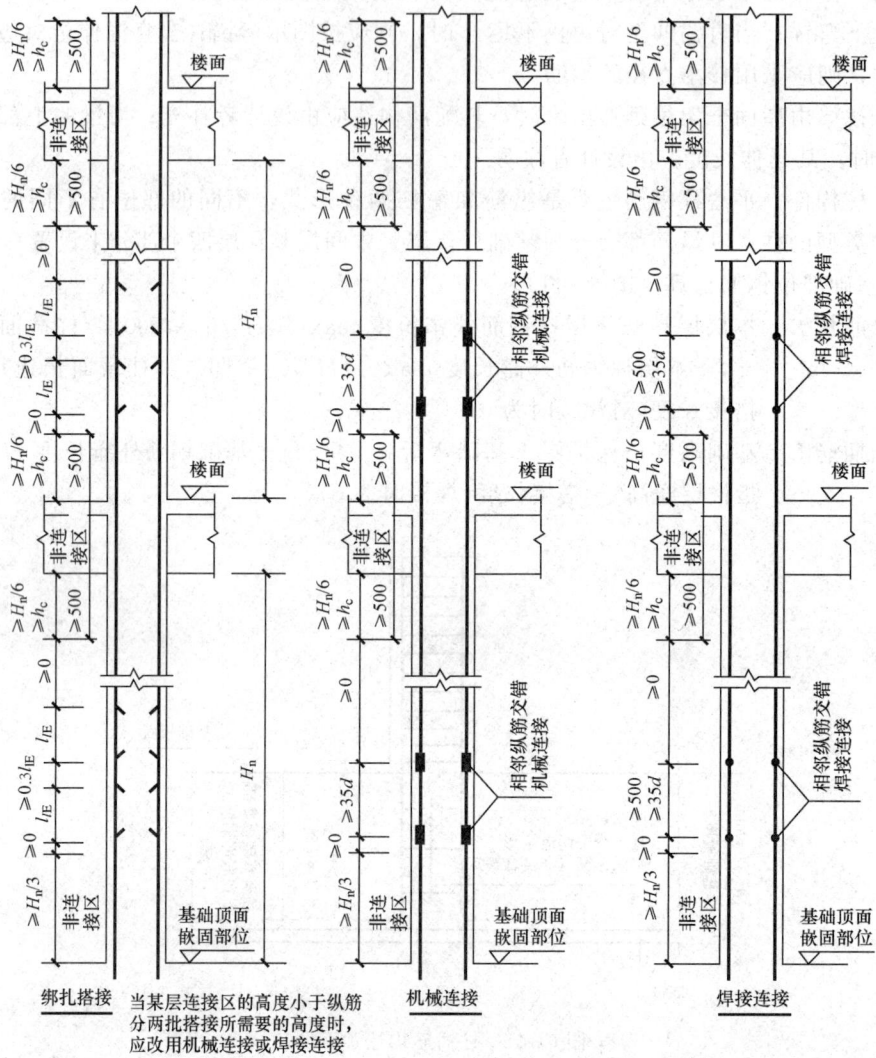

图 6-42 框架柱钢筋示意图（尺寸单元：mm）

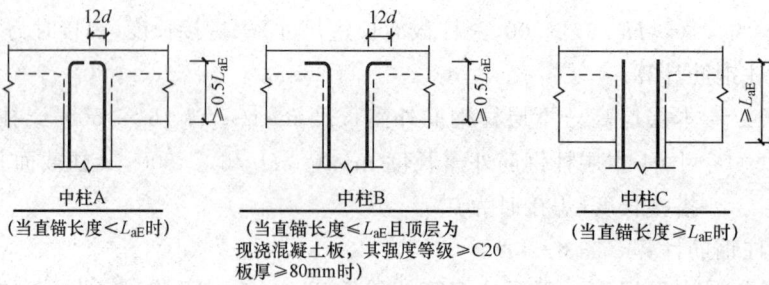

图 6-43 顶层柱钢筋示意图

①当为中柱时，直锚长度$<L_{aE}$时，锚固长度＝梁高－保护层＋$12d$；当柱纵筋的直锚长度（即伸入梁内的长度）$\geqslant L_{aE}$时，锚固长度＝梁高－保护层。

②当为边柱时，边柱钢筋分一面外侧锚固和三面内侧锚固。外侧钢筋锚固$\geqslant 1.5L_{aE}$，内侧钢筋锚固同中柱纵筋锚固（图6-44）。

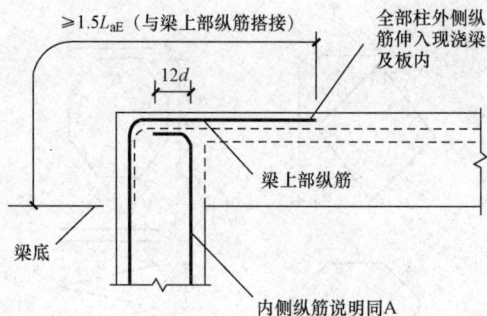

图6-44　边柱、角柱钢筋示意图

③当为角柱时，角柱钢筋分两面外侧和两面内侧锚固。

5）柱箍筋计算。

①柱箍筋根数计算。

基础层柱箍筋根数 $n＝$在基础内布置间距不少于500且不少于两道矩形封闭非复合箍的数量

底层柱箍筋根数 $n＝\dfrac{\text{底层柱根部加密区高度}}{\text{加密区间距}}+1+\dfrac{\text{底层柱上部加密区高度}}{\text{加密区间距}}+1+$

$\dfrac{\text{底层柱中间非加密区高度}}{\text{非加密区间距}}-1$

楼底层柱箍筋根数 $n＝\dfrac{\text{下部加密高度}+\text{上部加密高度}}{\text{加密区间距}}+2+\dfrac{\text{柱中间非加密区高度}}{\text{非加密区间距}}-1$

②柱非复合箍筋长度计算（图6-45）。

各种非复合箍筋长度计算如下（图中尺寸均已扣除保护层厚度）：

a.1号图矩形箍筋长：

$$L = 2 \times (a+b) + 2 \times \text{弯钩长} + 4d$$

b.2号图一字形箍筋长：

$$L = a + 2 \times \text{弯钩长} + d$$

c.3号图圆形箍筋长：

$$L = 3.1416 \times (a+d) + 2 \times \text{弯钩长} + \text{搭接长度}$$

d.4号图梯形箍筋长：

$$L = a + b + c + \sqrt{(c-a)^2 + b^2} + 2 \times \text{弯钩长} + 4d$$

e.5号图六边形箍筋长：

$$L = 2 \times a + 2 \times \sqrt{(c-a)^2 + b^2} + 2 \times \text{弯钩长} + 6d$$

f.6号图平行四边形箍筋长：

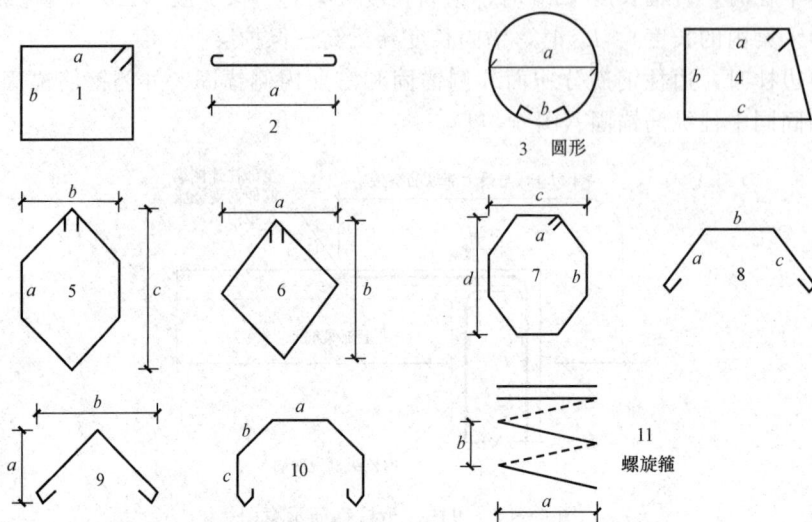

图 6 - 45　柱非复合箍筋形状示意图

$$L = 2 \times \sqrt{a^2 + b^2} + 2 \times 弯钩长 + 4d$$

g. 7 号图八边形箍筋长：

$$L = 2 \times (a + b) + 2 \times \sqrt{(c - a)^2 + (d - b)^2} + 2 \times 弯钩长 + 8d$$

h. 8 号图八字形箍筋长：

$$L = a + b + c + 2 \times 弯钩长 + 3d$$

i. 9 号图转角形箍筋长：

$$L = 2 \times \sqrt{a^2 + b^2} + 2 \times 弯钩长 + 2d$$

j. 10 号图门字形箍筋长：

$$L = a + 2(b + c) + 2 \times 弯钩长 + 5d$$

k. 11 号图螺旋形箍筋长：

$$L = \sqrt{[3.14 \times (a + b)]^2 + b^2} + (柱高 \div 螺距 b)$$

6）柱复合箍筋长度计算（图 6 - 46）。

① 3×3 箍筋长：

$$外箍筋长\ L = 2 \times (b + h) - 8 \times 保护层 + 2 \times 弯钩长 + 4d$$

$$内一字箍筋长 = (h - 2 \times 保护层 + 2 \times 弯钩长 + d) +$$
$$(b - 2 \times 保护层 + 2 \times 弯钩长 + d)$$

② 4×3 箍筋长：

$$外箍筋长\ L = 2 \times (b + h) - 8 \times 保护层 + 2 \times 弯钩长 + 4d$$

$$内矩形箍筋长\ L = [(b - 2 \times 保护层 - D) \div 3 + D] \times 2 +$$
$$(h - 2 \times 保护层) \times 2 + 2 \times 弯钩长 + 4d$$

式中　D——纵筋直径。

$$内一字箍筋长\ L = b - 2 \times 保护层 + 2 \times 弯钩长 + d$$

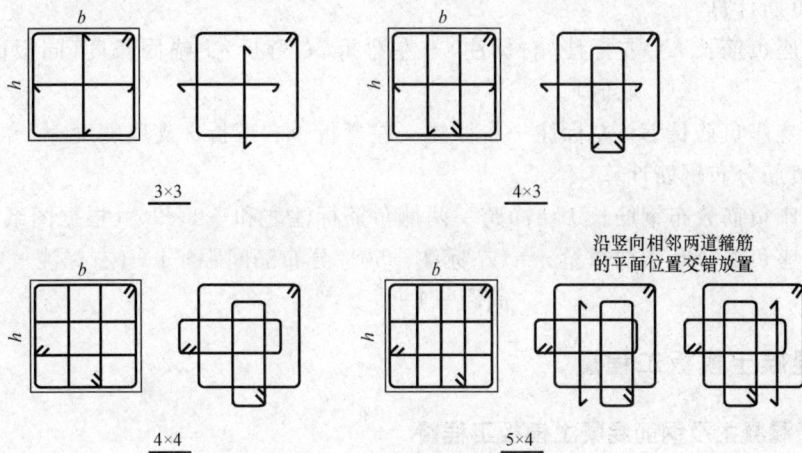

图 6-46　柱复合箍筋形状示意图

③4×4 箍筋长：

外箍筋长 $L = 2 \times (b+h) - 8 \times$ 保护层 $+ 2 \times$ 弯钩长 $+ 4d$

内矩形箍筋长 $L_1 = [(b - 2 \times$ 保护层 $- D) \div 3 + D + d + h - 2 \times$ 保护层 $+ d] \times 2 + 2 \times$ 弯钩长

内矩形箍筋长 $L_2 = [(h - 2 \times$ 保护层 $- D) \div 3 + D + d + b - 2 \times$ 保护层 $+ d] \times 2 + 2 \times$ 弯钩长

④5×4 箍筋长

外箍筋长 $L = 2 \times (b+h) - 8 \times$ 体护层 $+ 2 \times$ 弯钩长 $+ 4d$

内矩形箍筋长 $L_1 = [(b - 2 \times$ 保护层 $- D) \div 4 + D + d + h - 2 \times$ 保护层 $+ d] \times 2 + 2 \times$ 弯钩长

内矩形箍筋长 $L_2 = [(h - 2 \times$ 保护层 $- D) \div 3 + D + d + b - 2 \times$ 保护层 $+ d] \times 2 + 2 \times$ 弯钩长

内一字箍筋长 $L = h - 2 \times$ 保护层 $+ 2 \times$ 弯钩长 $+ d$

（3）板构件。

1）板中钢筋计算。

板底受力钢筋长 $L =$ 板跨净长 $+$ 两端锚固$_{max}$(1/2 梁宽，5d)（当为梁、剪力墙、圈梁时）；
max(120,h,墙厚 12)（当为砌体墙时）

板底受力钢筋根数 $n =$ (板跨净长 $- 2 \times 50$)/布置间距 $+ 1$

板面受力钢筋长 $L =$ 板跨净长 $+$ 两端锚固

板面受力钢筋根数 $n =$ (板跨净长 $- 2 \times 50$)/布置间距 $+ 1$

说明：板面受力钢筋在端支座的锚固，结合平法和施工实际情况，大致有以下三种构造：

①端支座为砌体墙：$0.35 l_{ab} + 15d$；

②端部支座为剪力墙：$0.4 l_{ab} + 15d$；

③端支座为梁时：$0.6 l_{ab} + 15d$。

2）板负筋计算。

板边支座负筋长 L＝左标注（右标注）＋左弯折（右弯折）＋锚固长度（同板面钢筋锚固
　　　　　　取值）

板中间支座负筋长 L＝左标注＋右标注＋左弯折＋右弯折＋支座宽度

3）板负筋分布钢筋计算。

中间支座负筋分布钢筋长 L＝净跨－两侧负筋标注之和＋2×300（根据图纸实际情况）

中间支座负筋分布钢筋数量 n＝（左标注－50）/分布筋间距＋1＋（右标注－50）/分布筋
　　　　　　间距＋1

四、混凝土模板工程量

1. 现浇混凝土及钢筋混凝土模板工程量

（1）现浇混凝土及钢筋混凝土模板工程量，除另有规定外，均应区别模板的不同材质，按混凝土与模板接触面积，以平方米计算。

除了底面有垫层、构件（侧面有构件）及上表面不需支撑模板外，其余各个方向的面均应计算模板接触面积。

（2）现浇钢筋混凝土柱、梁、板、墙的支模高度（即室外地坪至板底或板面至板底之间的高度）以 3.6m 以内为准，超过 3.6m 以上部分，另按超过部分计算增加支撑工程量（图 6-47）。

（3）现浇钢筋混凝土墙、板上单孔面积在 0.3m² 以内的孔洞，不予扣除，洞侧壁模板亦不增加；单孔面积在 0.3m² 以外时，应予扣除，洞侧壁模板面积并入墙、板模板工程量内计算。

（4）现浇钢筋混凝土框架的模板、分别按梁、板、柱、墙有关规定计算，附墙柱并入墙内工程量计算。

（5）杯形基础杯口高度大于杯口大边长度的，套高杯基础模板定额项目（图 6-48）。

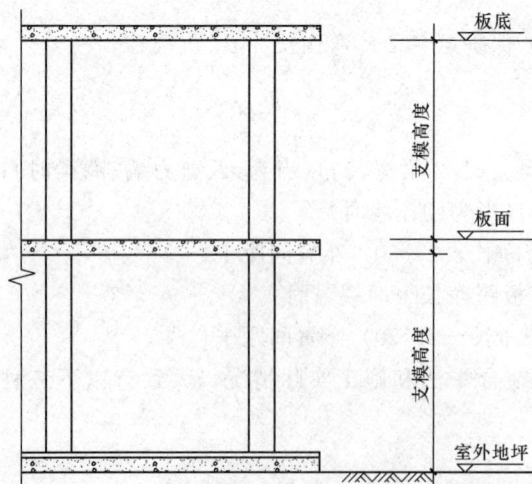

图 6-47　支模高度示意图

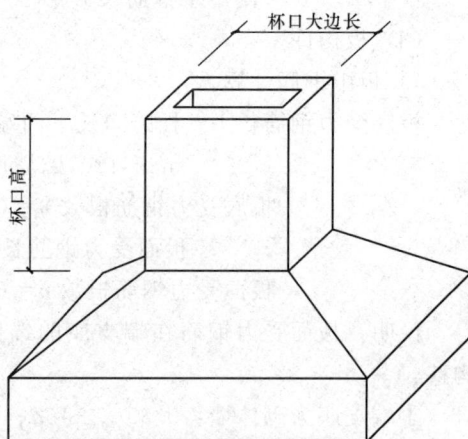

图 6-48　高杯基础示意图
（杯口高大于杯口大边长时）

(6) 柱与梁、柱与墙、梁与梁等连接的重叠部分以及伸入墙内的梁头、板头部分，均不计算模板面积。

(7) 构造柱外露面均应按图示外露部分计算模板面积。构造柱与墙接触部分不计算模板面积（图 6 - 49）。

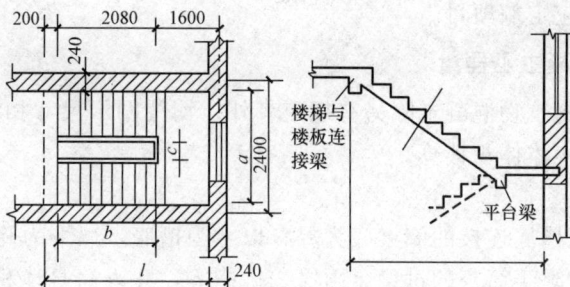

图 6 - 49　构造柱外露宽需支模板示意图

(8) 现浇钢筋混凝土悬挑板（雨篷、阳台）按图示外挑部分尺寸的水平投影面积计算。挑出墙外的牛腿梁及板边模板不另计算。

"挑出墙外的牛腿梁及板边模板"在实际施工时需支模板，为了简化工程量计算，在编制该项定额时已经将该因素考虑在定额消耗内，所以工程量就不单独计算了。

(9) 现浇钢筋混凝土楼梯，以图示露明面尺寸的水平投影面积计算，不扣除小于 500mm 楼梯井所占面积。楼梯的踏步、踏步板、平台梁等侧面模板，不另计算。

(10) 混凝土台阶不包括梯带，按图示台阶尺寸的水平投影面积计算，台阶端头两侧不另计算模板面积。

(11) 现浇混凝土小型池槽按构件外围体积计算，池槽内、外侧及底部的模板不应另计算。

2. 预制钢筋混凝土构件模板

(1) 预制钢筋混凝土模板工程量，除另有规定者外，均按混凝土实体体积以立方米计算。

(2) 小型池槽按外形体积以立方米计算。

(3) 预制桩尖按虚体积（不扣除桩尖虚体积部分）计算。

3. 构筑物钢筋混凝土模板

(1) 构筑物工程的模板工程量，除另有规定者外，区别现浇、预制和构件类别，分别按有关规定计算。

(2) 大型池槽等分别按基础、墙、板、梁、柱等有关规定计算并套相应定额项目。

(3) 液压滑升钢模板施工的烟囱、水塔、身、贮仓等，均按混凝土体积，以立方米计算。

(4) 预制倒圆锥形水塔罐壳模板按混凝土体积，以立方米计算。

(5) 预制倒圆锥形水塔罐壳组装、提升、就位，按不同容积以座计算。

五、其他工程量计算

1. 固定用支架等

固定预埋螺栓、铁件的支架，固定双层钢筋的铁马凳、垫铁件，按审定的施工组织设计规定计算，套用相应定额项目。

2. 构筑物钢筋混凝土工程量

（1）一般规定。构筑物混凝土除另有规定者外，均按图示尺寸扣除门窗洞口及 $0.3m^2$ 以外孔洞所占体积以实体体积计算。

（2）水塔。

1）筒身与槽底以槽底连接的圈梁底为界，以上为槽底，以下为筒身。

2）筒式塔身及依附于筒身的过梁、雨篷、挑檐等，并入筒身体积内计算；柱式塔身，柱、梁合并计算。

3）塔顶包括顶板和圈梁，槽底包括底板挑出的斜壁板和圈梁等合并计算。

（3）贮水池不分平底、锥底、坡底，均按池底计算；壁基梁、池壁不分圆形壁和矩形壁，均按池壁计算；其他项目均按现浇混凝土部分相应项目计算。

3. 钢筋混凝土构件接头灌缝

（1）一般规定。钢筋混凝土构件接头灌缝，包括构件坐浆、灌缝、堵板孔、塞板梁缝等，均按预制钢筋混凝土构件实体积以立方米计算。

（2）柱的灌缝。柱与柱基的灌缝，按首层柱体积计算；首层以上柱灌缝，按各层柱体积计算。

（3）空心板堵孔。空心板堵孔的人工、材料，已包括在定额内；如不堵孔时，每 $10m^3$ 空心板体积应扣除 $0.23m^3$ 预制混凝土块和 2.2 个工日。

第二节　混凝土及钢筋混凝土工程定额工程量套用

一、定额说明

1. 总说明

（1）定额内混凝土搅拌项目包括筛砂子、筛洗石子、搅拌、前台运输上料等内容。混凝土浇筑项目包括润湿模板、浇灌、捣固、养护等内容。

（2）定额中已列出常用混凝土强度等级，如与设计要求不同时可以换算。

（3）定额混凝土工程量除另有规定者外，均按图示尺寸，以立方米计算。不扣除构件内钢筋、预埋件及墙、板中 $0.3m^2$ 以内的孔洞所占体积。

（4）混凝土搅拌制作和泵送子目，按各混凝土构件的混凝土消耗量之和，以立方米计算，单独套用混凝土搅拌制作子目和泵送混凝土补充定额。

（5）施工单位自行制作泵送混凝土，其泵送剂以及由于混凝土坍落度增大和使用水泥砂浆润滑输送管道而增加的水泥用量等内容，执行补充子目 4-4-18。子目中的水泥强度等级、泵送剂的规格和用量，设计与定额不同时可以换算，其他不变。

(6) 施工单位自行泵送混凝土，其管道输送混凝土（输送高度 50m 以内），执行补充子目。输送高度 100m 以内，其超过部分乘以系数 1.25；输送高度 150m 以内，其超过部分乘以系数 1.60。

(7) 预制混凝土构件定额内仅考虑现场预制的情况。混凝土构件安装项目中，凡注明现场预制的构件，其构件按混凝土构件制作有关子目计算；凡注明成品的构件，按其商品价格计入安装项目内。

(8) 定额规定安装高度为 20m 以内。预制混凝土构件安装子目中的安装高度是指建筑物的总高度。

(9) 定额中机械吊装是按单机作业编制的。

(10) 定额是按机械起吊中心回转半径 15m 以内的距离编制的。

(11) 定额中包括每一项工作循环中机械必要的位移。

(12) 定额安装项目是以轮胎式起重机、塔式起重机（塔式起重机台班消耗量包括在垂直运输机械项目内）分别列项编制的。预制混凝土构件安装子目中，机械栏列出轮胎式起重机台班消耗量的，为轮胎式起重机安装。其余的除定额注明者外，为塔式起重机安装。如使用汽车式起重机时，按轮胎式起重机相应定额项目乘以系数 1.05。

(13) 预制混凝土构件的轮胎式起重机安装子目，定额按单机作业编制。双机作业时，轮胎式起重机台班数量乘以系数 2；三机作业时，轮胎式起重机台班数量乘以系数 3。

(14) 定额中不包括起重机械、运输机械行驶道路的修整、垫铺工作所消耗的人工、材料和机械。

(15) 预制混凝土构件安装子目中，未计入构件的操作损耗。施工单位报价时，可根据构件、现场等具体情况，自行确定构件损耗率。编制标底时，预制混凝土构件按相应规则计算的工程量，乘以表 6-8 规定的工程量系数。

表 6-8　　　　　　　　　　　　预制混凝土构件安装操作损耗率表

定额内容 构件类别	运输	安装
预制加工厂预制	1.013	1.005
现场（非就地）预制	1.010	1.005
现场就地预制	—	1.005
成品构件	—	1.010

(16) 预制混凝土构件安装子目均不包括为安装工程所搭设的临时性脚手架及临时平台，发生时按有关规定另行计算。

(17) 预制混凝土构件必须在跨外安装就位时，按相应构件安装子目中的人工、机械台班乘以系数 1.18。使用塔式起重机安装时，不再乘以系数。

(18) 预制混凝土（钢）构件安装机械的采用，编制标底时按下列规定执行。

1) 檐高 20m 以下的建筑物，除预制排架单层厂房、预制框架多层厂房执行轮胎式起重机安装子目外，其他结构执行塔式起重机安装子目。

2）檐高 20m 以上的建筑物，预制框（排）架结构可执行轮胎式起重机安装子目，其他结构执行塔式起重机安装子目。

2. 垫层与填料加固

（1）垫层定额按地面垫层编制。若为基础垫层，人工、机械分别乘以下列系数：条形基础 1.05；独立基础 1.10；满堂基础 1.00。

（2）填料加固定额用于软弱地基挖土后的换填材料加固工程。

垫层与填料加固的不同之处在于：垫层平面尺寸比基础略大（一般≤200mm），总是伴随着基础的发生，总体厚度较填料加固小（一般≤500mm），垫层与槽（坑）边有一定的间距（不呈满填状态）。填料加固用于软弱地基整体或局部大开挖后的换填，其平面尺寸由建筑物地基的整体或局部尺寸，以及地基的承载能力决定，总体厚度较大（一般＞500mm），一般呈满填状态。灰土垫层及填料加固夯填灰土就地取土时，应扣除灰土配合比中的黏土。

3. 毛石混凝土

毛石混凝土是按毛石占混凝土总体积 20% 计算的。如设计要求不同时，可以换算。

4. 钢筋混凝土柱、轻型框剪墙及剪力墙的区别

附墙轻型框架结构中，各构件的区别主要是截面尺寸：

柱：$L/B<5$（单肢）；

异形柱：$L/B<5$（一般柱肢数≥2）；

轻型框剪墙：$5≤L/B≤8$；

剪力墙：$L/B>8$。

T 形、L 形、[形、十形等计算墙肢截面长度与厚度之比以最长的肢为准。墙肢截面长度（L）指墙肢截面长边（或称墙肢高度），墙肢厚度（B）指墙肢截面短边。

5. 后浇带

现浇钢筋混凝土柱、墙、后浇带定额项目，定额综合了底部灌注 1∶2 水泥砂浆的用量。

6. 小型混凝土构件

小型混凝土构件系指单件体积在 0.05m³ 以内的定额未列项目。其他预制构件定额内仅考虑现场预制的情况。

7. 构筑物其他工程

（1）构筑物其他工程包括单项及综合项目定额。综合项目是按国标、省标的标准做法编制，使用时对应标准图号直接套用，不再调整。设计文件与标准图做法不同时，套用单项定额。"计价规范"本章内容不单列，各项目分解到各章节内。

（2）构筑物其他工程定额不包括土石方内容，发生时按土（石）方相应定额执行。

（3）烟囱内衬项目也适用于烟道内衬。

（4）室外排水管道的试水所需工料已包括在定额内，不得另行计算。

（5）室外排水管道定额，其沟深是按 2m 以内（平均自然地坪至垫层上表面）考虑

的。当沟深在 2～3m 时，综合工日乘以系数 1.11；3m 以外者，综合工日乘系数 1.18。此条指的是陶土管和混凝土管的铺设项目。排水管道混凝土基础、砂基础及砂石基础不考虑沟深。排水管道砂基础 90°、120°、180° 是指砂基础表面与管道的两个接触点的中心角的大小，如 180° 是指砂垫层埋半个管子的深度。

（6）室外排水管道无论人工或机械铺设，均执行定额，不得调整。

（7）毛石混凝土是按毛石占混凝土体积 20% 计算的。如设计要求不同时，可以换算。其中毛石损耗率为 2%，混凝土损耗率为 1.5%。

（8）排水管道砂石基础中砂与石子比例按 1：2 考虑。如设计要求不同时，可以换算材料单价，定额消耗量不变。

（9）化粪池、水表池、沉砂池、检查井等室外给水排水小型构筑物，实际工程中，常依据省标图集 LS 设计和施工。凡依据省标准图集 LS 设计和施工的室外给水排水小型构筑物，均执行室外给水排水小型构筑物补充定额，不作调整。

（10）构筑物综合项目中的散水及坡道子目，按山东省建筑标准设计图集 L96J002 编制。

8. 配套定额关于钢筋的相关说明

（1）定额按钢筋的不同品种、规格，并按现浇构件钢筋、预制构件钢筋、预应力钢筋及箍筋分别列项。

（2）预应力构件中非预应力钢筋按预制钢筋相应项目计算。

（3）设计规定钢筋搭接的，按规定搭接长度计算；设计未规定的钢筋铺固、定尺长度的钢筋连接等结构性搭接，按施工规范规定计算；设计、施工规范均未规定的，已包括在钢筋损耗率内，不另计算。

（4）绑扎低碳钢丝、成型点焊和接头焊接用的电焊条已综合在定额项目内，不另行计算。

（5）非预应力钢筋不包括冷加工，如设计要求冷加工时，另行计算。

（6）预应力钢筋如设计要求人工时效处理时，另行计算。

（7）后张法钢筋的锚固是按钢筋帮条焊、U 形插蚓编制的。如采用其他方法锚固时，可另行计算。

（8）拱梯形屋架、托架梁、小型构件（或小型池槽）、构筑物，其钢筋可按表 6-9 内系数调整人工、机械用量。

表 6-9　　　　　　　　人工、机械调整系数

项目	预制构件钢筋		现浇构件钢筋	
系数范围	拱梯形屋架	托架梁	小型构件（或小型池槽）	构筑物
人工、机械调整系数	1.16	1.05	2	1.25

（9）现浇构件箍筋采用 HRB400 级钢时，执行现浇构件 HPB235 级钢箍筋子目，换算钢筋种类，机械乘以系数 1.25。

（10）砌体加固筋，定额按焊接连接编制。实际采用非焊接方式连接，不得调整。

（11）HPB235 级钢筋电渣压力焊接头，执行 HRB335 级钢筋电渣压力焊接头子目。换算钢筋种类，其他不变。

二、定额工程量计算规则

1. 垫层

（1）地面垫层按室内主墙间净面积乘以设计厚发，以立方米计算。计算时应扣除凸出地面的构筑物、设备基础、室内铁道、地沟以及单个面积在 0.3m² 以上的孔洞、独立柱等所占体积；不扣除间壁墙、附墙烟囱、墙垛以及单个面积在 0.3m² 以内的孔洞等所占体积，门洞、空圈、散热器壁龛等开口部分也不增加。

（2）基础垫层按下列规定，以立方米计算。

1）条形基础楚层，外墙按外墙中心线长度、内端按其设计净长度乘以垫层平均断面面积计算。柱间条形基础垫层，按柱基础（含垫层）之间的设计净长度计算。

2）独立基础垫层和满堂基础垫层。按设计图示尺寸乘以平均厚度计算。

3）爆破岩石增加垫层的工程量，按现场实测结果计算。

2. 现浇混凝土基础

（1）带形基础，外墙按设计外墙中心线长度、内墙按设计内墙基础图示长度乘设计断面计算。

带形基础工程量＝外墙中心线长度×设计断面＋设计内墙基础图示长度×设计断面

（2）有肋（梁）带形混凝土基础，其肋高与肋宽之比在 4∶1 以内的，按有梁式带形基础计算。超过 4∶1 时，起肋部分按墙计算，肋以下按无梁式带形基础计算。

（3）箱式满堂基础分别按无梁式满堂基础、柱、墙、梁、板有关规定计算，套用相应定额子目；有梁式满堂基础，肋高大于 0.4m 时，套用有梁式满堂基础定额项目；肋高小于 0.4m 或设有暗梁、下翻梁时，套用无梁式满堂基础项目。

（4）独立基础包括各种形式的独立基础及柱墩，其工程量按图示尺寸，以立方米计算。柱与柱基的划分以柱基的扩大顶面为分界线。

（5）桩承台是钢筋混凝土桩顶部承受柱或墙身荷载的基础构件，有独立桩承台和带形桩承台两种。带形桩承台按带形基础的计算规则计算，独立桩承台按独立基础的计算规则计算。

（6）设备基础：除块体基础外，分别按基础、柱、梁、板、墙等有关规定计算，套用相应定额子目。楼层上的钢筋混凝土设备基础按有梁板项目计算。

3. 现浇混凝土柱

（1）现浇混凝土柱工程量按图示断面尺寸乘以柱高，以立方米计算。

（2）柱高按下列规定计算。

1）有梁板的柱高，白柱基上表面（或楼板上表面）至上一层楼板上表面之间的高度计算。

2）无梁板的柱高，自柱基上表面（或楼板上表面）至柱帽下表面之间的高度计算。

3）框架柱的柱高，自柱基上表面至柱顶高度计算。

4）构造柱按设计高度计算，构造柱与墙嵌接部分（马牙槎）的体积，按构造柱出槎长度的一半（有槎与无槎的平均值）乘以出槎宽度，再乘以构造柱柱高，并入构造柱体积内计算。

5）依附柱上的牛腿、升板的柱帽，并入柱体积内计算。

6）薄壁柱也称隐壁柱。在框剪结构中，隐藏在墙体中的钢筋混凝土柱，抹灰后不再有柱的痕迹。薄壁柱按钢筋混凝土墙计算。

4. 现浇混凝土梁

（1）现浇混凝土梁工程量按图示断面尺寸乘以梁长，以立方米计算。

（2）梁长及梁高按下列规定计算。

1）梁与柱连接时，梁长算至柱侧面。圈梁与构造柱连接时，圈梁长度算至构造柱侧面。构造柱有马牙槎时，圈梁长度算至构造柱主断面（不包括马牙槎）的侧面。

2）主梁与次梁连接时，次梁长算至主梁侧面。伸入墙体内的梁头、梁垫体积并入梁体积内计算。

3）圈梁与过梁连接时，分别套用圈梁、过梁定额。过梁长度按设计规定计算。设计无规定时，按门窗洞口宽度两端各加 250mm 计算。房间与阳台连通，洞口上坪与圈梁连成一体的混凝土梁，按过梁的计算规则计算工程量，执行单梁子目。基础圈梁，按圈梁计算。

4）圈梁与梁连接时，圈梁体积应扣除伸入圈梁内的梁体积。

5）在圈梁部位挑出外墙的混凝土梁，以外墙外边线为界限，挑出部分按图示尺寸，以立方米计算，套用单梁、连续梁项目。

6）梁（单梁、框架梁、圈梁、过梁）与板整体现浇时，梁高计算至板底。

5. 现浇混凝土墙

（1）现浇混凝土墙与基础的划分，以基础扩大面的顶面为分界线，以下为基础，以上为墙身。梁、墙连接时，墙高算至梁底。墙、墙相交时，外墙按外墙中心线长度计算，内墙按墙间净长度计算。柱、墙与板相交时，柱和外墙的高度算至板上坪；内墙的高度算至板底。

（2）混凝土墙按图示中心线长度尺寸乘以设计高度及墙体厚度，以立方米计算。扣除门窗洞口及单个面积在 0.3m² 以上孔洞的体积，墙垛、附墙柱及突出部分并入墙体积内计算。混凝土墙中的暗柱、暗梁并入相应墙体积内，不单独计算。电梯井壁工程量计算执行外墙的相应规定。

6. 现浇混凝土板

（1）现浇混凝土板工程量按图示面积乘以板厚，以立方米计算。柱、墙与板相交时，板的宽度按外墙间净宽度（无外墙时，按板边缘之间的宽度）计算，不扣除柱、垛所占板的面积。

（2）各种板按以下规定计算。

1）有梁板是指由一个方向或两个方向的梁（主梁、次梁）与板连成一体的板。有梁板包括主、次梁及板，工程量按梁、板体积之和计算。

2）无梁板是指无梁且直接用柱子支撑的楼板。无梁板按板和柱帽体积之和计算。

3）平板是指直接支撑在墙上的现浇楼板。平板按板图示体积计算，伸入墙内的板头、平板边沿的翻檐，均并入平板体积内计算。

4）斜屋面板是指斜屋面铺瓦用的钢筋混凝土基层板。斜屋面按板断面积乘以斜长。有梁时，梁板合并计算。屋脊处八字脚的加厚混凝土（素混凝土）已包括在消耗量内，不单独计算。若屋脊处八字脚的加厚混凝土配置钢筋作梁使用，应按设计尺寸并入斜板工程量内计算。

5）圆弧形老虎窗顶板是指坡屋面阁楼部分为了采光而设计的圆弧形老虎窗的钢筋混凝土顶板。圆弧形老虎窗顶板套用拱板子目。

6）现浇挑檐与板（包括屋面板）连接时，以外墙外边线为界限；与圈梁（包括其他梁）连接时，以梁外边线为界限，外边线以外为挑檐。

7. 现浇混凝土阳台、雨篷

（1）阳台、雨篷按伸出外墙的水平投影面积计算，伸出外墙的牛腿不另计算，其嵌入墙内的梁另按梁有关规定单独计算。混凝土挑檐、阳台、雨篷的翻檐，总高度在 300mm 以内时，按展开面积并入相应工程量内；高度超过 300mm 时，按栏板计算。井字梁雨篷按有梁板计算规则计算。

（2）混凝土阳台（含板式和挑梁式）子目按阳台板厚 100mm 编制。混凝土雨篷子目按板式雨篷、板厚 80mm 编制。若阳台、雨篷板厚设计与宝宝不同时，按补充子目调整。三面梁式雨篷，按有梁式阳台计算。

8. 现浇混凝土栏板

（1）现浇混凝土栏板，以立方米计算，伸入墙内的栏板合并计算。

（2）飘窗左右混凝土立板，按混凝土栏板计算。飘窗上下混凝土挑板、空调机的混凝土搁板，按混凝土挑檐计算。

9. 现浇混凝土楼梯

（1）现浇混凝土整体楼梯包括休息平台、平台梁、楼梯底板、斜梁及楼梯与楼板的连接梁，按水平投影面积计算，不扣除宽度小于 500mm 的楼梯井，伸入墙内部分不另增加。混凝土楼梯（含直形和旋转形）与楼板以楼梯顶部与楼板的连接梁为界，连接梁以外为楼板。楼梯基础按基础的相应规定计算。

（2）混凝土楼梯子目，按踏步底板（不含踏步和踏步底板下的梁）和休息平台板厚均为 100mm 编制。若踏步底板、休息平台的板厚设计与定额不同时，按定额子目调整。踏步底板、休息平台的板厚不同时，应分别计算。踏步底板的水平投影面积包括底板和连接梁，休息平台的投影面积包括平台板和平台梁。

（3）踏步旋转楼梯按其楼梯部分的水平投影面积乘以周数计算（不包括中心柱）。弧形楼梯按旋转楼梯计算。

10. 小型混凝土构件

以立方米计算。

11. 预制混凝土构件

（1）预制混凝土板补现浇板缝。板底缝宽大于 40mm 时，按小型构件计算；板底缝宽大于 100mm 时，按平板计算。

（2）预制混凝土柱工程量均按图示尺寸，以立方米计算，不扣除构件内钢筋、铁件等所占的体积。

（3）预制混凝土框架柱的现浇接头（包括梁接头）按设计规定断面和长度，以立方米计算。

（4）预制钢筋混凝土工字形柱、矩形柱、空腹柱、双肢柱、空心柱、管道支架等的安装，均按柱安装计算。

（5）升板预制柱加固是指柱安装后至楼板提升完成前的预制混凝土柱的搭设加固。

（6）预制钢筋混凝土多层柱安装，首层柱按柱安装计算，二层及二层以上按柱接柱计算。

（7）升板预制柱加固子目，其工程量按提升混凝土板的体积，以立方米计算。

（8）焊接成型的预制混凝土框架结构，其柱安装按框架柱计算。

（9）预制混凝土梁工程量均按图示尺寸，以立方米计算；不扣除构件内钢筋、铁件、预应力钢筋预留孔洞等所占的体积。

（10）焊接成型的预制混凝土框架结构，其梁安装按框架梁计算。

（11）预制混凝土过梁，如需现场预制，执行预制小型构件子目。

（12）预制混凝土屋架工程量均按图示尺寸，以立方米计算，不扣除构件内钢筋、铁件、预应力钢筋预留孔洞等所占的体积。

（13）预制混凝土与钢杆件组合的屋架，混凝土部分按构件实体积，以立方米计算，钢构件部分按"t"计算，分别套用相应的定额项目。组合屋架安装，以混凝土部分的实体积计算，钢杆件部分不另计算。预制混凝土板工程量均按图示尺寸，以立方米计算，不扣除构件内钢筋、铁件、预应力钢筋预留孔洞及小于 300mm×300mm 以内孔洞所占的体积。

（14）预制混凝土楼梯工程量均按图示尺寸，以立方米计算，不扣除构件内钢筋、铁件、预应力钢筋预留孔洞及小于 300mm×300mm 以内的孔洞所占的体积。

（15）预制混凝土其他构件工程量均按图示尺寸，以立方米计算，不扣除构件内钢筋、铁件、预应力钢筋预留孔洞及小于 300mm×300mm 以内孔洞所占的体积。

（16）预制混凝土与钢杆件组合的其他构件，混凝土部分按构件实体积，以立方米计算，钢构件部分按"t"计算，分别套用相应的定额项目。其他混凝土构件安装及灌缝子目，适用于单体体积在 0.1m³ 以内（人力安装）或 0.5m³（5t 汽车吊安装）以内定额未单独列项的小型构件。天窗架、天窗端壁、上下档、支撑、侧板及檩条的灌缝套用相应子目。

（17）预制混凝土构件安装均按图示尺寸，以实体积计算。

12. 混凝土水塔

（1）钢筋混凝土基础包括基础底板及筒座。工程量按设计图纸尺寸，以立方米计算。

（2）筒身与槽底以槽底连接的圈梁底为界，以上为槽底，以下为筒身。

（3）筒式塔身及依附于筒身的过梁、雨篷、挑檐等并入筒身体积内计算，柱式塔身、柱、梁合并计算。

（4）塔顶包括顶板和圈梁，槽底包括底板挑出的斜壁板和圈梁等合并计算。

（5）混凝土水塔按设计图示尺寸，以立方米计算工程量，分别套用相应定额项目。

（6）倒锥壳水塔中的水箱，定额按地面上浇筑编制。水箱的提升另按定额措施项目的相应规定计算。倒锥壳水塔是指水箱呈倒锥形的一种新型水塔，具有结构紧凑、造型优美、机械化施工程度高等优点。定额中筒身施工采用滑升钢模板，筒身完工后，以筒身为基准，围绕筒身预制钢筋混凝土水箱。

13. 贮水（油）池、贮仓

（1）贮水（油）池、贮仓，以立方米计算。

（2）贮水（油）池不分平底、锥底和坡底，均按池底计算。壁基梁、池壁不分圆形壁和矩形壁，均按池壁计算。

（3）沉淀池水槽系指池壁上的环形溢水槽、纵横 U 形水槽，但不包括与水槽相连接的矩形梁。矩形梁按相应定额子目计算。沉淀池指水处理中澄清浑水用的水池。浑水缓慢流过或停留在池中时，悬浮物下沉至池底。

（4）贮仓不分矩形仓壁、圆形仓壁，均套用混凝土立壁定额。混凝土斜壁（漏斗）套用混凝土漏斗定额。立壁和斜壁以相互交点的水平线为界，壁上圈梁并入斜壁工程量内，仓顶板及其顶板梁合并计算，套用仓顶板定额。

（5）贮水（油）池、贮仓、筒仓的基础、支撑柱及柱之间的连系梁，根据构成材料的不同，分别按定额相应规定计算。

14. 铸铁盖板

铸铁盖板（带座）安装以套计算。

15. 室外排水管道

（1）室外排水管道与室内排水管道的分界，以室内至室外第一个排水检查井为界。检查井至室内一侧为室内排水管道，另一侧为室外排水（厂区、小区内）管道。

（2）排水管道铺设以延长米计算，扣除其检查井所占的长度。

（3）排水管道基础按不同管径及基础材料分别以延长米计算。

16. 场区道路

场区道路子目，按各省建筑标准设计图集编制。场区道路子目中，已包括留设伸缩缝及嵌缝内容。场区道路垫层按设计图示尺寸，以立方米计算。道路面层工程量按设计图示尺寸以平方米计算。

17. 配套定额关于钢筋工程量的计算

（1）钢筋工程应区别现浇、预制构件和不同钢种、规格。计算时分别按设计长度乘单位理论重量，以"t"计算。钢筋电渣压力焊接、套筒挤压等接头，以个计算。钢筋机械连接的接头，按设计规定计算。设计无规定时，按施工规范或施工组织设计规定的实际数量计算。

（2）计算钢筋工程量时，钢筋保护层厚度按设计规定计算。设计无规定时，按施工规范规定计算。钢筋的弯钩增加长度和弯起增加长度按设计规定计算。已执行了本章钢筋接头子目的钢筋连接，其连接长度不另行计算。施工单位为了节约材料所发生的钢筋搭接，其连接长度或钢筋接头不另行计算。

（3）先张法预应力钢筋按构件外形尺寸计算长度。后张法预应力钢筋按设计规定的预应力钢筋预留孔道长度，并区别不同的锚具类型，分别按下列规定计算。

1）低合金钢筋两端采用螺杆锚具时，预应力钢筋按预留孔道长度减 0.35m，螺杆另行计算。

2）低合金钢筋一端采用镦头插片，另一端为螺杆锚具时，预应力钢筋长度按预留孔道长度计算，螺杆另行计算。

3）低合金钢筋一端采用镦头插片，另一端采用帮条锚具时，预应力钢筋长度增加 0.15m；两端均采用帮条锚具时，预应力钢筋长度共增加 0.3m。

4）低合金钢筋采用后张混凝土自锚时，预应力钢筋长度增加 0.35m。

5）低合金钢筋或钢绞线采用 JM、XM、QM 型锚具。孔道长度在 20m 以内时，预应力钢筋长度增加 1m；孔道长在 20m 以上时，预应力钢筋长度增加 1.8m。

6）碳素钢丝采用锥形锚具。孔道长在 20m 以内时，预应力钢筋长度增加 1m；孔道长在 20m 以上时，预应力钢筋长度增加 1.8m。

7）碳素钢丝两端采用镦粗头时，预应力钢丝长度增加 0.35m。现行定额新增了无粘结预应力钢丝束和有粘结预应力钢绞线项目，其含义是：无粘结预应力钢丝束是指外表面刷涂料、包塑料管的钢丝束，直接预埋于混凝土中，待混凝土达到一定强度后，进行后张法施工。预应力钢丝束的张拉应力通过其两端的锚具传递给混凝土构件。由于钢丝束外表面的塑料管阻断了钢丝束与混凝土的接触，因此钢丝束与混凝土之间不能形成粘结，故称无粘结。

有粘结预应力钢绞线是指浇筑混凝土时，用波纹管在混凝土中预留孔道，混凝土达到强度时，在波纹管中穿入钢质裸露的钢绞线，然后进行后张法施工，最后在波纹管中加压浆，用锚具锚固钢筋。由于混凝土、波纹管、砂浆、钢绞线能够相互粘结成牢固的整体，故称有粘结。

（4）其他。

1）马凳是指用于支撑现浇混凝土板或现浇雨篷板中的上部钢筋的铁件。马凳钢筋质量，设计有规定的按设计规定计算。设计无规定时，马凳的规格应比底板钢筋降低一个规格。若底板钢筋规格不同时，按其中规格大的钢筋降低一个规格计算。长度按底板厚度的 2 倍加 200mm 计算，每平方米 1 个，计入钢筋总量。

2）墙体拉结 S 钩钢筋质量，设计有规定的按设计规定计算，长度按墙厚加 150mm 计算，每平方米 3 个，计入钢筋总量。

3）砌体加固钢筋按设计用量，以 t 计算。

4）防护工程的钢筋锚杆、锚喷护壁钢筋、钢筋网按设计用量，以"t"计算，执行现浇构件钢筋子目。

5）混凝土构件预埋铁件工程量，按金属结构制作工程量的规则，以"t"计算。

6）冷扎扭钢筋执行冷扎带肋钢筋子目。

7）设计采用 HRB400 级钢时，执行补充定额相应子目。

8）预制混凝土构件中，不同直径的钢筋点焊成一体时，按各自的直径计算钢筋工程量，按不同直径钢筋的总工程量执行最小直径钢筋的点焊子目；如果最大与最小钢筋的直径比大于 2 时，最小直径钢筋点焊子目的人工乘以系数 1.25。

18. 螺栓铁件、钢板计算

螺栓铁件按设计图示尺寸的钢材质量，以"t"计算。金属构件中所用钢板，设计为多边形者，按矩形计算，矩形的边长以设计构件尺寸的最大矩形面积计算。

第三节　混凝土及钢筋混凝土工程清单项目设置及工程量计算

一、现浇混凝土基础

现浇混凝土基础工程量清单项目设置、项目特征描述的内容、计量单位及工程量计算规则应按表 6 - 10 的规定执行。

表 6 - 10　　　　　　　　现浇混凝土基础（编号：010501）

项目编码	项目名称	项目特征	计量单位	工程量计算规则	工作内容
010501001	垫层				
010501002	带形基础				
010501003	独立基础	1. 混凝土种类 2. 混凝土强度等级	m^3	按设计图示尺寸以体积计算。不扣除伸入承台基础的桩头所占体积	1. 模板及支撑制作、安装、拆除、堆放、运输及清理模内杂物、刷隔离剂等 2. 混凝土制作、运输、浇筑、振捣、养护
010501004	满堂基础				
010501005	桩承台基础				
010501006	设备基础	1. 混凝土种类 2. 混凝土强度等级 3. 灌浆材料及其强度等级			

注：1. 有肋带形基础、无肋带形基础应按本表中相关项目列项，并注明肋高。

2. 箱式满堂基础中柱、梁、墙、板按表 6 - 11、表 6 - 12、表 6 - 13、表 6 - 14 相关项目分别编码列项；箱式满堂基础底板按本表的满堂基础项目列项。

3. 框架式设备基础中柱、梁、墙、板分别按表 6 - 11、表 6 - 12、表 6 - 13、表 6 - 14 相关项目编码列项；基础部分按本表相关项目编码列项。

4. 如为毛石混凝土基础，项目特征应描述毛石所占比例。

二、现浇混凝土柱

现浇混凝土柱工程量清单项目设置、项目特征描述的内容、计量单位及工程量计算规则应按表 6-11 的规定执行。

表 6-11　　　　　　　现浇混凝土柱 （编号：010502）

项目编码	项目名称	项目特征	计量单位	工程量计算规则	工作内容
010502001	矩形柱	1. 混凝土种类 2. 混凝土强度等级	m³	按设计图示尺寸以体积计算 柱高： 1. 有梁板的柱高，应自柱基上表面（或楼板上表面）至上一层楼板上表面之间的高度计算 2. 无梁板的柱高，应自柱基上表面（或楼板上表面）至柱帽下表面之间的高度计算 3. 框架柱的柱高：应自柱基上表面至柱顶高度计算 4. 构造柱按全高计算，嵌接墙体部分（马牙槎）并入柱身体积 5. 依附柱上的牛腿和升板的柱帽，并入柱身体积计算	1. 模板及支架（撑）制作、安装、拆除、堆放、运输及清理模内杂物、刷隔离剂等 2. 混凝土制作、运输、浇筑、振捣、养护
010502002	构造柱				
010502003	异形柱	1. 柱形状 2. 混凝土种类 3. 混凝土强度等级			

注：混凝土种类指清水混凝土、彩色混凝土等，如在同一地区既使用预拌（商品）混凝土，又允许现场搅拌混凝土时，也应注明（下同）。

三、现浇混凝土梁

现浇混凝土梁工程量清单项目设置、项目特征描述的内容、计量单位及工程量计算规则应按表 6-12 的规定执行。

表 6 - 12   现浇混凝土梁（编号：010503）

项目编码	项目名称	项目特征	计量单位	工程量计算规则	工作内容
010503001	基础梁	1. 混凝土种类 2. 混凝土强度等级	m³	按设计图示尺寸以体积计算。伸入墙内的梁头、梁垫并入梁体积内 梁长： 1. 梁与柱连接时，梁长算至柱侧面 2. 主梁与次梁连接时，次梁长算至主梁侧面	1. 模板及支架（撑）制作、安装、拆除、堆放、运输及清理模内杂物、刷隔离剂等 2. 混凝土制作、运输、浇筑、振捣、养护
010503002	矩形梁				
010503003	异形梁				
010503004	圈梁				
010503005	过梁				
010503006	弧形、拱形梁	1. 混凝土种类 2. 混凝土强度等级	m³	按设计图示尺寸以体积计算。伸入墙内的梁头、梁垫并入梁体积内 梁长： 1. 梁与柱连接时，梁长算至柱侧面 2. 主梁与次梁连接时，次梁长算至主梁侧面	1. 模板及支架（撑）制作、安装、拆除、堆放、运输及清理模内杂物、刷隔离剂等 2. 混凝土制作、运输、浇筑、振捣、养护

四、现浇混凝土墙

现浇混凝土墙工程量清单项目设置、项目特征描述的内容、计量单位及工程量计算规则应按表 6 - 13 的规定执行。

表 6 - 13   现浇混凝土墙（编号：010504）

项目编码	项目名称	项目特征	计量单位	工程量计算规则	工作内容
010504001	直形墙	1. 混凝土种类 2. 混凝土强度等级	m³	按设计图示尺寸以体积计算 扣除门窗洞口及单个面积>0.3m² 的孔洞所占体积，墙垛及突出墙面部分并入墙体体积计算内	1. 模板及支架（撑）制作、安装、拆除、堆放、运输及清理模内杂物、刷隔离剂等 2. 混凝土制作、运输、浇筑、振捣、养护
010504002	弧形墙				
010504003	短肢剪力墙				
010504004	挡土墙				

注：短肢剪力墙是指截面厚度不大于 300mm、各肢截面高度与厚度之比的最大值大于 4 但不大于 8 的剪力墙；各肢截面高度与厚度之比的最大值不大于 4 的剪力墙按柱项目编码列项。

五、现浇混凝土板

现浇混凝土板工程量清单项目设置、项目特征描述的内容、计量单位及工程量计算规则应按表 6-14 的规定执行。

表 6-14　　　　　　　　　　现浇混凝土板（编码：010505）

项目编码	项目名称	项目特征	计量单位	工程量计算规则	工作内容
010505001	有梁板	1. 混凝土种类 2. 混凝土强度等级	m³	按设计图示尺寸以体积计算，不扣除单个面积≤0.3m² 的柱、垛以及孔洞所占体积 压形钢板混凝土楼板扣除构件内压形钢板所占体积 有梁板（包括主、次梁与板）按梁、板体积之和计算，无梁板按板和柱帽体积之和计算，各类板伸入墙内的板头并入板体积内，薄壳板的肋、基梁并入薄壳体积内计算	1. 模板及支架（撑）制作、安装、拆除、堆放、运输及清理模内杂物、刷隔离剂等 2. 混凝土制作、运输、浇筑、振捣、养护
010505002	无梁板				
010505003	平板				
010505004	拱板				
010505005	薄壳板				
010505006	栏板				
010505007	天沟（檐沟）、挑檐板			按设计图示尺寸以体积计算	
010505008	雨篷、悬挑板、阳台板			按设计图示尺寸以墙外部分体积计算。包括伸出墙外的牛腿和雨篷反挑檐的体积	
010505009	空心板			按设计图示尺寸以体积计算。空心板（GBF 高强薄壁蜂巢芯板等）应扣除空心部分体积	
010505010	其他板			按设计图示尺寸以体积计算	

注：现浇挑檐、天沟板、雨篷、阳台与板（包括屋面板、楼板）连接时，以外墙外边线为分界线；与圈梁（包括其他梁）连接时，以梁外边线为分界线。外边线以外为挑檐、天沟、雨篷或阳台。

六、现浇混凝土楼梯

现浇混凝土楼梯工程量清单项目设置、项目特征描述的内容、计量单位及工程量计算规则应按表 6-15 的规定执行。

表 6-15　　　　　　　现浇混凝土楼梯（编号：010506）

项目编码	项目名称	项目特征	计量单位	工程量计算规则	工作内容
010506001	直形楼梯	1. 混凝土种类 2. 混凝土强度等级	1. m² 2. m³	1. 以平方米计量，按设计图示尺寸以水平投影面积计算。不扣除宽度≤500mm的楼梯井，伸入墙内部分不计算 2. 以立方米计量，按设计图示尺寸以体积计算	1. 模板及支架（撑）制作、安装、拆除、堆放、运输及清理模内杂物、刷隔离剂等 2. 混凝土制作、运输、浇筑、振捣、养护
010506002	弧形楼梯				

注：整体楼梯（包括直形楼梯、弧形楼梯）水平投影面积包括休息平台、平台梁、斜梁和楼梯的连接梁。当整体楼梯与现浇楼板无梯梁连接时，以楼梯的最后一个踏步边缘加300mm为界。

七、现浇混凝土其他构件

现浇混凝土其他构件工程量清单项目设置、项目特征描述的内容、计量单位及工程量计算规则应按表 6-16 的规定执行。

表 6-16　　　　　　现浇混凝土其他构件（编号：010507）

项目编码	项目名称	项目特征	计量单位	工程量计算规则	工作内容
010507001	散水、坡道	1. 垫层材料种类、厚度 2. 面层厚度 3. 混凝土种类 4. 混凝土强度等级 5. 变形缝填塞材料种类	m²	按设计图示尺寸以水平投影面积计算。不扣除单个≤0.3m²的孔洞所占面积	1. 地基夯实 2. 铺设垫层 3. 模板及支撑制作、安装、拆除、堆放、运输及清理模内杂物、刷隔离剂等 4. 混凝土制作、运输、浇筑、振捣、养护 5. 变形缝填塞
010507002	室外地坪	1. 地坪厚度 2. 混凝土强度等级			
010507003	电缆沟、地沟	1. 土壤类别 2. 沟截面净空尺寸 3. 垫层材料种类、厚度 4. 混凝土种类 5. 混凝土强度等级 6. 防护材料种类	m	按设计图示以中心线长度计算	1. 挖填、运土石方 2. 铺设垫层 3. 模板及支撑制作、安装、拆除、堆放、运输及清理模内杂物、刷隔离剂等 4. 混凝土制作、运输、浇筑、振捣、养护 5. 刷防护材料

续表

项目编码	项目名称	项目特征	计量单位	工程量计算规则	工作内容
010507004	台阶	1. 踏步高、宽 2. 混凝土种类 3. 混凝土强度等级	1. m² 2. m³	1. 以平方米计量，按设计图示尺寸水平投影面积计算 2. 以立方米计量，按设计图示尺寸以体积计算	1. 模板及支撑制作、安装、拆除、堆放、运输及清理模内杂物、刷隔离剂等 2. 混凝土制作、运输、浇筑、振捣、养护
010507005	扶手、压顶	1. 断面尺寸 2. 混凝土种类 3. 混凝土强度等级	1. m 2. m³	1. 以米计量，按设计图示的中心线延长米计算 2. 以立方米计量，按设计图示尺寸以体积计算	
010507006	化粪池、检查井	1. 部位 2. 混凝土强度等级 3. 防水、抗渗要求	1. m³ 2. 座	1. 按设计图示尺寸以体积计算 2. 以座计量，按设计图示数量计算	1. 模板及支架（撑）制作、安装、拆除、堆放、运输及清理模内杂物、刷隔离剂等 2. 混凝土制作、运输、浇筑、振捣、养护
010507007	其他构件	1. 构件的类型 2. 构件规格 3. 部位 4. 混凝土种类 5. 混凝土强度等级	m³		

注：1. 现浇混凝土小型池槽、垫块、门框等，应按本表其他构件项目编码列项。
　　2. 架空式混凝土台阶，按现浇楼梯计算。

八、后浇带

后浇带工程量清单项目设置、项目特征描述的内容、计量单位及工程量计算规则应按表6-17的规定执行。

表6-17　　　　　　　　后浇带（编号：010508）

项目编码	项目名称	项目特征	计量单位	工程量计算规则	工作内容
010508001	后浇带	1. 混凝土种类 2. 混凝土强度等级	m³	按设计图示尺寸以体积计算	1. 模板及支架（撑）制作、安装、拆除、堆放、运输及清理模内杂物、刷隔离剂等 2. 混凝土制作、运输、浇筑、振捣、养护及混凝土交接面、钢筋等的清理

九、预制混凝土柱

预制混凝土柱工程量清单项目设置、项目特征描述的内容、计量单位及工程量计算规则应按表 6 - 18 的规定执行。

表 6 - 18   预制混凝土柱（编号：010509）

项目编码	项目名称	项目特征	计量单位	工程量计算规则	工作内容
010509001	矩形柱	1. 图代号 2. 单件体积 3. 安装高度 4. 混凝土强度等级 5. 砂浆（细石混凝土）强度等级、配合比	1. m³ 2. 根	1. 以立方米计量，按设计图示尺寸以体积计算 2. 以根计量，按设计图示尺寸以数量计算	1. 模板制作、安装、拆除、堆放、运输及清理模内杂物、刷隔离剂等 2. 混凝土制作、运输、浇筑、振捣、养护 3. 构件运输、安装 4. 砂浆制作、运输 5. 接头灌缝、养护
010509002	异形柱				

注：以根计量，必须描述单件体积。

十、预制混凝土梁

预制混凝土梁工程量清单项目设置、项目特征描述的内容、计量单位及工程量计算规则应按表 6 - 19 的规定执行。

表 6 - 19   预制混凝土梁（编号：010510）

项目编码	项目名称	项目特征	计量单位	工程量计算规则	工作内容
010510001	矩形梁	1. 图代号 2. 单件体积 3. 安装高度 4. 混凝土强度等级 5. 砂浆（细石混凝土）强度等级、配合比	1. m³ 2. 根	1. 以立方米计量，按设计图示尺寸以体积计算 2. 以根计量，按设计图示尺寸以数量计算	1. 模板制作、安装、拆除、堆放、运输及清理模内杂物、刷隔离剂等 2. 混凝土制作、运输、浇筑、振捣、养护 3. 构件运输、安装 4. 砂浆制作、运输 5. 接头灌缝、养护
010510002	异形梁				
010510003	过梁				
010510004	拱形梁				
010510005	鱼腹式吊车梁				
010510006	其他梁				

注：以根计量，必须描述单件体积。

十一、预制混凝土屋架

预制混凝土屋架工程量清单项目设置、项目特征描述的内容、计量单位及工程量计算规则应按表 6 - 20 的规定执行。

表 6-20　　　　　　　　　　　　　预制混凝土屋架（编号：010511）

项目编码	项目名称	项目特征	计量单位	工程量计算规则	工作内容
010511001	折线型	1. 图代号 2. 单件体积 3. 安装高度 4. 混凝土强度等级 5. 砂浆（细石混凝土）强度等级、配合比	1. m³ 2. 榀	1. 以立方米计量，按设计图示尺寸以体积计算 2. 以榀计量，按设计图示尺寸以数量计算	1. 模板制作、安装、拆除、堆放、运输及清理模内杂物、刷隔离剂等 2. 混凝土制作、运输、浇筑、振捣、养护 3. 构件运输、安装 4. 砂浆制作、运输 5. 接头灌缝、养护
010511002	组合				
010511003	薄腹				
010511004	门式刚架				
010511005	天窗架				

注：1. 以榀计量，必须描述单件体积。
　　2. 三角形屋架按本表中折线型屋架项目编码列项。

十二、预制混凝土板

预制混凝土板工程量清单项目设置、项目特征描述的内容、计量单位及工程量计算规则应按表 6-21 的规定执行。

表 6-21　　　　　　　　　　　　　预制混凝土板（编号：010512）

项目编码	项目名称	项目特征	计量单位	工程量计算规则	工作内容
010512001	平板	1. 图代号 2. 单件体积 3. 安装高度 4. 混凝土强度等级 5. 砂浆（细石混凝土）强度等级、配合比	1. m³ 2. 块	1. 以立方米计量，按设计图示尺寸以体积计算。不扣除单个面积≤300mm×300mm 的孔洞所占体积，扣除空心板空洞体积 2. 以块计量，按设计图示尺寸以数量计算	1. 模板制作、安装、拆除、堆放、运输及清理模内杂物、刷隔离剂等 2. 混凝土制作、运输、浇筑、振捣、养护 3. 构件运输、安装 4. 砂浆制作、运输 5. 接头灌缝、养护
010512002	空心板				
010512003	槽形板				
010512004	网架板				
010512005	折线板				
010512006	带肋板				
010512007	大型板				
010512008	沟盖板、井盖板、井圈	1. 单件体积 2. 安装高度 3. 混凝土强度等级 4. 砂浆强度等级、配合比	1. m³ 2. 块（套）	1. 以立方米计量。按设计图示尺寸以体积计算 2. 以块计量，按设计图示尺寸以数量计算	

注：1. 以块、套计量，必须描述单件体积。
　　2. 不带肋的预制遮阳板、雨篷板、挑檐板、拦板等，应按本表平板项目编码列项。
　　3. 预制 F 形板、双 T 形板、单肋板和带反挑檐的雨篷板、挑檐板、遮阳板等，应按本表带肋板项目编码列项。
　　4. 预制大型墙板、大型楼板、大型屋面板等，按本表中大型板项目编码列项。

十三、预制混凝土楼梯

预制混凝土楼梯工程量清单项目设置、项目特征描述的内容、计量单位及工程量计算规则应按表 6-22 的规定执行。

表 6 - 22   预制混凝土楼梯（编号：010513）

项目编码	项目名称	项目特征	计量单位	工程量计算规则	工作内容
010513001	楼梯	1. 楼梯类型 2. 单件体积 3. 混凝土强度等级 4. 砂浆（细石混凝土）强度等级	1. m³ 2. 段	1. 以立方米计量，按设计图示尺寸以体积计算。扣除空心踏步板空洞体积 2. 以段计量，按设计图示数量计算	1. 模板制作、安装、拆除、堆放、运输及清理模内杂物、刷隔离剂等 2. 混凝土制作、运输、浇筑、振捣、养护 3. 构件运输、安装 4. 砂浆制作、运输 5. 接头灌缝、养护

注：以块计量，必须描述单件体积。

十四、其他预制构件

其他预制构件工程量清单项目设置、项目特征描述的内容、计量单位及工程量计算规则应按表 6 - 23 的规定执行。

表 6 - 23   其他预制构件（编号：010514）

项目编码	项目名称	项目特征	计量单位	工程量计算规则	工作内容
010514001	垃圾道、通风道、烟道	1. 单件体积 2. 混凝土强度等级 3. 砂浆强度等级	1. m³ 2. m² 3. 根（块、套）	1. 以立方米计量，按设计图示尺寸以体积计算。不扣除单个面积≤300mm×300mm 的孔洞所占体积，扣除烟道、垃圾道、通风道的孔洞所占体积 2. 以平方米计量，按设计图示尺寸以面积计算。不扣除单个面积≤300mm×300mm 的孔洞所占面积 3. 以根计量，按设计图示尺寸以数量计算	1. 模板制作、安装、拆除、堆放、运输及清理模内杂物、刷隔离剂等 2. 混凝土制作、运输、浇筑、振捣、养护 3. 构件运输、安装 4. 砂浆制作、运输 5. 接头灌缝、养护
010514002	其他构件	1. 单件体积 2. 构件的类型 3. 混凝土强度等级 4. 砂浆强度等级			

注：1. 以块、根计量，必须描述单件体积。

　　2. 预制钢筋混凝土小型池槽、压顶、扶手、垫块、隔热板、花格等，按本表中其他构件项目编码列项。

十五、钢筋工程

钢筋工程工程量清单项目设置、项目特征描述的内容、计量单位及工程量计算规则应按表 6 - 24 的规定执行。

表 6 - 24　　　　　　　　　　　　　钢筋工程（编号：010515）

项目编码	项目名称	项目特征	计量单位	工程量计算规则	工作内容
010515001	现浇构件钢筋	钢筋种类、规格	t	按设计图示钢筋（网）长度（面积）乘单位理论质量计算	1. 钢筋制作、运输 2. 钢筋安装 3. 焊接（绑扎）
010515002	预制构件钢筋				
010515003	钢筋网片				1. 钢筋网制作、运输 2. 钢筋网安装 3. 焊接（绑扎）
010515004	钢筋笼				1. 钢筋笼制作、运输 2. 钢筋笼安装 3. 焊接（绑扎）
010515005	先张法预应力钢筋	1. 钢筋种类、规格 2. 锚具种类		按设计图示钢筋长度乘单位理论质量计算	1. 钢筋制作、运输 2. 钢筋张拉
010515006	后张法预应力钢筋	1. 钢筋种类、规格 2. 钢丝种类、规格 3. 钢绞线种类、规格 4. 锚具种类 5. 砂浆强度等级		按设计图示钢筋（丝束、绞线）长度乘单位理论质量计算 1. 低合金钢筋两端均采用螺杆锚具时，钢筋长度按孔道长度减 0.35m 计算，螺杆另行计算 2. 低合金钢筋一端采用镦头插片，另一端采用螺杆锚具时，钢筋长度按孔道长度计算，螺杆另行计算 3. 低合金钢筋一端采用镦头插片，另一端采用帮条锚具时，钢筋增加 0.15m 计算；两端均采用帮条锚具时，钢筋长度按孔道长度增加 0.3m 计算 4. 低合金钢筋采用后张混凝土自锚时，钢筋长度按孔道长度增加 0.35m 计算 5. 低合金钢筋（钢绞线）采用 JM、XM、QM 型锚具，孔道长度≤20m 时，钢筋长度增加 1m 计算，孔道长度＞20m 时，钢筋长度增加 1.8m 计算 6. 碳素钢丝采用锥形锚具，孔道长度≤20m 时，钢丝束长度按孔道长度增加 1m 计算，孔道长度＞20m 时，钢丝束长度按孔道长度增加 1.8m 计算 7. 碳素钢丝采用镦头锚具时，钢丝束长度按孔道长度增加 0.35m 计算	1. 钢筋、钢丝、钢绞线制作、运输 2. 钢筋、钢丝、钢绞线安装 3. 预埋管孔道铺设 4. 锚具安装 5. 砂浆制作、运输 6. 孔道压浆、养护
010515007	预应力钢丝				
010515008	预应力钢绞线				

续表

项目编码	项目名称	项目特征	计量单位	工程量计算规则	工作内容
010515009	支撑钢筋（铁马）	1. 钢筋种类 2. 规格	t	按钢筋长度乘单位理论质量计算	钢筋制作、焊接、安装
010515010	声测管	1. 材质 2. 规格型号		按设计图示尺寸以质量计算	1. 检测管截断、封头 2. 套管制作、焊接 3. 定位、固定

注：1. 现浇构件中伸出构件的锚固钢筋应并入钢筋工程量内。除设计（包括规范规定）标明的搭接外，其他施工搭接不计算工程量，在综合单价中综合考虑。

2. 现浇构件中固定位置的支撑钢筋、双层钢筋用的"铁马"在编制工程量清单时，如果设计未明确，其工程数量可为暂估量，结算时按现场签证数量计算。

十六、螺栓、铁件

螺栓、铁件工程量清单项目设置、项目特征描述的内容、计量单位及工程量计算规则应按表 6 - 25 的规定执行。

表 6 - 25 螺栓、铁件（编号：010516）

项目编码	项目名称	项目特征	计量单位	工程量计算规则	工作内容
010516001	螺栓	1. 螺栓种类 2. 规格	t	按设计图示尺寸以质量计算	1. 螺栓、铁件制作、运输 2. 螺栓、铁件安装
010516002	预埋铁件	1. 钢材种类 2 规格 3. 铁件尺寸			
010516003	机械连接	1. 连接方式 2. 螺纹套筒种类 3. 规格	个	按数量计算	1. 钢筋套丝 2. 套筒连接

注：编制工程量清单时，如果设计未明确，其工程数量可为暂估量，实际工程量按现场签证数量计算。

十七、相关问题及说明

（1）预制混凝土构件或预制钢筋混凝土构件，如施工图设计标注做法见标准图集时，项目特征注明标准图集的编码、页号及节点大样即可。

（2）现浇或预制混凝土和钢筋混凝土构件，不扣除构件内钢筋、螺栓、预埋铁件、张拉孔道所占体积，但应扣除劲性骨架的型钢所占体积。

【例 6 - 8】　××工程基础面标两为 -1.2m，一层层高 3.9m，一层柱尺寸 300mm×400mm，共计根，混凝土强度等级 C25，采用现场砾石混凝土浇捣。试编制柱的工程量清单及报价。

解：1. 工程量清单的编制

$$柱高为 3.9 + 1.2 = 5.1(m)$$

　　　　矩形柱清单工程量＝0.3×0.4×5.1×30＝18.36m³

编制工程量清单表见表6-26。

表6-26　　　　　　　　　　工 程 量 清 单 表

序号	项目编码	项目名称	项目特征描述	计量单位	工程量	金额/元		
						综合单价	合价	其中：暂估价
1	010502001	矩形柱	（1）混凝土强度等级：C25 （2）柱高度：5.1m （3）混凝土拌和料要求：现场搅拌、使用砾石 （4）柱栽面尺寸：300mm×400mm	m³	18.36			

2. 工程量清单计价单价分析

矩形柱项目发生的工程内容有：

柱混凝土制作、运输、浇筑、振捣、养护：工程量同清单18.36m³

工程量清单计价单价分析见表6-27。

表6-27　　　　　　　　工程量清单计价单价分析表

序号	项目编码	项目名称	计量单位	工程量	综合单价组成					综合单价	合计
					人工费	材料费	机械使用费	企业管理费	利润		
1	010502001	矩形柱	m³	18.36							
1.1	010502001001	C25柱混凝土（现场搅拌、使用砾石）	m³	18.36	92.05	231.42	6.25	19.66	6.99	356.37	6543
	合计										6543

3. 分部分项工程清单计价（表6-28）。

表6-28　　　　　　　　分部分项工程清单计价表

序号	项目编码	项目名称	项目特征描述	计量单位	工程量	金额/元		
						综合单价	合价	其中：暂估价
1	010502001	矩形柱	（1）混凝土强度等级：C25 （2）柱高度：5.1m （3）混凝土拌和料要求：现场搅拌、使用砾石 （4）柱截面尺寸：300mm×400mm	m³	18.36	356.37	6543	

【例 6 - 9】　如图 6 - 50 所示，此预制水磨石台板所用混凝土强度等级为 C20，安装时，需进行酸洗、打蜡，安装高度为 20m 以内，试计算此预制水磨石台板 150 块的工程量。

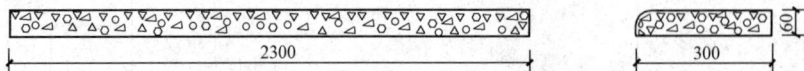

图 6 - 50　预制水磨石窗台板

解：依据题意，预制水磨石窗台板安装套用基础定额 3 - 3 - 58，酸洗、打醋套用基础定额（台阶），得

$$V_{预制水磨石窗台板工程量}=2.3×0.3×0.06×150$$
$$=6.21(m^3)$$

该项目的工程内容：构件安装；砂浆制作、运输、接头灌缝养护、酸洗、打蜡。

$$预制水磨石窗台板工程量=2.3×0.3×150$$
$$=103.5m^3$$

预制水磨石窗台板安装费用应扣除成品材料费。

人工、材料、机械单价选用市场信息价。

【例 6 - 10】　有一建筑标准层楼梯设计如图 6 - 51 所示，现浇 C25 混凝土（砾石）板式整体楼梯，梯板厚 120mm，楼梯踏步尺寸为 260mm×155mm，共 18 级。已知 $b=260×8=2080mm$，$c=150mm$，休息平台宽为 1600mm，楼梯与楼板连接梁、平台梁断面尺寸均为 200mm×300mm，平台板厚 80mm。试编制一个标准层的楼梯工程量清单及报价。

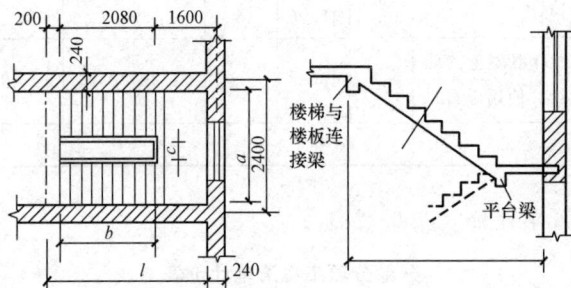

图 6 - 51　标准层楼梯图

解：1. 工程量清单的编制

清单项目为直形楼梯：

清单工程量为：（2.08+　0.2+　+1.6-0.12）×（2.4-0.24）=8.12（m²）

编制工程量清单见表 6 - 29。

表 6 - 29　　　　　　　　　　工 程 量 清 单 表

序号	项目编码	项目名称	项目特征描述	计量单位	工程量	综合单价	合价	其中：暂估价
						金额（元）		
4	010506001	直形楼梯	（1）混凝土强度等级：C25 （2）混凝土拌和料要求：现场搅拌、使用砾石	m²	8.12			

2. 工程量清单计价单价分析（表 6 - 30）

直形楼梯项目发生的工程内容有：

C25 板式整体楼梯混凝土：工程量同清单 8.12m²。

表 6 - 30　　　　　　　　工程量清单计价单价分析表

序号	项目编码	项目名称	计量单位	工程量	人工费	材料费	机械使用费	企业管理费	利润	综合单价	合计
							综合单价组成				
4	010506001	直形楼梯	m²	8.12							
4.1	010506001001	C25 板式整体楼梯混凝土（现场搅拌、使用砾石）	m²	8.12	20.53	49.38	2.04	4.51	1.53	77.99	633
	合计										633

3. 分部分项工程工程量清单计价单价分析（表 6 - 31）

表 6 - 31　　　　　　分部分项工程工程量清单计价单价分析表

序号	项目编码	项目名称	项目特征描述	计量单位	工程量	综合单价	合价	其中：暂估价
						金额（元）		
4	010506001001	直形楼梯	（1）混凝土强度等级：C25 （2）混凝土拌和料要求：现场搅拌、使用砾石	m²	8.12	77.98	633	

第七章 门窗及木结构工程工程量相关规定及计算

第一节 门窗及木结构工程量相关知识规定

一、一般规定

各类门、窗制作、安装工程量均按门、窗洞口面积计算。

（1）门、窗盖口条、贴脸、披水条，按图示尺寸以延长米计算，执行木装修项目（图7-1）。

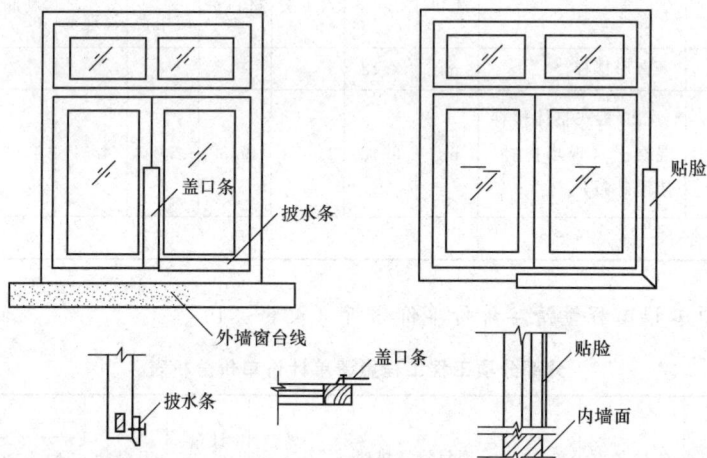

图7-1 门、窗盖口条、贴脸、披水条示意图

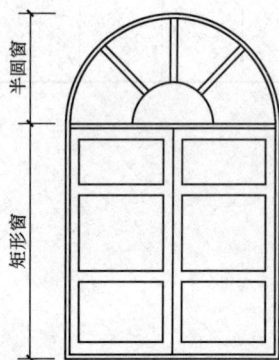

图7-2 带半圆窗示意图

（2）普通窗上部带有半圆窗（图7-2）的工程量，应分别按半圆窗和普通窗计算。其分界线以普通窗和半圆窗之间的横框上裁口线为分界线。

（3）门窗扇包镀锌铁皮，按门、窗洞口面积以平方米计算（图7-3）；门窗框包镀锌铁皮，钉橡皮条、钉毛毡按图示门窗洞口尺寸以延长米计算。

（4）木材木种分类。全国统一建筑工程基础定额将木材分为以下四类：

一类：红松、水桐木、樟子松。

二类：白松（方杉、冷杉）、杉木、杨木、柳木、椴木。

三类：青松、黄花松、秋子木、马尾松、东北榆木、柏

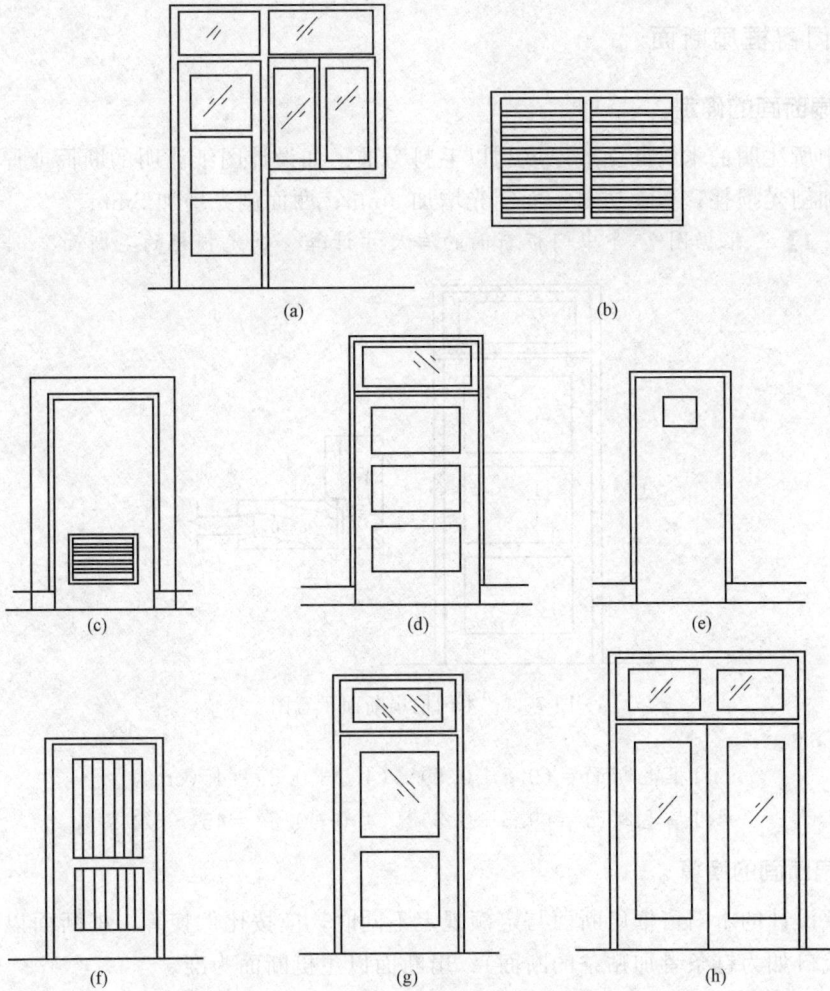

图 7-3　各种门窗示意图

(a) 门带窗；(b) 固定百叶窗；(c) 半截百叶门；(d) 带亮子镶板门；
(e) 带观察窗胶合板门；(f) 拼板门；(g) 半玻门；(h) 全玻门

木、苦楝木、梓木、黄菠萝、椿木、楠木、柚木、樟木。

四类：栎木（柞木）、檀木、色木、槐木、荔木、麻栗木（麻栎、青杠）、桦木、荷木、水曲柳、华北榆木。

（5）板、枋材规格分类见表 7-1。

表 7-1　　　　　　　　　　　板、枋材规格分类表

项目	按宽厚尺寸比例分类	按板材厚度、枋材宽与厚乘积分类			
板材	宽≥3×厚	名称	薄板	中板	厚度	特厚板
		厚度（mm）	<18	19~35	36~65	≥66
枋材	宽<3×厚	名称	小枋	中枋	大枋	特大枋
		宽×厚（cm²）	<54	55~100	101~225	≥226

二、门窗框扇断面

1. 框扇断面的确定

定额中所注明的木材断面或厚度均以毛料为准。如设计图纸注明的断面或厚度为净料时，应增加刨光损耗；板、枋材一面刨光增加 3mm；两面刨光增加 Smm。

【例 7 - 1】 根据图 7 - 4 中门框断面的净尺寸计算含刨光损耗的毛断面。

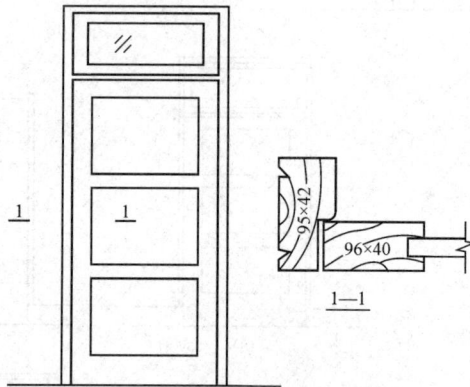

图 7 - 4 木门框扇断面示意图

解： 门框毛断面＝(9.5＋0.5)×(4.2＋0.3)＝45(cm²)

门扇毛断面＝(9.5＋0.5)×(4.0＋0.5)＝45(cm²)

2. 框扇断面的换算

当图纸设计的木门窗框扇断面与定额规定不同时，应按比例换算。框断面以边框断面为准（框裁口如为钉条者加贴条的断面）；扇断面以主梃断面为准。

框扇断面不同时的定额材积换算公式：

$$换算后材积＝\frac{设计断面（加刨光损耗）}{定额断面}×定额材积$$

【例 7 - 2】 某工程的单层镶板门框的设计断面为 60mm×115mm（净尺寸），查定额框断面 60mm×100mm（毛料），定额枋材料用量 2.037m³/100m²，试计算按图纸设计的门框枋材耗用量。

解： $$换算后体积＝\frac{设计断面}{定额断面}×定额材积$$

$$＝\frac{63×120}{60×100}×2.037$$

$$＝2.567(m³/100m²)$$

三、铝合金门窗等

铝合金门窗制作、安装，铝合金、不锈钢门窗、彩板组角钢门窗、塑料门窗、钢门窗安装，均按设计门窗洞口面积计算。

四、卷闸门

卷闸门安装按洞口高度增加 600mm 乘以门实际宽度以平方米计算。电动装置安装以套计算，小门安装以个计算。

【例 7 - 3】　根据图 7 - 5 所示尺寸计算卷闸门工程量。

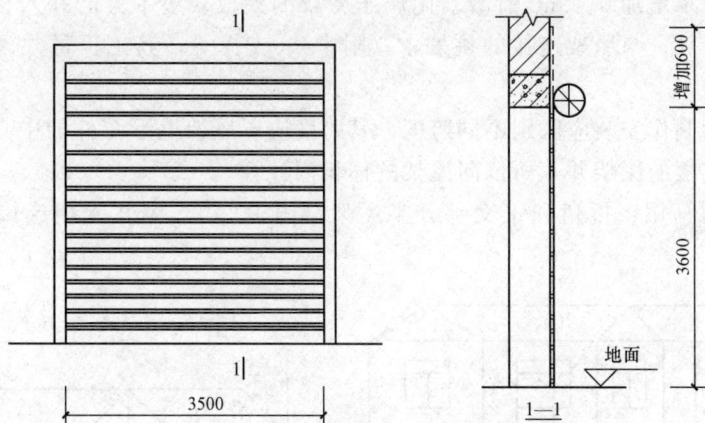

图 7 - 5　卷闸门示意图

解：
$$S = 3.50 \times (3.60 + 0.60)$$
$$= 3.50 \times 4.20$$
$$= 14.70 (m^2)$$

【例 7 - 4】　某办公楼需安装 11 樘铝合金卷闸门，预留孔高度为 30mm，实际卷闸门宽为 2500mm，试计算此卷闸门安装工程量。

解：铝合金卷闸门工程量＝(预留孔高度＋0.6)×卷闸门宽×樘数×(3.0＋0.6)×2.5
$$\times 11$$
$$= 99 (m^2)$$

五、包门框、安附框

彩板组角钢门窗附框安装工程量按延米计算。

【例 7 - 5】　如图 7 - 6 所示，此木门的门框与洞口之间留有 20mm 的空隙，尺寸大小如图所示，试计算此木门制作安装工程量。

解：依据题意并套用基础定额得：

此木门制作安装工程量为：3.5×3.5
＝12.25(m²)

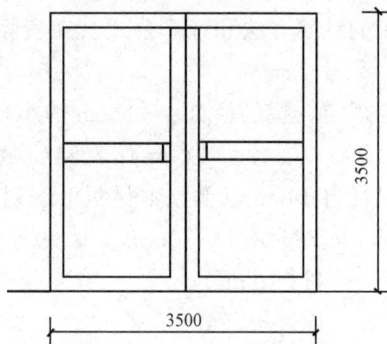

图 7 - 6　木门

六、木屋架

(1) 木屋架制作安装均按设计断面竣工木料以立方米计算，其后备长度及配制损耗均不另行计算。

(2) 方木屋架一面刨光时增加 3mm，两面刨光时增加 5mm，圆木屋架按屋架刨光时木材体积每立方米增加 $0.05m^3$ 计算。附属于屋架的夹板、垫木等已并入相应的屋架制作项目中，不另计算；与屋架连接的挑檐木（附木）、支撑等，其工程量并入屋架竣工木料体积内计算。

(3) 屋架的制作安装应区别不同跨度，其跨度应以屋架上下弦杆的中心线交点之间的长度为准。带气楼的屋架并入所依附屋架的体积内计算。

(4) 屋架的马尾、折角和正交部分半屋架（图 7-7），应并入相连接屋架的体积内计算。

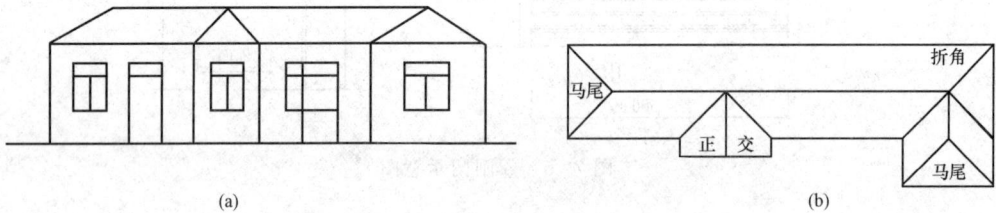

图 7-7　屋架的马尾、折角和正交示意图
(a) 立面图；(b) 平面图

(5) 钢木屋架区分圆木、方木，按竣工木料以立方米计算。

(6) 圆木屋架连接的挑檐木、支撑等如为方木时，其方木部分应乘以系数 1.7 折合成圆木并入屋架竣工木料内；单独的方木挑檐，按矩形檩木计算。

(7) 屋架杆件长度系数表。木屋架各杆件长度可用屋架跨度乘以杆件长度系数计算。杆件长度系数见表 7-2。

(8) 圆木材积是根据尾径计算的，国家标准《原木材积表》（GB 4814—2013）规定了原木材积的计算方法和计算公式。在实际工作中，一般都采取查表的方式来确定圆木屋架的材积。

标准规定，检尺径自 4～12cm 的小径原木材积由下列公式确定。

$$V = 0.7854L(D + 0.45L + 0.2)^2/10000$$

检尺径自 14cm 以上原木材积由下列公式确定。

$$V = 0.7854L[D + 0.5L + 0.005L^2 + 0.000125L(14 - L)^2(D - 10)]^2/10000$$

式中　V——材积（m^3）；

L——检尺长（m）；

D——检尺径（cm）。

表 7 - 2　　　　　　　　　　　　　屋架杆件长度系数表

屋 架 形 式	角度	杆 件 编 号										
		1	2	3	4	5	6	7	8	9	10	11
(屋架形式图)	26°34′	1	0.559	0.250	0.280	0.125						
	30°	1	0.577	0.289	0.289	0.144						
(屋架形式图)	26°34′	1	0.559	0.250	0.236	0.167	0.186	0.083				
	30°	1	0.577	0.289	0.254	0.192	0.192	0.096				
(屋架形式图)	26°34′	1	0.559	0.250	0.225	0.188	0.177	0.125	0.140	0.063		
	30°	1	0.577	0.289	0.250	0.217	0.191	0.144	0.144	0.072		
(屋架形式图)	26°34′	1	0.559	0.250	0.224	0.200	0.180	0.150	0.141	0.100	0.112	0.050
	30°	1	0.577	0.252	0.231	0.200	0.173	0.153	0.116	0.115	0.057	

表 7 - 3　　　　　　　　　　　　　原木材积表（一）

检尺径 /cm	检 尺 长 /m														
	2.0	2.2	2.4	2.5	2.6	2.8	3.0	3.2	3.4	3.6	3.8	4.0	4.2	4.4	4.6
	材 积 /m³														
8	0.013	0.015	0.016	0.017	0.018	0.020	0.021	0.023	0.025	0.027	0.029	0.031	0.034	0.036	0.038
10	0.019	0.022	0.024	0.025	0.026	0.029	0.031	0.034	0.037	0.040	0.042	0.045	0.048	0.051	0.054
12	0.027	0.030	0.033	0.035	0.037	0.040	0.043	0.047	0.050	0.054	0.058	0.062	0.065	0.069	0.074
14	0.036	0.040	0.045	0.047	0.049	0.054	0.058	0.063	0.068	0.073	0.078	0.083	0.089	0.094	0.100
16	0.047	0.052	0.058	0.060	0.063	0.069	0.075	0.081	0.087	0.093	0.100	0.106	0.113	0.120	0.126
18	0.059	0.065	0.072	0.076	0.079	0.086	0.093	0.101	0.108	0.116	0.124	0.132	0.140	0.148	0.156
20	0.072	0.080	0.088	0.092	0.097	0.105	0.114	0.123	0.132	0.141	0.151	0.160	0.170	0.180	0.190
22	0.086	0.096	0.106	0.111	0.116	0.126	0.137	0.147	0.158	0.169	0.180	0.191	0.203	0.214	0.226
24	0.102	0.114	0.125	0.131	0.137	0.149	0.161	0.174	0.186	0.199	0.212	0.225	0.239	0.252	0.266
26	0.120	0.133	0.146	0.153	0.160	0.174	0.188	0.203	0.217	0.232	0.247	0.262	0.277	0.293	0.308
28	0.138	0.154	0.169	0.177	0.185	0.201	0.217	0.234	0.250	0.267	0.284	0.302	0.319	0.339	0.354
30	0.158	0.176	0.193	0.202	0.211	0.230	0.248	0.267	0.286	0.305	0.324	0.344	0.364	0.383	0.404
32	0.180	0.199	0.219	0.230	0.240	0.260	0.281	0.302	0.324	0.345	0.367	0.389	0.411	0.433	0.456
34	0.202	0.224	0.247	0.258	0.270	0.293	0.316	0.340	0.364	0.388	0.412	0.437	0.461	0.486	0.511

表 7 - 4　　　　　　　　　　原木材积表（二）

检尺径 /cm	检 尺 长 /m														
	4.8	5.0	5.2	5.4	5.6	5.8	6.0	6.2	6.4	6.6	6.8	7.0	7.2	7.4	7.6
	材 积 /m³														
8	0.040	0.043	0.045	0.048	0.051	0.053	0.056	0.059	0.062	0.065	0.068	0.071	0.074	0.077	0.081
10	0.058	0.061	0.064	0.068	0.071	0.075	0.078	0.082	0.086	0.090	0.094	0.098	0.102	0.106	0.111
12	0.078	0.082	0.086	0.091	0.095	0.100	0.105	0.109	0.114	0.119	0.124	0.130	0.135	0.140	0.146
14	0.105	0.111	0.117	0.123	0.129	0.136	0.142	0.149	0.156	0.162	0.169	0.176	0.184	0.191	0.199
16	0.134	0.141	0.148	0.155	0.163	0.171	0.179	0.187	0.195	0.203	0.211	0.220	0.229	0.238	0.247
18	0.165	0.174	0.182	0.191	0.201	0.210	0.219	0.229	0.238	0.248	0.258	0.268	0.278	0.289	0.300
20	0.200	0.210	0.221	0.231	0.242	0.253	0.264	0.275	0.286	0.298	0.309	0.321	0.333	0.345	0.358
22	0.238	0.250	0.262	0.275	0.287	0.300	0.313	0.326	0.339	0.352	0.365	0.379	0.393	0.407	0.421
24	0.279	0.293	0.308	0.322	0.336	0.351	0.366	0.380	0.396	0.411	0.426	0.442	0.457	0.473	0.489
26	0.324	0.340	0.356	0.373	0.389	0.406	0.423	0.440	0.457	0.474	0.491	0.509	0.527	0.545	0.563
28	0.372	0.391	0.409	0.427	0.446	0.465	0.484	0.503	0.522	0.542	0.561	0.581	0.601	0.621	0.642
30	0.424	0.444	0.465	0.486	0.507	0.528	0.549	0.571	0.592	0.614	0.636	0.658	0.681	0.703	0.726
32	0.479	0.502	0.525	0.548	0.571	0.595	0.619	0.643	0.667	0.691	0.715	0.740	0.765	0.790	0.815
34	0.537	0.562	0.588	0.614	0.640	0.666	0.692	0.719	0.746	0.772	0.799	0.827	0.854	0.881	0.909

注：长度以 20cm 为增进单位，不足 20cm，满 10cm 进位，不足 10cm 舍去；径级以 2cm 为增进单位，不足 2cm 时，满 1cm 的进位。不足 1cm 舍去。

【例 7 - 6】　如图 7 - 8 所示，此木屋架采用现场制，不刨光，安装高度为 1.6m，其中，上弦杆长度为 3.40m，共两根，斜撑杆长度为 1.70m，若现有此木屋架 4 榀，试计算此木屋架工程量。

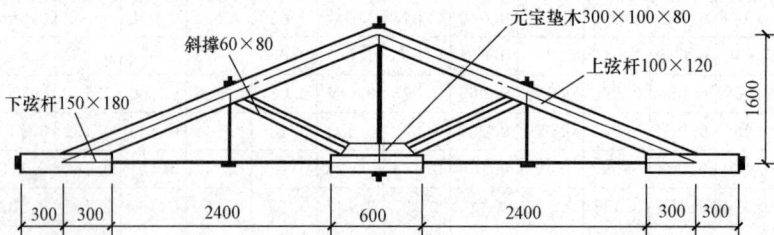

图 7 - 8　方木钢屋架

解：依据题意并套用基础定额 5 - 8 - 4 及定额 10 - 3 - 256，得

此木屋架 $V_{下弦杆体积} = 0.15 \times 0.18 \times 0.6 \times 3 \times 4 = 0.194 (\text{m}^3)$

$V_{上弦杆体积} = 0.1 \times 0.12 \times 3.4 \times 2 \times 4 = 0.3264 (\text{m}^3)$

$V_{斜撑体积} = 0.06 \times 0.08 \times 1.7 \times 2 \times 4 = 0.065 (\text{m}^3)$

$$V_{元宝垫木体积}=0.3×0.1×0.08×4=0.010(m^3)$$

$$V_{竣工木料工程量}=0.194+0.3264+0.065+0.010=0.595(m^3)$$

人工、材料、机械单价选用市场信息价。

七、檩木

（1）檩木按竣工木料以立方米计算。简支檩条长度按设计规定计算；如设计无规定者，按屋架或山墙中距增加200mm计算，如两端出山，檩条算至博风板。

（2）连续檩条的长度按设计长度计算，其接头长度按全部连续檩木总体积的5%计算。檩条托木已计入相应的檩木制作安装项目中，不另计算。

（3）简支檩条增加长度和连续檩条接头如图7-9和图7-10所示。

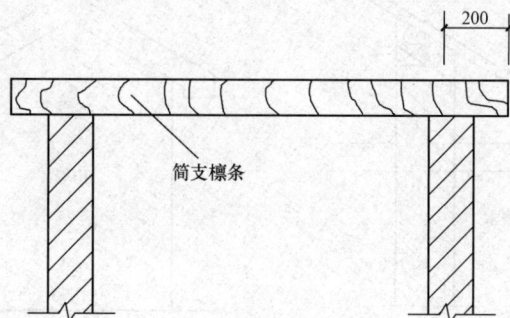

图7-9 简支檩条增加长度示意图

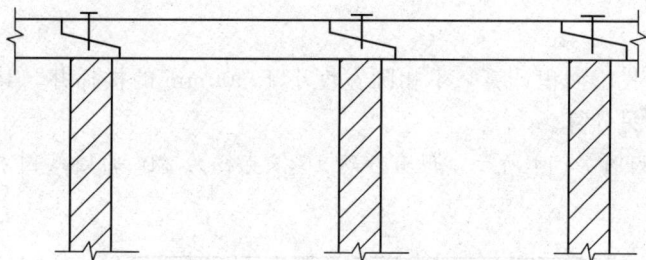

图7-10 连续檩条接头示意图

八、屋面木基层

屋面木基层（图7-11）按屋面的斜面积计算。天窗挑檐重叠部分按设计规定计算，屋面烟囱及斜沟部分所占面积不扣除。

九、封檐板

封檐板按图示檐口外围长度计算，博风板按斜长计算，每个大刀头增加长度500mm。挑檐木、封檐板、博风板、大刀头示意如图7-12和图7-13所示。

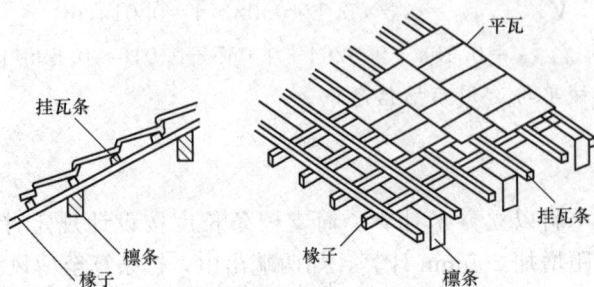

图 7 - 11 屋面木基层示意图

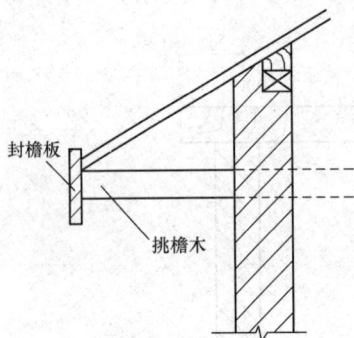

图 7 - 12 挑檐木、封檐板示意图

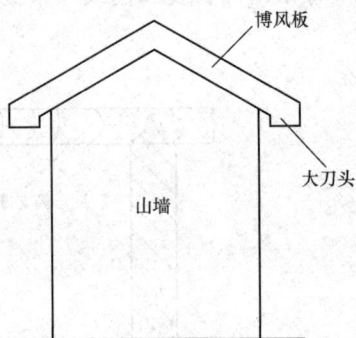

图 7 - 13 博风板、大刀头示意图

十、木楼梯

木楼梯按水平投影面积计算，不扣除宽度小于 300mm 的楼梯井，其踢脚板、平台和伸入墙内部分，不另计算。

【例 7 - 7】 如图 7 - 14 所示，现有 3 跨 16 根直径为 $\phi 10$ 的连续圆木檩条，试计算此木檩工程量。

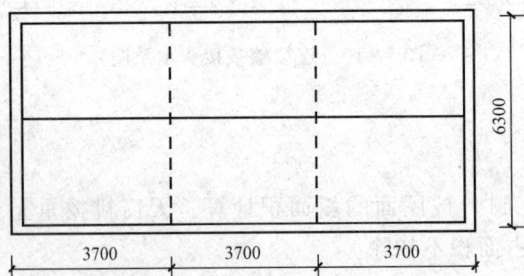

图 7 - 14 某木檩尺寸示意图

解：依据题意，并套用基础定额，得

$$V_{连续檩条工程量} = \frac{\pi}{4} \times 0.01^2 \times 3.7 \times 3 \times (1+5\%) \times 16 = 0.015(\text{m}^3)$$

第二节　门窗及木结构工程定额工程量套用

一、定额说明

1. 定额总说明

（1）定额是按机械和手工操作综合编制的。不论实际采用何种操作方法，均按本定额执行。

（2）定额中木材以自然干燥条件下的含水率编制的，需人工干燥时，另行计算。即定额中不包括木材的人工干燥费用，需要人工干燥时，其费用另计。干燥费用包括干燥时发生的人工费、燃料费、设备费及干燥损耗。其费用可列入木材价格内。

（3）成品门扇安装子目工作内容未包括刷油漆，油漆按相应章节规定计算。

（4）木门窗不论现场或附属加工厂制作，均执行本定额。现场以外至安装地点的水平运输另行计算。木门定额内已综合考虑了场内运输，无论远近不另计算场内运输费用。场外运输无论框、扇，均按第十章第三节构件运输及安装工程相应项目套用。

2. 厂库房大门、特种门

（1）折叠门制作、安装项目是从国家基础定额移植过来的，根据国家建筑标准 J623 计算编制的。全部构造包括上部吊轨、滑轮，中间折叠门，下部导槽、轨道等。定额中制作部分包括门扇钢骨架、木制门板等主要材料，安装部分包括连接和挡风的橡胶条、水龙带及采光玻璃等。

（2）型钢附框安装是为了保证钢门窗与轻质墙牢固连接而设的附框。定额中包括附框、钢门窗及墙内预埋件焊接的用工及材料，但不包括轻质墙内的预埋件。定额中型钢附框按槽钢考虑，若实际采用方钢或角钢，可换算钢材单价，定额用量不变。

（3）厂库房大门、特种门定额不包括固定铁件的混凝土垫块及门框或梁柱内的预埋铁件。

（4）平开钢木大门钢骨架用量如与设计不同，应按施工图调整，损耗率为 6%。

（5）特种门钢骨架为半成品，未包括电焊条、氧气、乙炔气及油漆材料；钢骨架用量与设计不同时，应按施工图调整，损耗率为 6%；保温材料不同时可换算。

（6）门扇包镀锌铁皮以双面包为准，如设计为单面包铁皮，则工程量乘以系数 0.67。

（7）全板钢大门制作不包括门框和小门制作，如带小门者，人工乘以系数 1.25。

（8）厂库房大门、特种门项目中，木门框扇、门钢骨架采用工厂制作、现场安装方式。钢骨架按半成品计入定额，如果设计用量与定额不一致，可以调整，损耗率按 6% 考虑。项目内不包括固定铁件的混凝土垫块及门框或梁柱内的预埋铁件，实际发生时，混凝土垫块套用 4-2-55 小型构件，预埋铁件套用铁件项目。

（9）定额中或交底资料中凡提到"可以调整"的，指主材种类或数量可以调整，人工、机械及其他辅材除特别注明外，均不另调整。

（10）冷藏库门、冷藏冻结间门项目中不包括门樘的制作、安装内容。需要时，可按照补充定额项目套用。

（11）由于定额脚手架工程量按外墙外边线乘以高度计算，故安装各部分不单独计算脚手架。

（12）由于定额垂直运输按不同建筑物的结构以平方米计算，故各定额项目不单独计算垂直运输机械。

（13）本章各项目中均未包括面层的油漆或装饰，发生时按装饰工程有关项目套用。

3. 木屋架定额

（1）钢木层架定额单位 10m³ 指的是竣工木料的材积量。钢杆件用量已包括在定额内，若设计钢杆件用量与定额不同，可以调整，其他不变。

（2）屋架的制作安装应区别不同跨度，其跨度以屋架上下弦杆的中心线交点之间的长度为准。

（3）支撑屋架的混凝土垫块，按混凝土及钢筋混凝土中有关定额计算。

4. 木构件定额说明

（1）定额木结构中的木材消耗量均包括后备长度及刨光损耗，使用时不再调整。

（2）封檐板、博风板，定额按板厚 25mm（净料）编制，设计与定额不同木板材用量可以调整，其他不变。木板材的损耗率为 23％。

二、工程量计算规则

（1）厂库房大门、特种门。

1）厂库房大门、特种门、钢门制作兼安装项目均按门洞口面积计算。特种门包括冷藏库门、冷藏冻结间门、保温隔声门、变电室门、折叠门、防射线门、人防门、金库门等。

2）密闭钢门、厂库房钢大门、钢折叠门、射线防护门、变压器室门等安装项目均按扇外围面积计算。

（2）钢木屋架。

1）钢木屋架按竣工木料以立方米计算。其后备长度及配置损耗已包括在定额内，不另计算。

2）钢木屋架按设计尺寸只计算木杆件的材积量。附属于屋架的垫木等已并入屋架子目内，不另计算；与屋架相连的挑檐木，另按木檩条子目的相应规定计算。钢杆件的用量已包括在子目内，设计与定额不同时可以调整，其他不变。钢杆件的损耗率为 6％。

（3）带气楼屋架的气楼部分及马尾、折角和正交部分半屋架，并入相连接屋架的体积内计算。屋面为四坡排水形式，两端屋面的端头坡面部位称为马尾，它由两个半屋架组成折角而成。此屋架体积与正屋架体积合并计算。

（4）木构件。

1）封檐板按图示檐口外围长度计算，博风板按斜长度计算，每个大刀头增加长度 500mm。

2）木楼梯按水平投影面积计算，不扣除宽度小于 300mm 的楼梯井面积，踢脚板、平台和伸入墙内部分不另计算；栏杆、扶手按延长米计算，木柱、木梁按竣工体积，以立方米计算。

第三节 门窗及木结构工程清单项目设置及工程量计算

一、木门

木门工程量清单项目设置、项目特征描述、计量单位及工程量计算规则应按表 7-5 的规定执行。

表 7-5   木门（编码：010801）

项目编码	项目名称	项目特征	计量单位	工程量计算规则	工作内容
010801001	木质门	1. 门代号及洞口尺寸 2. 镶嵌玻璃品种、厚度	1. 樘 2. m²	1. 以樘计量，按设计图示数量计算 2. 以平方米计量，按设计图示洞口尺寸以面积计算	1. 门安装 2. 玻璃安装 3. 五金安装
010801002	木质门带套				
010801003	木质连窗门				
010801004	木质防火门				
010801005	木门框	1. 门代号及洞口尺寸 2. 框截面尺寸 3. 防护材料种类	1. 樘 2. m	1. 以樘计量，按设计图示数量计算 2. 以米计量，按设计图示框的中心线以延长米计算	1. 木门框制作、安装 2. 运输 3. 刷防护材料
010801006	门锁安装	1. 锁品种 2. 锁规格	个 （套）	按设计图示数量计算	安装

注：1. 木质门应区分镶板木门、企口木板门、实木装饰门、胶合板门、夹板装饰门、木纱门、全玻门（带木质扇框）、木质半玻门（带木质扇框）等项目，分别编码列项。

    2. 木门五金应包括：折页、插销、门碰珠、弓背拉手、搭机、木螺丝、弹簧折页（自动门）、管子拉手（自由门、地弹门）、地弹簧（地弹门）、角铁、门轧头（地弹门、自由门）等。

    3. 木质门带套计量按洞口尺寸以面积计算，不包括门套的面积，但门套应计算在综合单价中。

    4. 以樘计量，项目特征必须描述洞口尺寸；以平方米计量，项目特征可不描述洞口尺寸。

    5. 单独制作安装木门框按木门框项目编码列项。

二、金属门

金属门工程量清单项目设置、项目特征描述、计量单位及工程量计算规则应按表 7-6 的规定执行。

表 7-6　　　　　　　　　　金属门（编码：010802）

项目编码	项目名称	项目特征	计量单位	工程量计算规则	工作内容
010802001	金属（塑钢）门	1. 门代号及洞口尺寸 2. 门框或扇外围尺寸 3. 门框、扇材质 4. 玻璃品种、厚度	1. 樘 2. m²	1. 以樘计量，按设计图示数量计算 2. 以平方米计量，按设计图示洞口尺寸以面积计算	1. 门安装 2. 五金安装 3. 玻璃安装
010802002	彩板门	1. 门代号及洞口尺寸 2. 门框或扇外围尺寸			
010802003	钢质防火门	1. 门代号及洞口尺寸 2. 门框或扇外围尺寸 3. 门框、扇材质			1. 门安装 2. 五金安装
010802004	防盗门				

注：1. 金属门应区分金属平开门、金属推拉门、金属地弹门、全玻门（带金属扇框）、金属半玻门（带扇框）等项目，分别编码列项。

2. 铝合金门五金包括：地弹簧、门锁、拉手、门插、门铰、螺丝等。

3. 金属门五金包括 L 形执手插锁（双舌）、执手锁（单舌）、门轨头、地锁、防盗门机、门眼（猫眼）、门碰珠、电子锁（磁卡锁）、闭门器、装饰拉手等。

4. 以樘计量，项目特征必须描述洞口尺寸，没有洞口尺寸必须描述门框或扇外围尺寸，以平方米计量，项目特征可不描述洞口尺寸及框、扇的外围尺寸。

5. 以平方米计量，无设计图示洞口尺寸，按门框、扇外围以面积计算。

三、金属卷帘（闸）门

金属卷帘（闸）门工程量清单项目设置、项目特征描述、计量单位及工程量计算规则应按表 7-7 的规定执行。

表 7-7　　　　　　　　　　金属卷帘（闸）门（编码：010803）

项目编码	项目名称	项目特征	计量单位	工程量计算规则	工作内容
010803001	金属卷帘（闸）门	1. 门代号及洞口尺寸 2. 门材质 3. 启动装置品种、规格	1. 樘 2. m²	1. 以樘计量，按设计图示数量计算 2. 以平方米计量，按设计图示洞口尺寸以面积计算	1. 门运输、安装 2. 启动装置、活动小门、五金安装
010803002	防火卷帘（闸）门				

注：以樘计量，项目特征必须描述洞口尺寸；以平方米计量，项目特征可不描述洞口尺寸。

四、厂库房大门、特种门

厂库房大门、特种门工程量清单项目设置、项目特征描述、计量单位及工程量计算规则应按表 7-8 的规定执行。

表 7 - 8　　　　　　　　　　　厂库房大门、特种门（编码：010804）

项目编码	项目名称	项目特征	计量单位	工程量计算规则	工作内容
010804001	木板大门	1. 门代号及洞口尺寸 2. 门框或扇外围尺寸 3. 门框、扇材质 4. 五金种类、规格 5. 防护材料种类	1. 樘 2. m²	1. 以樘计量，按设计图示数量计算 2. 以平方米计量，按设计图示洞口尺寸以面积计算	1. 门（骨架）制作、运输 2. 门、五金配件安装 3. 刷防护材料
010804002	钢木大门				
010804003	全钢板大门				
010804004	防护铁丝门			1. 以樘计量，按设计图示数量计算 2. 以平方米计量，按设计图示门框或扇以面积计算	
010804005	金属格栅门	1. 门代号及洞口尺寸 2. 门框或扇外围尺寸 3. 门框、扇材质 4. 启动装置的品种、规格		1. 以樘计量，按设计图示数量计算 2. 以平方米计量，按设计图示洞口尺寸以面积计算	1. 门安装 2. 启动装置、五金配件安装
010804006	钢质花饰大门	1. 门代号及洞口尺寸 2. 门框或扇外围尺寸 3. 门框、扇材质		1. 以樘计量，按设计图示数量计算 2. 以平方米计量，按设计图示门框或扇以面积计算	1. 门安装 2. 五金配件安装
010804007	特种门			1. 以樘计量，按设计图示数量计算 2. 以平方米计量，按设计图示洞口尺寸以面积计算	

注：1. 特种门应区分冷藏门、冷冻间门、保温门、变电室门、隔音门、防射线门、人防门、金库门等项目，分别编码列项。

　　2. 以樘计量，项目特征必须描述洞口尺寸，没有洞口尺寸必须描述门框或扇外围尺寸；以平方米计量，项目特征可不描述洞口尺寸及框、扇的外围尺寸。

　　3. 以平方米计量，无设计图示洞口尺寸，按门框、扇外围以面积计算。

五、其他门

其他门工程量清单项目设置、项目特征描述、计量单位及工程量计算规则应按表 7 - 9 的规定执行。

表 7 - 9　　　　　　　其他门（编码：010805）

项目编码	项目名称	项目特征	计量单位	工程量计算规则	工作内容
010805001	电子感应门	1. 门代号及洞口尺寸 2. 门框或扇外围尺寸 3. 门框、扇材质	1. 樘 2. m²		1. 门安装 2. 启动装置、五金、电子配件安装
010805002	旋转门	4. 玻璃品种、厚度 5. 启动装置的品种、规格 6. 电子配件品种、规格			
010805003	电子对讲门	1. 门代号及洞口尺寸 2. 门框或扇外围尺寸 3. 门材质		1. 以樘计量，按设计图示数量计算 2. 以平方米计量，按设计图示洞口尺寸以面积计算	
010805004	电动伸缩门	4. 玻璃品种、厚度 5. 启动装置的品种、规格 6. 电子配件品种、规格			
010805005	全玻自由门	1. 门代号及洞口尺寸 2. 门框或扇外围尺寸 3. 框材质 4. 玻璃品种、厚度			
010805006	镜面不锈钢饰面门	1. 门代号及洞口尺寸 2. 门框或扇外围尺寸 3. 框、扇材质 4. 玻璃品种、厚度			1. 门安装 2. 五金安装
010805007	复合材料门				

注：1. 以樘计量，项目特征必须描述洞口尺寸，没有洞口尺寸必须描述门框或扇外围尺寸；以平方米计量，项目特征可不描述洞口尺寸及框、扇的外围尺寸。

2. 以平方米计量，无设计图示洞口尺寸，按门框、扇外围以面积计算。

六、木窗

木窗工程量清单项目设置、项目特征描述、计量单位及工程量计算规则应按表 7 - 10 的规定执行。

表 7 - 10　　　　　　　　　　　　　木窗（编码：010806）

项目编码	项目名称	项目特征	计量单位	工程量计算规则	工作内容
010806001	木质窗	1. 窗代号及洞口尺寸 2. 玻璃品种、厚度	1. 樘 2. m²	1. 以樘计量，按设计图示数量计算 2. 以平方米计量，按设计图示洞口尺寸以面积计算	1. 窗安装 2. 五金、玻璃安装
010806002	木飘（凸）窗	1. 窗代号 2. 框截面及外围展开面积 3. 玻璃品种、厚度 4. 防护材料种类		1. 以樘计量，按设计图示数量计算 2. 以平方米计量，按设计图示尺寸以框外围展开面积计算	1. 窗制作、运输、安装 2. 五金、玻璃安装 3. 刷防护材料
010806003	木橱窗				
010806004	木纱窗	1. 窗代号及框的外围尺寸 2. 窗纱材料品种、规格		1. 以樘计量，按设计图示数量计算 2. 以平方米计量，按框的外围尺寸以面积计算	1. 窗安装 2. 五金安装

注：1. 木质窗应区分木百叶窗、木组合窗、木天窗、木固定窗、木装饰空花窗等项目，分别编码列项。

2. 以樘计量，项目特征必须描述洞口尺寸，没有洞口尺寸必须描述窗框外围尺寸；以平方米计量，项目特征可不描述洞口尺寸及框的外围尺寸。

3. 以平方米计量，无设计图示洞口尺寸，按窗框外围以面积计算。

4. 木橱窗、木飘（凸）窗以樘计量，项目特征必须描述框截面及外围展开面积。

5. 木窗五金包括：折页、插销、风钩、木螺丝、滑轮滑轨（推拉窗）等。

七、金属窗

金属窗工程量清单项目设置、项目特征描述、计量单位及工程量计算规则应按表 7 - 11 的规定执行。

表 7 - 11　　　　　　　　　　　　　金属窗（编码：010807）

项目编码	项目名称	项目特征	计量单位	工程量计算规则	工作内容
010807001	金属（塑钢、断桥）窗	1. 窗代号及洞口尺寸 2. 框、扇材质 3. 玻璃品种、厚度	1. 樘 2. m²	1. 以樘计量，按设计图示数量计算 2. 以平方米计量，按设计图示洞口尺寸以面积计算	1. 窗安装 2. 五金、玻璃安装
010807002	金属防火窗				

项目编码	项目名称	项目特征	计量单位	工程量计算规则	工作内容
010807003	金属百叶窗	1. 窗代号及洞口尺寸 2. 框、扇材质 3. 玻璃品种、厚度	1. 樘 2. m²	1. 以樘计量，按设计图示数量计算 2. 以平方米计量，按设计图示洞口尺寸以面积计算	1. 窗安装 2. 五金安装
010807004	金属纱窗	1. 窗代号及框的外围尺寸 2. 框材质 3. 窗纱材料品种、规格		1. 以樘计量，按设计图示数量计算 2. 以平方米计量，按框的外围尺寸以面积计算	
010807005	金属格栅窗	1. 窗代号及洞口尺寸 2. 框外围尺寸 3. 框、扇材质		1. 以樘计量，按设计图示数量计算 2. 以平方米计量，按设计图示洞口尺寸以面积计算	
010807006	金属（塑钢、断桥）橱窗	1. 窗代号 2. 框外围展开面积 3. 框、扇材质 4. 玻璃品种、厚度 5. 防护材料种类		1. 以樘计量，按设计图示数量计算 2. 以平方米计量，按设计图示尺寸以框外围展开面积计算	1. 窗制作、运输、安装 2. 五金、玻璃安装 3. 刷防护材料
010807007	金属（塑钢、断桥）飘（凸）窗	1. 窗代号 2. 框外围展开面积 3. 框、扇材质 4. 玻璃品种、厚度			
010807008	彩板窗	1. 窗代号及洞口尺寸 2. 框外围尺寸 3. 框、扇材质 4. 玻璃品种、厚度		1. 以樘计量，按设计图示数量计算 2. 以平方米计量，按设计图示洞口尺寸或框外围以面积计算	1. 窗安装 2. 五金、玻璃安装
010807009	复合材料窗				

注：1. 金属窗应区分金属组合窗、防盗窗等项目，分别编码列项。

2. 以樘计量，项目特征必须描述洞口尺寸，没有洞口尺寸必须描述窗框外围尺寸；以平方米计量，项目特征可不描述洞口尺寸及框的外围尺寸。

3. 以平方米计量，无设计图示洞口尺寸，按窗框外围以面积计算。

4. 金属橱窗、飘（凸）窗以樘计量，项目特征必须描述框外围展开面积。

5. 金属窗五金包括：折页、螺丝、执手、卡锁、铰拉、风撑、滑轮、滑轨、拉把、拉手、角码、牛角制等。

八、门窗套

门窗套工程量清单项目设置、项目特征描述、计量单位及工程量计算规则应按表 7-12 的规定执行。

表 7-12　　　　　　　　　门窗套（编码：010808）

项目编码	项目名称	项目特征	计量单位	工程量计算规则	工作内容
010808001	木门窗套	1. 窗代号及洞口尺寸 2. 门窗套展开宽度 3. 基层材料种类 4. 面层材料品种、规格 5. 线条品种、规格 6. 防护材料种类	1. 樘 2. m² 3. m	1. 以樘计量，按设计图示数量计算 2. 以平方米计量，按设计图示尺寸以展开面积计算 3. 以米计量，按设计图示中心以延长米计算	1. 清理基层 2. 立筋制作、安装 3. 基层板安装 4. 面层铺贴 5. 线条安装 6. 刷防护材料
010808002	木筒子板	1. 筒子板宽度 2. 基层材料种类 3. 面层材料品种、规格 4. 线条品种、规格 5. 防护材料种类			
010808003	饰面夹板筒子板				
010808004	金属门窗套	1. 窗代号及洞口尺寸 2. 门窗套展开宽度 3. 基层材料种类 4. 面层材料品种、规格 5. 防护材料种类			1. 清理基层 2. 立筋制作、安装 3. 基层板安装 4. 面层铺贴 5. 刷防护材料
010808005	石材门窗套	1. 窗代号及洞口尺寸 2. 门窗套展开宽度 3. 粘结层厚度、砂浆配合比 4. 面层材料品种、规格 5. 线条品种、规格			1. 清理基层 2. 立筋制作、安装 3. 基层抹灰 4. 面层铺贴 5. 线条安装
010808006	门窗木贴脸	1. 门窗代号及洞口尺寸 2. 贴脸板宽度 3. 防护材料种类	1. 樘 2. m	1. 以樘计量，按设计图示数量计算 2. 以米计量，按设计图示尺寸以延长米计算	安装

续表

项目编码	项目名称	项目特征	计量单位	工程量计算规则	工作内容
010808007	成品木门窗套	1. 门窗代号及洞口尺寸 2. 门窗套展开宽度 3. 门窗套材料品种、规格	1. 樘 2. m² 3. m	1. 以樘计量,按设计图示数量计算 2. 以平方米计量,按设计图示尺寸以展开面积计算 3. 以米计量,按设计图示中心以延长米计算	1. 清理基层 2. 立筋制作、安装 3. 板安装

注: 1. 以樘计量,项目特征必须描述洞口尺寸、门窗套展开宽度。

　　2. 以平方米计量,项目特征可不描述洞口尺寸、门窗套展开宽度。

　　3. 以米计量,项目特征必须描述门窗套展开宽度、筒子板及贴脸宽度。

　　4. 木门窗套适用于单独门窗套的制作、安装。

九、窗台板

窗台板工程量清单项目设置、项目特征描述、计量单位及工程量计算规则应按表 7 - 13 的规定执行。

表 7 - 13　　　　　　　　　　窗台板 (编码: 010809)

项目编码	项目名称	项目特征	计量单位	工程量计算规则	工作内容
010809001	木窗台板	1. 基层材料种类 2. 窗台面板材质、规格、颜色 3. 防护材料种类	m²	按设计图示尺寸以展开面积计算	1. 基层清理 2. 基层制作、安装 3. 窗台板制作、安装 4. 刷防护材料
010809002	铝塑窗台板				
010809003	金属窗台板				
010809004	石材窗台板	1. 粘结层厚度、砂浆配合比 2. 窗台板材质、规格、颜色			1. 基层清理 2. 抹找平层 3. 窗台板制作、安装

十、窗帘、窗帘盒、轨

窗帘、窗帘盒、轨工程量清单项目设置、项目特征描述、计量单位及工程量计算规则应按表 7 - 14 的规定执行。

表 7 - 14　　　　　　　　窗帘、窗帘盒、轨（编码：010810）

项目编码	项目名称	项目特征	计量单位	工程量计算规则	工作内容
010810001	窗帘	1. 窗帘材质 2. 窗帘高度、宽度 3. 窗帘层数 4. 带幔要求	1. m 2. m²	1. 以米计量，按设计图示尺寸以成活后长度计算 2. 以平方米计量，按图示尺寸以成活后展开面积计算	1. 制作、运输 2. 安装
010810002	木窗帘盒				
010810003	饰面夹板、塑料窗帘盒	1. 窗帘盒材质、规格 2. 防护材料种类	m	按设计图示尺寸以长度计算	1. 制作、运输、安装 2. 刷防护材料
010810004	铝合金窗帘盒				
010810005	窗帘轨	1. 窗帘轨材质、规格 2. 轨的数量 3. 防护材料种类			

注：1. 窗帘若是双层，项目特征必须描述每层材质。

　　2. 窗帘以米计量，项目特征必须描述窗帘高度和宽。

十一、木屋架

木屋架工程量清单项目设置、项目特征描述、计量单位及工程量计算规则应按表 7 - 15 的规定执行。

表 7 - 15　　　　　　　　　　木屋架（编码：010701）

项目编码	项目名称	项目特征	计量单位	工程量计算规则	工作内容
010701001	木屋架	1. 跨度 2. 材料品种、规格 3. 刨光要求 4. 拉杆及夹板种类 5. 防护材料种类	1. 榀 2. m³	1. 以榀计量，按设计图示数量计算 2. 以立方米计量，按设计图示的规格尺寸以体积计算	1. 制作 2. 运输 3. 安装 4. 刷防护材料
010701002	钢木屋架	1. 跨度 2. 木材品种、规格 3. 刨光要求 4. 钢材品种、规格 5. 防护材料种类	榀	以榀计量，按设计图示数量计算	

注：1. 屋架的跨度应以上、下弦中心线两交点之间的距离计算。

　　2. 带气楼的屋架和马尾、折角以及正交部分的半屋架，按相关屋架项目编码列项。

　　3. 以榀计量，按标准图设计的应注明标准图代号，按非标准图设计的项目特征必须按本表要求予以描述。

十二、木构件

木构件工程量清单项目设置、项目特征描述、计量单位及工程量计算规则应按表 7 - 16的规定执行。

表 7 - 16   木构件（编码：010702）

项目编码	项目名称	项目特征	计量单位	工程量计算规则	工作内容
010702001	木柱	1. 构件规格尺寸 2. 木材种类 3. 刨光要求 4. 防护材料种类	m³	按设计图示尺寸以体积计算	1. 制作 2. 运输 3. 安装 4. 刷防护材料
010702002	木梁				
010702003	木檩		1. m³ 2. m	1. 以立方米计量，按设计图示尺寸以体积计算 2. 以米计量，按设计图示尺寸以长度计算	
010702004	木楼梯	1. 楼梯形式 2. 木材种类 3. 刨光要求 4. 防护材料种类	m²	按设计图示尺寸以水平投影面积计算。不扣除宽度≤300mm 的楼梯井，伸入墙内部分不计算	1. 制作 2. 运输 3. 安装 4. 刷防护材料
010702005	其他木构件	1. 构件名称 2. 构件规格尺寸 3. 木材种类 4. 刨光要求 5. 防护材料种类	1. m³ 2. m	1. 以立方米计量，按设计图示尺寸以体积计算 2. 以米计量，按设计图示尺寸以长度计算	

注：1. 木楼梯的栏杆（栏板）、扶手，应按相关项目编码列项。

2. 以米计量，项目特征必须描述构件规格尺寸。

十三、屋面木基层

屋面木基层工程量清单项目设置、项目特征描述、计量单位及工程量计算规则应按表 7 - 17 的规定执行。

表 7 - 17   屋面木基层（编码：010703）

项目编码	项目名称	项目特征	计量单位	工程量计算规则	工作内容
010703001	屋面木基层	1. 椽子断面尺寸及椽距 2. 望板材料种类、厚度 3. 防护材料种类	m²	按设计图示尺寸以斜面积计算 不扣除房上烟囱、风帽底座、风道、小气窗、斜沟等所占面积。小气窗的出檐部分不增加面积	1. 椽子制作、安装 2. 望板制作、安装 3. 顺水条和挂瓦条制作、安装 4. 刷防护材料

【例7-8】 如图7-15所示，此厂房大门为平开全钢板3樘大门，刷防锈漆一遍，试计算此厂房大门清单工程量。

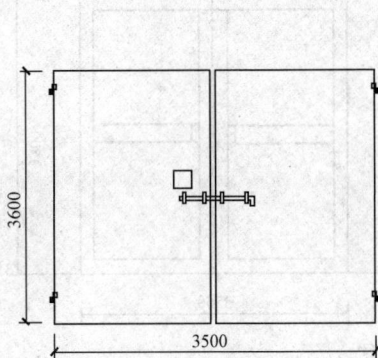

图7-15 平开全钢板大门

解：依据题意，并套用基础定额5-3-18，5-3-19，5-9-26，得

此全钢板大门工程量：$V_{全钢板大门工程量}=3.5×3.6×3=37.8(m^2)$

此全钢板大门门扇制作安装工程量：$3.5×3.6×3=37.8(m^2)$

此全钢板大门门配件工程量：要3樘

【例7-9】 如图7-16所示，此度电室为1樘钢制半截百叶门，刷两遍防火涂料，重量为200kg，试计算此特种门安装工程量。

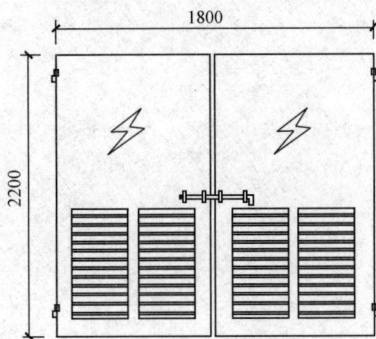

图7-16 钢制半截百叶门

解：依据题意，套用基础定额5-3-13，9-3-141，得

此特种门工程量：$1.80×2.20=3.96(m^2)$

此特种门门扇安装工程量：$1.80×2.20=3.96(m^2)$

此特种门门配件工程量：1樘

此特种门刷防护材料工程量：0.2t

人工、材料、机械单价选用市场信息价。

【例7-10】 如图7-17所示，此木门的门框与洞口之间留有20mm的空隙，尺寸大小如图所示，试计算此木门制作安装工程量。

解：依据题意并套用基础定额7-31、7-32，得

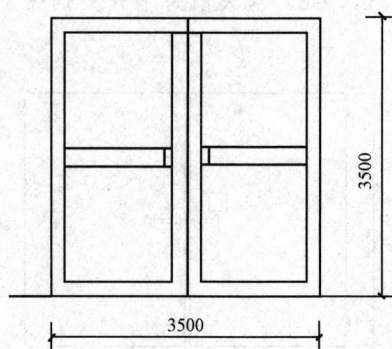

图 7-17　木门

此木门制作安装工程量：$3.5 \times 3.5 = 12.25 (\text{m}^2)$

第八章　土建施工图预算编制实例

第一节　工　程　概　况

1. 设计说明

本例为一单层砖混结构实习车间，建筑面积 96.78m²，室内标高±0.00，室内外高差 −0.15m。

（1）基础工程。采用条形砖基础，M5 水泥砂浆砌筑；独立柱基础为 C20 钢筋混凝土现浇，C10 混凝土垫层；C15 钢筋混凝土地梁。

（2）主体工程。内外墙均采用 M5 混合砂浆砌筑；屋面板及门窗过梁采用预制标准构件，预制构件 C20，预应力构件 C30；现浇钢筋泥凝土构件，除注明者外，均为 C20 混凝土，构造柱扎根在地圈梁上，断面尺寸均为 240mm×240mm，配筋 4Φ12、φ6@200，按要求预留马牙槎并设拉接筋与墙体拉接。图中φ为一级圆钢，Φ为二级螺纹钢。

（3）门窗。本工程门窗均为钢门窗，所有门窗均刷防锈漆一遍、调和漆两遍，详细尺寸见门窗明细表。

（4）楼地面工程。地面为 60 厚 C15 混凝土垫层，20 厚 1：2.5 水泥砂浆抹面压实赶光；散水宽 1.0，台阶长 3.6m，与散水同宽，散水、台阶做法同地面，踢脚为 120mm 高水泥砂浆踢脚。

（5）屋面工程。屋面工程做法从下到上为：钢筋混凝土预制板或现制板平放、1：6 水泥焦渣最低处 30 厚，找 2％坡度，振捣密实，表面抹光、干铺 200 厚加气混凝土保温层表面平整扫净、）20 厚 1：2.5 水泥砂浆找平层、三毡四油一砂防水层。

四角均设漏斗、水落管及下水口铁皮排水。

（6）装饰工程。

1）外墙装饰：外墙为干粘石墙面，白石子水刷石墙裙。

2）内墙抹灰：喷内墙涂料（大白浆）；2 厚纸筋灰罩面；6 厚 1：3 石灰膏砂浆；10 厚 1：3 石灰膏砂浆打底。

3）天棚抹灰：喷顶棚涂料（大白浆）；2 厚纸筋灰罩面；6 厚 1：3：9 水泥石灰膏砂浆打底；刷素水泥浆一道（内掺水重 3％～5％的 107 胶）；钢筋混凝土预制板底用水加 10％火碱清洗油腻。

本例中只将主要图纸附于本书中，它们是建施 1～2 和结施 1～6（图 8-1～图 8-8）。

2. 施工组织说明

（1）本工程采用人工挖土、平整场地及回填土，挖地槽时不加工作面，挖地坑时工作面为 0.3m，土壤为三类土。

（2）余土外运采用人工运输，运距40m。

（3）所有钢筋混凝土预制构件均在预制厂预制，运距10km。

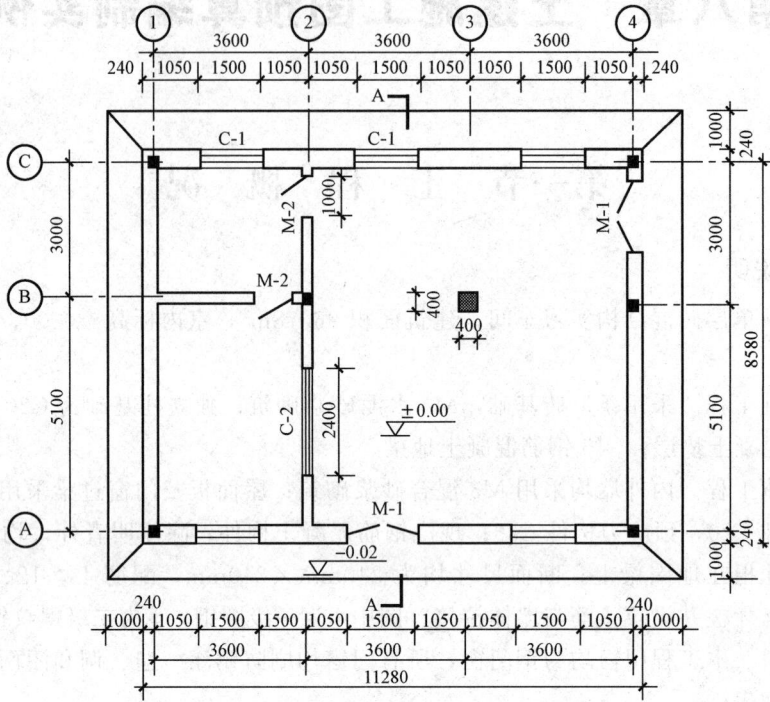

图 8-1　建施 1　建筑平面图

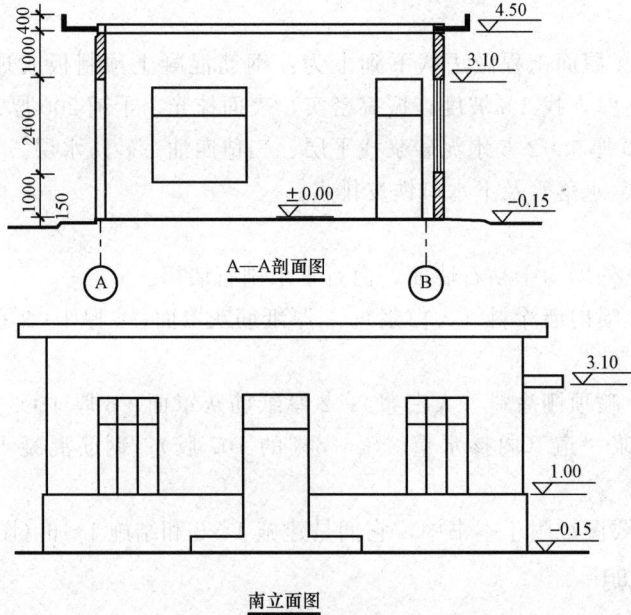

图 8-2　建施 2　建筑剖面图及立面图

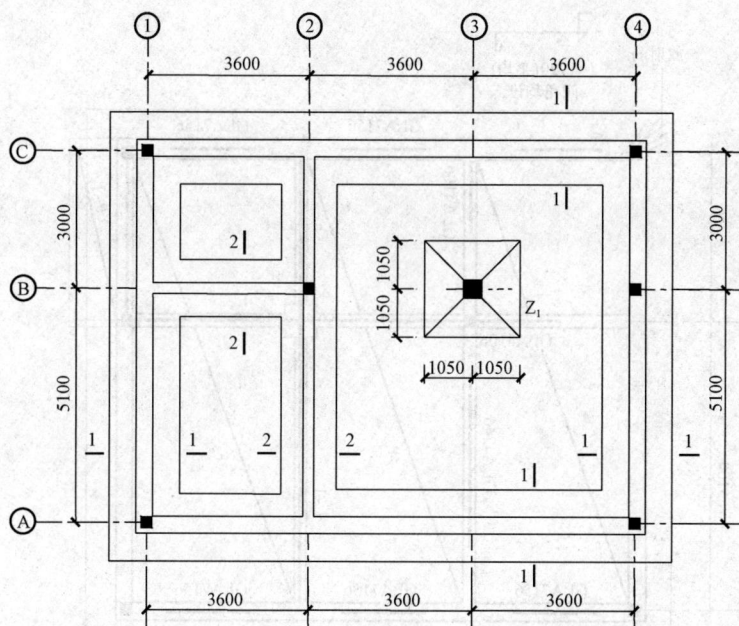

基础平面图

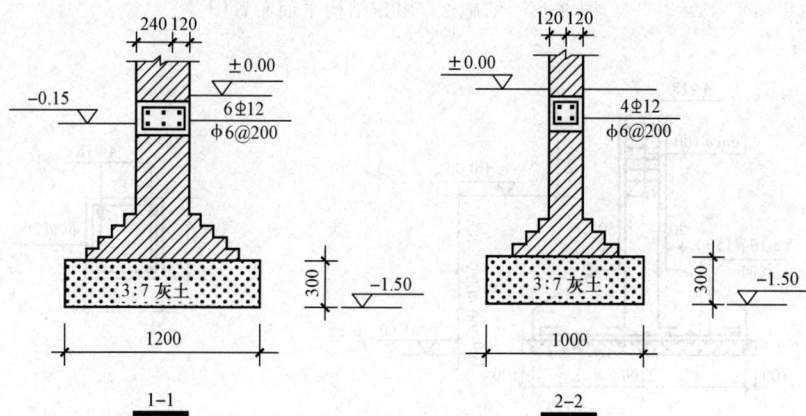

1—1

2—2

图 8-3　结施 1　基础平面、剖面图

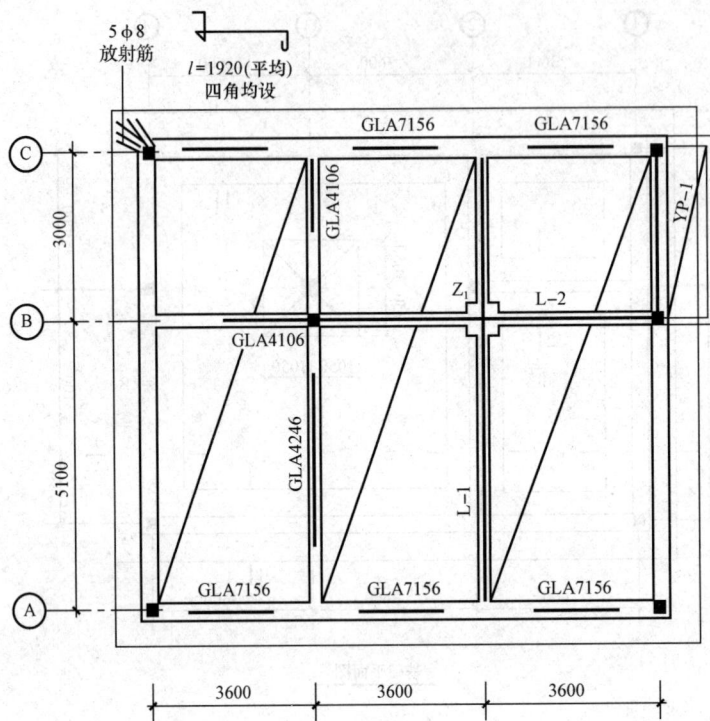

图 8-4　结施 2　屋顶结构平面布置图

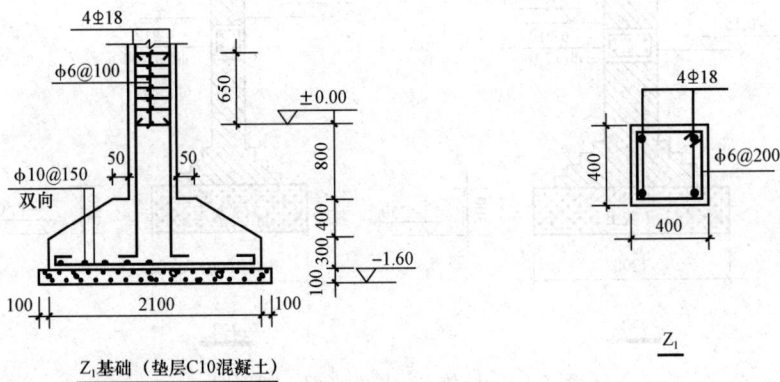

图 8-5　结施 3　独立柱配筋图

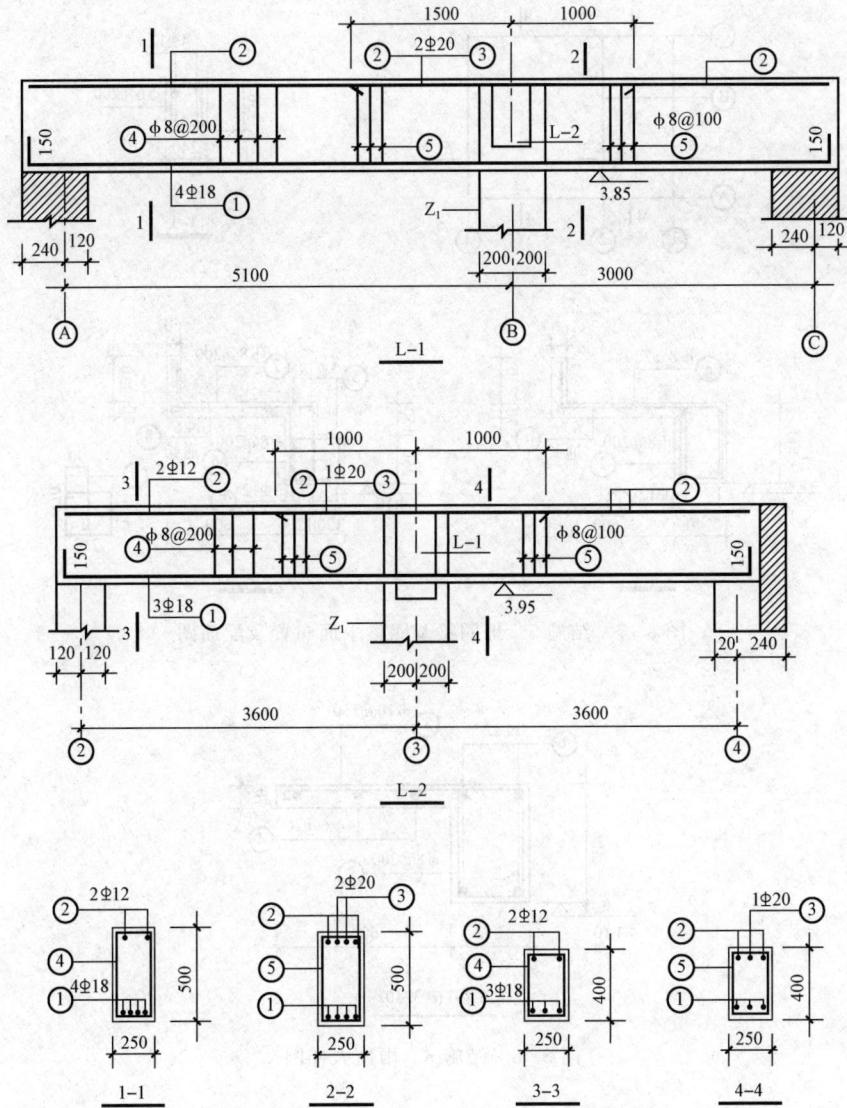

图 8-6　结施 4　L₁、L₂ 配筋详图

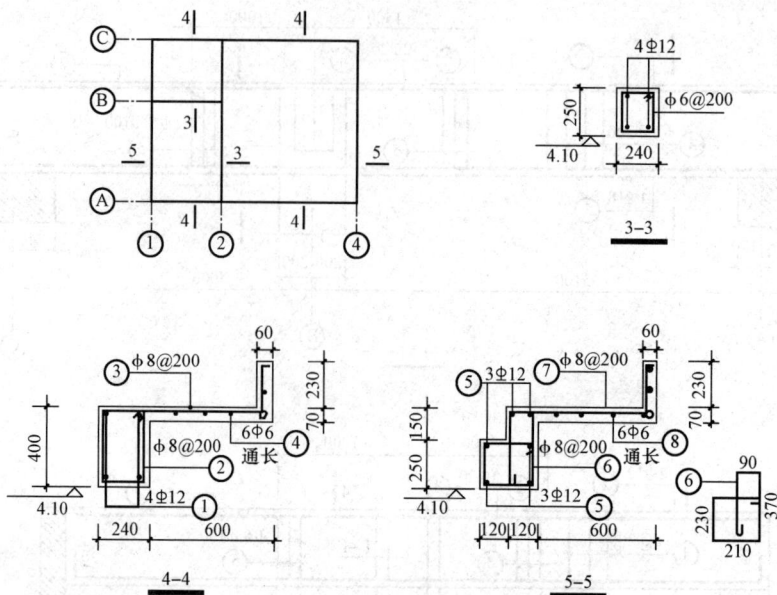

图 8-7　结施 5　地圈梁及圈梁平面布置及配筋图

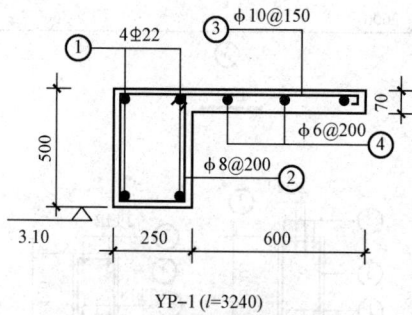

图 8-8　结施 6　雨蓬大样图

第二节　施 工 图 预 算 编 制

本工程施工图预算由以下内容组成：

（1）工程预算书封面

工 程 预 算 书

预算名称_____实习车间_____

结构形式_____砖混结构_____层数_____一层_____

建筑面积_____96.78_____m² 造价_____678.36_____元/m²

工程造价_____65651.65_____元

　　其中：土建_____65651.65_____元

　　　　　电_____元

　　　　　水_____元

　　　　　暖_____元

预算：

审核：   施工单位：×××建筑公司

                                                        年   月   日

（2）工程预算费用汇总表，见表 8-1。

表 8-1 工程预算费用汇总表

单位工程名称：单层实习车间

序号	费用名称	计算方法	金额（元）	备注
1	直接费合计	定额直接费＋其他直接费	53819.98	
	定额直接费	见工程预算分析表	51984.91	
	其他直接费	定额直接费×3.53％	1835.07	
2	临时设施费	(1)×1.72％	925.70	
3	现场管理费	(1)×1.25％	672.75	
4	企业管理费	(1)×2.00％	1076.40	
5	财务费	(1)×0.49％	263.72	
6	社会劳动保险费	(1)×1.03％	554.35	
7	定额测定编制管理费	(1)×0.19％	102.26	
8	计划利润	(1)×2.62％	1410.08	
9	材料调价费	见材料调价表	4649.24	
10	税金	[(1)＋(2)＋(3)＋…＋(9)]×3.43％	2177.17	
11	总造价	上述十项之和	65651.65	

编制说明：

1. 本预算是按《全国统一建筑工程预算工程量计算规则》计算工程量，按河北省 1998 定额及相应取费标准编制的，取费按四类丁级。

2. 本工程中钢筋是按图纸实际用量计算的，并根据需要对钢筋进行了重量调整（预制构件钢筋未调），在工程结算时不再调整。

3. 由于篇幅限制，本例中只对部分材料进行了分析和汇总。

4. 本例中材料市场价格是按廊坊市 2000 年第一期价格信息执行的。

5. 挑檐立面干粘石按河北定额规定套用了普通腰线定额。

6. 室内回填土是按地面素土垫层考虑的。

7. 现浇钢筋混凝土梁、板、柱，如层高超过 3.6m，每超过 1m（不足 1m 者，按 1m 计），按每 10m³ 混凝土工程量增加 138.13 元。

8. 河北定额中，实砌内墙及抹灰中已包括 3.6m 脚手架的费用，不另行计算；若超过 3.6m，则应计算，按相应砌筑单排脚手架基价乘以 0.7 系数计算，独立柱脚手架按相应高度单排脚手架计算。

9. 屋面工程中垫层及水泥砂浆找平层按楼地面工程相应项目计算。

10. 楼地面工程垫层项目用于基础垫层时，人工及机械乘以系数 1.2。

（3）材料汇总及价差调整表，见表 8 - 2。

表 8 - 2　　　　　　　　　　　　　材料汇总及价差调整表

单位工程名称：单层实习车间

序号	材料名称	规格	单位	数量	预算价（元）	市场价（元）	单价差（元）	合价（元）	备注
	综合用工		工日	628.0					
1	水泥	32.5	t	8.43	205.00	230.00	25.00	210.75	
		42.5	t	12.70	254.00	300.00	46.00	584.20	
2	中砂		t	74.50	21.88	45.00	23.12	1722.44	
3	碎石		t	34.50	30.41	38.00	7.59	261.86	
4	白石子		t	1.43	120.00	130.00	10.00	14.30	
5	生石灰		t	8.79	89.76	115.00	25.24	221.86	
7	红（青）砖		千块	41.87	116.00	150.00	34.00	1423.58	
8	水		m³	85.59	0.55	1.00	0.45	38.52	
9	钢筋	Φ 6	t	0.297	2400.00	2400.00	0	0	包括加固筋
		Φ 8	t	0.209	2400.00	2400.00	0	0	
		Φ 10	t	0.009	2400.00	2400.00	0	0	
		⏀ 12	t	0.607	2400.00	2450.00	50.00	30.35	
		⏀ 18	t	0.173	2400.00	2450.00	50.00	8.65	
		⏀ 20	t	0.034	2400.00	2450.00	50.00	1.70	
		⏀ 22	t	0.039	2400.00	2450.00	50.00	1.95	
10	空腹钢门		m²	16.0	102.51	110.00	7.49	119.84	
11	空腹钢窗		m²	21.0	79.56	80.00	0.44	9.24	
	合计							4649.24	

（4）工程预算分析表，见表 8－3。

表 8－3

工 程 预 算 分 析 表

单位工程名称：单层实习车间

序号	定额编号	工程项目名称	计量单位	数量	预算总价(元)	其中			1 工日 综合用工	2 千块 红砖	3 m³ 水	4 t 32.5级水泥	5 t 中砂	6 t 生石灰	7 t φ10以内钢筋	8
						人工费(元)	材料费(元)	机械费(元)								
		土石方工程														
1	1-8	人工挖地槽	100m³	0.75	789.05	779.67		9.38	38.03							
2	1-16	人工挖地坑	100m³	0.12	147.21	145.71		1.5	7.11							
3	1-31	回填土(夯填)	100m³	0.43	342.28	263.92	0.37	77.99	12.87		0.67					
4	1-35	平整场地	100m²	1.92	176.74	176.74			8.62							
5	1-84换	人工运土 40m	100m³	0.37	222.09	222.09			10.83							
		小计			1677.37	1588.13	0.37	88.87	77.46		0.67					
		砌筑工程														
6	3-1	M5 水泥砂浆砖基础	10m³	2.31	2497.78	626.52	1841.56	29.71	30.56	11.99	4.07	1.24	8.92			
7	3-2	M5 水泥石灰砂浆 一砖内墙	10m³	0.80	993.66	256.82	727.24	9.60	12.53	4.22	1.78	0.42	3.01	0.13		
8	3-4	M5 水泥石灰砂浆 一砖半外墙	10m³	4.87	5731.45	1634.32	4034.50	62.62	79.72	25.66	11.20	2.69	19.44	0.82		
9	3-39	砌体内钢筋加固	t	0.067	210.77	38.92	169.63	2.22	1.90						0.069	
		小计			9433.66	2556.58	6772.93	104.15	124.71	41.87	17.05	4.35	31.37	0.95	0.069	
		脚手架工程														
10	4-1换	9m 内单排脚手×0.7	100m²	0.49	346.72	53.51	276.73	16.48	2.61							

续表

序号	定额编号	工程项目名称	计量单位	数量	预算总价（元）	其中			1	2	3	4	5	6	7	8
						人工费（元）	材料费（元）	机械费（元）	工日 综合用工	42.5级 水泥 t	中砂 t	碎石 t	水 m³	φ10以内 内钢筋 t	φ20以内 内钢筋 t	φ20以外 外钢筋 t
11	4-1	独立柱脚手架（单排）	100m²	0.28	283.04	43.68	225.90	13.45	2.13							
12	4-2	9m内双排脚手架	100m²	1.85	2201.33	350.06	1731.05	120.23	17.08							
13	4-13	满堂脚手架	100m²	0.80	337.62	166.95	159.36	11.31	8.14							
		小计			3168.71	614.20	2393.04	161.47	29.96							
		混凝土及钢筋混凝土工程														
14	5-6	C20现浇独立柱基础	10m³	0.21	758.33	95.48	624.17	38.67	4.66	0.59	1.60	2.78	2.22	0.021	0.065	0.011
15	5-29	C20现浇矩形柱	10m³	0.09	776.23	147.73	588.77	39.73	7.21	0.30	0.65	1.17	1.23	0.047	0.073	0.013
16	5-33	C20现浇构造柱	10m³	0.20	1302.45	292.08	931.71	78.66	14.25	0.66	1.45	2.59	3.37	0.052	0.107	
17	5-36	C20现浇单梁	10m³	0.17	1567.90	287.62	1199.29	80.99	14.03	0.55	1.19	2.27	1.77	0.065	0.171	0.062
18	5-38	C20现浇圈梁	10m³	0.80	4728.68	1012.86	3529.72	186.10	49.41	2.59	5.62	10.69	11.67	0.224	0.465	0.001
19	5-40	C20现浇过梁	10m³	0.04	401.58	85.57	298.66	17.35	4.17	0.13	0.28	0.53	0.65	0.011	0.034	0.001
20	5-62	C20现浇雨篷	10m²	0.19	172.62	37.70	122.90	12.02	1.84	0.05	0.10	0.18	0.39	0.018	0.005	
21	5-67	C20现浇挑檐	10m³	0.24	2230.37	658.15	1396.14	176.08	32.10	0.84	1.70	3.09	7.02	0.205	0.013	
22	5-87	C20预制过梁	10m³	0.12	574.70	93.95	447.13	33.62						0.057	0.007	
23	5-100	C30预制空心板	10m³	0.58	2633.00	425.55	2022.51	184.94						0.169	0.149	
24	5-146	普通钢筋调整Φ10以内	t	-0.197	-577.81	-84.24	-486.53	-7.04	-4.07							
25	5-147	普通钢筋调整Φ20以内	t	-0.119	-330.23	-29.79	-291.24	-9.20	-1.45							
26	5-148	普通钢筋调整Φ20以外	t	-0.049	-130.33	-8.61	-119.44	-2.28	-0.42							

续表

序号	定额编号	工程项目名称	计量单位	数量	预算总价(元)	人工费(元)	材料费(元)	机械费(元)	1 工日 综合用工	2 t 42.5级水泥	3 t 中砂	4 t 碎石	5 m³ 水	6 t 生石灰	7 m² 空腹钢门	8 m² 空腹钢窗
27	5-182	钢筋场外运输	t	1.299	89.15	17.89	8.75	62.51	0.92							
28	补	现浇梁、板、柱层高超过3.6m增加费用	10m³	0.63	87.02	55.99	22.26	8.78	2.73							
		小计			14283.66	3088.43	10294.8	900.93	125.38	5.71	12.59	23.30	28.32			
		构件运输及安装工程														
29	7-4	I类预制构件运输	10m³	0.58	715.18	64.21	16.76	634.21	3.13							
30	7-11	II类预制构件运输	10m³	0.12	133.62	9.64	4.45	119.52	0.47							
31	7-88	预制过梁安装	10m³	0.118	125.90	102.18	22.38	1.33	4.98	0.02	0.10	0.52	0.06			
32	7-100	空心板安装	10m³	0.57	286.89	130.87	152.80	3.22	6.38	0.20	0.43	0.52	1.25			
		小计			1261.58	306.90	196.39	758.29	14.96	0.22	0.53	0.52	1.31			
		门窗、木结构工程														
33	8-157	普通钢门安装	100m²	0.16	1802.33	124.48	1661.76	16.09	6.07	0.06	0.14	0.04	0.03		16.0	
34	8-159	普通钢窗安装	100m²	0.21	1855.97	135.74	1699.12	21.11	6.62	0.07	0.18	0.05	0.04			21.0
35	8-161	钢门窗安玻璃	100m²	0.23	489.93	44.32	445.60	37.20	2.16	0.13	0.32	0.09	0.07			
		小计			4148.22	304.54	3806.48	37.20	14.85						16.0	21.0
		楼地面工程														
36	9-1	素土垫层(室内回填土)	10m³	0.56	63.50	50.28	0.62	12.6	2.45				1.12			
37	9-2换	3:7灰土垫层(基础)	10m³	1.66	657.75	307.90	250.23	99.62	15.02				3.35	4.16		

续表

序号	定额编号	工程项目名称	计量单位	数量	预算总价(元)	其中			1 工日 综合用工	2 t 42.5级水泥	3 t 中砂	4 t 碎石	5 m³ 水	6 t 生石灰	7 t 32.5级水泥	8
						人工费(元)	材料费(元)	机械费(元)								
38	9-22	1:6水泥焦渣垫层(屋面)	10m³	1.38	1432.19	264.79	1142.56	24.84	12.92				9.74		3.55	
39	9-23换	C10混凝土垫层(柱基)	10m³	0.05	76.27	16.14	57.13	3.00	0.79		0.38	0.66	0.34		0.14	
40	9-23	C15混凝土垫层(地面)	10m³	0.49	782.24	131.79	625.93	24.52	6.43	1.37	3.70	6.45	3.34			
41	9-25	20厚水泥砂浆找平(屋面)	100m²	1.22	647.52	200.08	425.48	21.96	9.76	1.25	4.95		0.93			
42	9-142	20厚水泥砂浆面层	100m²	0.82	543.06	237.02	297.26	8.78	11.56	0.80	2.66		3.66		0.12	
43	9-145	水泥砂浆踢脚	100m²	0.07	88.93	53.94	34.00	0.99	2.63	0.10	0.27		0.06		0.01	
44	9-148	水泥砂浆台阶面层	100m²	0.02	27.89	15.08	12.47	0.34	0.74	0.04	0.09		0.14			
45	9-208	混凝土散水	100m²	0.40	1118.92	438.04	628.69	52.19	21.37	0.82	2.14	3.16	4.23	1.60		
46	9-211	混凝土台阶	100m²	0.02	99.28	35.11	57.63	6.54	1.71	0.07	0.18	0.32	0.54	0.12		
		小计			5537.55	1750.17	3532.00	255.38	85.38	4.45	14.37	10.59	27.45	5.88	3.82	
		屋面工程														
47	10-15	三毡四油带砂防水层	100m²	1.32	3453.81	299.82	3153.64	0.34	14.63							
48	10-59	铁皮排水(水落管等)	100m²	0.08	308.18	47.97	260.21		2.34							
49	11-207	加气混凝土块保温	10m³	1.80	2459.66	183.02	2276.64	0.34	8.93							
		小计			6221.64	530.81	5690.49	0.34	25.90							
		装饰工程														
50	12-1	天棚普通抹灰	100m²	1.21	620.46	322.72	285.81	11.93	15.74	0.41	2.67		1.91	0.57		
51	12-13	内墙中级抹灰	100m²	2.06	993.54	651.19	319.40	22.95	31.77	0.02	7.07		4.14	1.36		

续表

序号	定额编号	工程项目名称	计量单位	数量	预算总价（元）	人工费（元）	材料费（元）	机械费（元）	综合用工（工日）	42.5级水泥（t）	中砂（t）	32.5级水泥（t）	水（m³）	白石子（t）	生石灰（t）	8
									1	2	3	4	5	6	7	8
						其中										
52	12-31	独立柱中级抹灰	100m²	0.07	47.71	30.97	15.94	0.81	1.51		0.20		0.12	0.03		
53	12-76	水刷石墙裙	100m²	0.43	660.85	359.92	296.69	4.24	17.56	0.55	0.96	0.06	1.18	0.67		
54	12-87	干粘石墙面	100m²	1.17	1532.54	724.59	790.39	17.55	35.35	1.00	3.96	0.18	1.04	0.70		
55	12-91	干粘石普通腰线（挑檐立面）	100m²	0.15	392.34	290.00	99.96	2.38	14.15	0.17	0.52	0.02	0.14	0.09		
56	12-230	钢门窗防锈漆一遍	100m²	0.36	89.71	28.56	61.15		1.39							
57	12-232	钢门窗调和漆两遍	100m²	0.36	166.04	71.22	94.82		3.47							
58	12-286	天棚、墙面等喷大白	100m²	3.34	176.69	139.01	37.68		6.78							
69	12-294	预制板底清洗油腻	100m²	0.88	92.29	20.39	71.90		0.99							
		小计			4756.80	2630.20	2066.84	59.76	128.3	2.14	15.36	0.26	10.72	1.43	1.96	
60	16-19	建筑物垂直运输	100m²	0.97	1495.72			1495.72								
		预算直接费			51984.91											
		其中　人工费				13369.46										
		材料费					34753.34									
		机械费						3862.11								

（5）工程量计算表，见表8-4～表8-6。

表 8-4　　　　　　　　门 窗 工 程 量 计 算 表

门窗编号	所用材料	洞口尺寸 m（宽×高）	一樘面积 m²	总樘数	总面积 m²	所在部位及面积 m² 一层 外墙 370	所在部位及面积 m² 一层 内墙 240
M-1	钢门	1.5×3.1	4.65	2	9.30	9.30/2	
M-2	钢门	1.0×3.1	3.10	2	6.20		6.20/2
小计		钢门			15.50		
C-1	钢窗	1.5×2.1	3.15	5	15.75	15.75/5	
C-2	钢窗	2.4×2.1	5.04	1	5.04		5.04/1
小计		钢窗			20.79		
合计						25.05	11.24

表 8-5　　　　　　　墙体埋件及空心板分布统计表

构件名称	单件体积 m³	数量	总体积 m³	所在部位及体积 m³ 一层 外墙 370	所在部位及体积 m³ 一层 内墙 240
预制过梁					
GLA4106	0.065	2	0.130		0.13/2
GLA4246	0.251	1	0.251		0.251/1
GLA7156	0.133	6	0.798	0.798/6	
小计			1.18		
预制空心板					
KB33.3	0.28	18	5.04		5.04/18
KB33.(2)	0.22	3	0.66		0.66/3
小计			5.70		

注：表中预制构件体积为净用量，按《河北省建筑工程预算定额》规定安装工程量等于表中净用量，其制作及运输工程量相等，为安装工程量加定额规定的损耗。预制过梁为 $1.18/10 \times 10.15 = 1.20 m^3$，预制空心板为 $5.7/10 \times 10.10 = 5.76 m^3$。

施 工 图 预 算

表 8 - 6　　　　　　　　　　　工 程 量 计 算 表

序号	项目名称及作法	计 算 式	单位	数量
	常用基数计算			
	外墙外边线 $L_{外}$	$(11.28+8.58)\times2$	m	39.72
	外墙中心线 $L_{中}$	$39.72-4\times0.365$	m	38.26
	内墙净长线 $L_{内}$	$(3.6-0.24)+(8.1-0.24)=3.36+7.86$	m	11.22
	底层建筑面积 $S_{底}$	8.58×11.28	m²	96.78
	建筑面积 S	$S_{底}$	m²	96.78
	基础工程			
1	平整场地	$S_{底}+2L_{外}+16=96.78+2\times39.72+16$	m²	192.22
2	人工挖地槽	$V=(B+2C)\times H\times L$		
	（三类土，$H=1.35m$）	$V_{中1-1}=1.2\times1.35\times38.26$	m³	61.98
		$V_{内2-2}=1.0\times1.35\times[(3.6-0.54-0.5)+(8.1-0.54\times2)]$	m³	12.93
		小计　74.91m³		
3	人工挖地坑	$V=(a+2C)\times(b+2C)\times H$		
	（三类土，$H=1.45m$）	$V=(2.3+2\times0.3)\times(2.3+2\times0.3)\times1.45$	m³	12.19
4	C15 现浇钢筋混凝土	地圈梁体积＝宽×高×地圈梁长		
	地圈梁	$V_{中}=0.36\times0.24\times38.26$	m³	3.31
		$V_{内}=0.24\times0.24\times11.22$	m³	0.65
		小计　3.96m³		
	钢筋计算　 $\underline{\Phi}12$	$38.26\times6\times1.0638\times0.888$	kg	216.9
		$[3.36+30\times0.012\times2(向两侧锚固长度)+(7.86+30\times0.012\times2)\times1.0638(接头系数)]\times4\times0.888$	kg	46.9
	$\phi6$	$(0.36+0.24)\times2\times(38.26/0.2+1)\times0.222$	kg	51.2
		$(0.24+0.24)\times2\times(11.22/0.2+2)\times0.222$	kg	12.2
5	M5 水泥砂浆砖基础	$V=$墙厚×（设计基础高＋折加高度）×基础长－柱及地梁体积		
		$V_{中1-1}=0.365\times(1.2+0.432)\times38.26-3.31$	m³	19.48
		$V_{内2-2}=0.24\times(1.2+0.394)\times11.22-0.65$	m³	3.64
		小计　23.12m³		
6	3∶7 灰土垫层	垫层体积＝垫层宽×厚×长		
		$V_{中1-1}=1.2\times0.3\times38.26$	m³	13.77
		$V_{内2-2}=1.0\times0.3\times[(3.6-0.54-0.5)+(8.1-0.54\times2)]$	m³	2.87
		小计　16.64m³		

续表

序号	项目名称及作法	计　算　式	单位	数量
7	独立柱基础	$V=a\times b\times h+h_1/6\times[a\times b+(a+a_1)(b+b_1)+a_1\times b_1]$ $=2.1\times2.1\times0.3+0.4/6\times[2.1\times2.1+(2.1+0.5)\times(2.1+0.5)+0.5\times0.5]$	m³	2.08
	C10 混凝土垫层	$2.3\times2.3\times0.1$	m³	0.53
8	基槽回填土	$V=$ 挖土体积－设计室外地坪以下埋设物体积 $=74.19+12.19-23.12-23.12-3.96-16.64-2.08-0.53$ $-0.4\times0.4\times0.85$（室外地坪以下独立柱）$+(38.26\times0.365$ $+11.22\times0.24)\times0.15$（室外地坪以上砖基础）	m³	43.13
9	室内回填土	$V=(S_底-L_中\times墙厚-L_内\times墙厚)\times h$ $=\dfrac{(96.78-38.26\times0.365-11.22\times0.24)}{80.12}\times(0.15-0.08)$	m³	5.61
10	余土外运	$74.91+11.35-43.13-5.61$	m³	37.42
	脚手架工程			
11	外墙砌筑脚手架	$S=L_外\times高=39.72\times(4.50+0.15)$	m²	184.70
12	内墙砌筑脚手架	$S=L_内\times高=11.22\times(4.5-0.13)$	m²	49.03
13	满堂脚手架	底层净空面积	m²	80.12
14	独立柱脚手架	$S=($ 柱周长 $+3.6)\times$ 柱高 $=(0.4\times4+3.6)\times(4.5+0.8)$	m²	27.56
	混凝土及钢筋混凝土工程			
15	C20 现浇矩形柱 Z_1	柱体积＝断面面积×柱高＝$0.4\times0.4\times(4.5+0.8)$	m³	0.85
	（周长 1.6m）	（其中 3.6m 以上部分体积为 $0.4\times0.4\times(4.5-3.6)$）	m³	0.14
	钢筋计算　Φ 18	$[(0.65+0.8+0.7-0.035+3.9\times0.018)+4.5]\times4\times2.0$	kg	53.5
	Φ 6	$(0.4+0.4)\times2\times[0.65/0.1+(4.5-0.65)/0.2+1]\times0.222$	kg	9.5
16	C20 现浇圈梁	$V=$ 宽×高×圈梁长		
	3‑3 剖（内墙上）	$V_{内3-3}=0.24\times0.25\times11.22$	m³	0.67
	4‑4 剖（外墙上）	$V_{中4-4}=0.24\times0.4\times(10.8+0.12)\times2$	m³	2.10
	5‑5 剖（外墙上）	$V_{中5-5}=(0.24\times0.25+0.12\times0.15)\times(8.1+0.12)\times2$	m³	1.28
		小计　4.05m³（均超过 3.6m）		
	钢筋计算			
	3‑3 剖　Φ 12	同内墙地圈梁	kg	46.9
	Φ 6	$(0.24+0.25)\times2\times(11.22/0.2+2)\times0.222$	kg	12.6
	4‑4 剖　Φ 12	$(10.92+30\times0.012\times2)\times2\times1.0638\times4\times0.888$	kg	88.0
	Φ 6	$(0.24+0.4)\times2\times(10.92/0.2+1)\times2\times0.222$	kg	31.6
	5‑5 剖　Φ 12	$(8.22+30\times0.012\times2)\times2\times1.0638\times4\times0.888$	kg	67.6

续表

序号	项目名称及作法	计　算　式	单位	数量
	Φ6	$(0.21+0.23+0.37+0.09+12.5\times0.006)\times(8.22/0.2+1)\times2\times0.222$	kg	18.2
17	C20 现浇构造柱	柱体积＝断面面积(包括与砖咬接部分)×柱高		
	外墙四角处	$V_{中}=[(0.24+0.03)\times0.24+0.24\times0.03]\times4.5\times4$	m³	1.30
	外墙 B 轴处	$V_{中}=(0.24+0.03\times2)\times0.24\times4.5$	m³	0.32
	内墙交接处	$V_{内}=[(0.24+0.03\times2)\times0.24+0.24\times0.03]\times4.5$	m³	0.36
		小计　1.98m³(其中超过 3.6m 构造柱体积为 0.4m³)		
	钢筋计算　Φ12	$(4.5+30\times0.012)\times4\times0.888\times6$	kg	103.6
	Φ6	$(0.24+0.24)\times2\times(4.5/0.2+1)\times0.222\times6$	kg	30.0
18	墙体拉接筋计算			
	Φ6 ⌐字型	$(1.12\times2+12.5\times0.006)\times2\times(4.5/0.5+1)\times0.222\times4$	kg	41.1
	─字型	$(2.24+12.5\times0.006)\times2\times(4.5/0.5+1)\times0.222$	kg	10.3
	⊥字型	$(2.24+1.12\times4+12.5\times0.006\times3)\times(4.5/0.5+1)\times0.222$	kg	15.4
		小计　66.8kg		
19	C20 现浇单梁	$V＝梁宽\times梁高\times梁长$		
	L_1	$V=0.25\times0.5\times(8.1+0.24)$	m³	1.04
	L_2	$V=0.25\times0.4\times(7.2-0.24-0.25)$	m³	0.67
		小计　1.71m³(均超过 3.6m)		
	钢筋计算 L_1　Φ18	$(8.34-0.025\times2+0.15\times2)\times4\times2.0$	kg	68.7
	Φ12	$(5.1-0.025+1.0)\times2\times0.888$	kg	10.8
	Φ20	$(1.5+3.0-0.025)\times2\times2.47$	kg	22.1
	Φ8	$(0.25+0.5)\times2\times[2.5/0.1+(8.29-2.5)/0.2+1]\times0.395$	kg	32.6
	L_2　Φ18	$(7.2+0.24-0.025\times2+0.15\times2)\times3\times2.0$	kg	46.1
	Φ12	$(3.6-0.025+1.0)\times2\times0.888$	kg	8.1
	Φ20	$(1.0+3.6-0.025)\times1\times2.47$	kg	11.3
	Φ8	$(0.25+0.4)\times2\times[2.0/0.1+(7.39-2.0)/0.2+1]\times0.395$	kg	24.6
20	C20 现浇雨蓬	3.24×0.6	m²	1.94
	雨蓬梁(按过梁计)	$0.25\times0.5\times3.24$	m³	0.41
	钢筋计算　Φ22	$(3.24-0.025\times2)\times4\times2.98$	kg	38.0
	Φ8	$(0.25+0.5)\times2\times(3.19/0.2+1)\times0.395$	kg	10.0
	Φ10	$(0.85-0.025\times2+6.25\times0.006)\times(3.19/0.2+1)\times0.617$	kg	9.0
	Φ6	$(3.19+12.5\times0.006)\times0.6/0.2\times0.222$	kg	2.2

续表

序号	项目名称及作法	计 算 式	单位	数量
21	C20 现浇挑檐	$(39.72+4\times0.6)\times0.6\times0.07+(39.72+4\times0.6)\times0.23\times0.06$	m³	2.4
	钢筋计算　φ8	$(0.84+0.3-0.025\times2+0.1)\times39.72/0.2\times0.617$	kg	145.8
	φ8 放射筋	$1.92\times5\times0.395\times4$	kg	3.03
	φ6	$(39.72+0.3)[平均长度]\times6\times1.031\times0.222$	kg	54.0
22	C20 预制过梁	见墙体埋件及空心板表附注	m³	1.20
	钢筋计算	$13.84(查标准图集)\times6+4.19\times2+21.33\times1$	kg	112.8
23	C30 空心板	见墙体埋件及空心板表附注	m³	5.76
	钢筋计算	$13.3(查标准图集)\times18+9.8\times3$	kg	268.8
		超过 3.6m 现浇钢筋混凝土构件共计　$0.14+4.05+0.4+1.71$ $=6.30m^3$		
	砌筑工程	$V=(墙长\times高度-门窗洞口面积)\times墙厚-钢筋混凝土构件$ 体积		
24	M5 混合砂浆外墙	$V_{中}=(38.26\times4.5-25.05)\times0.365-1.30-0.32-2.10-1.28$	m³	48.70
25	M5 混合砂浆内墙	$V_{内}=[11.22\times(4.5-0.13)-11.24]\times0.24-0.36-0.67$	m³	8.04
	构件运输及安装			
26	Ⅰ类预制构件运输	空心板运输	m³	5.76
27	Ⅱ类预制构件运输	预制过梁运输	m³	1.20
28	空心板安装	见墙体埋件及空心板表	m³	1.18
29	预制过梁安装	见墙体埋件及空心板表	m³	5.70
	门窗、木结构工程			
30	钢门	见门窗表(其中门亮 2.5m²)	m²	15.50
31	钢窗	见门窗表	m²	20.79
	楼地面工程			
32	混凝土台阶	$3.6\times1.0-3.0\times0.7$	m²	1.50
33	1∶2.5 水泥砂浆面层	同上	m²	1.50
34	地面 20 厚 1∶2.5 水泥砂浆面层	$S=(S_{净}+台阶平台部分)=80.12+(3.6-1.5)$	m²	82.22
35	C15 混凝土垫层	$V=地面面层面积\times垫层厚=82.22\times0.06$	m²	4.93
36	混凝土散水	$S=(L_{外}-台阶长)\times散水宽+4\times散水宽\times散水宽$ $=(39.72-3.6)\times1.0+4\times1.0\times1.0$	m²	40.12
37	水泥砂浆踢脚	$(38.26+11.22\times2)\times0.12$	m²	7.28

序号	项目名称及作法	计　算　式	单位	数量
	屋面工程			
38	1:6水泥焦渣找坡层	$[S_底+(L_外+4×檐宽)×檐宽]×平均厚度$ $=\dfrac{[96.78+(39.72+4×0.6)×0.6]}{122.05}×(8.34×2\%/2+0.03)$	m²	13.84
39	加气混凝土保温层	$[96.78-(38.26×0.18+4×0.18^2)]×0.2$	m²	17.95
40	1:2.5水泥砂浆找平层	122.05	m²	122.05
41	三毡四油一砂防水层	$122.05+(39.72+4×0.6)×0.23$	m²	131.74
42	铁皮排水	一根水落管长 4.5+0.15=4.65m 铁皮排水面积=$(4.65×0.32+0.16+0.45)×4$	m²	8.39
	装饰工程			
43	天棚普通抹灰	$S_净+梁侧面积=80.12+(8.1-0.24)×0.5×2+(7.2-0.24-0.25)×0.4×2$	m²	93.35
	挑檐底面抹灰	$(39.72+4×0.6)×0.6$	m²	25.27
	雨蓬底面抹灰	同雨蓬工程量	m²	1.94
		小计　120.56m²		
44	预制板底清洗油腻	$3.3×1.18×18+3.3×0.88×6$	m²	87.52
45	水刷石外墙裙	$L_外×裙高-M1宽×2×(裙高-室内外高差)=39.72×(1.0+0.15)-1.5×2×(1.05-0.15)$	m²	42.68
46	干粘石外墙	$L_外×(墙高+室内外高差)-门窗面积-外墙裙面积=39.72×(4.5+0.15)-25.05-42.68$	m²	116.97
47	挑檐立面干粘石	$(39.72+4×0.6)×(0.3+0.06)$	m²	15.16
48	内墙中级抹灰			
	外墙内面抹灰	$(38.26-4×0.365-0.24×3)×(4.5-0.13)-25.05(门窗面积)$	m²	132.62
	内墙面抹灰	$[(11.22-0.24)×(4.5-0.13)-11.24(门窗面积)]×2$	m²	73.49
		小计　206.11m²		
49	独立柱抹灰	$(0.4+0.4)×2×(4.5-0.13)$	m²	6.99
50	天棚、墙面等喷大白	$120.56+206.11+6.99$	m²	333.66
51	钢门窗油漆	$(15.5+20.79)×1.00$	m²	36.29
52	垂直运输	同建筑面积	m²	96.78

序号	项目名称及作法	计　算　式	单位	数量
		混凝土及钢筋混凝土分部钢筋图纸消耗量汇总		
		Φ10 以内　（221.5＋203＋9）×（1＋3％）＝446kg＝0.446t		
		Φ20 以内　（588.3＋114.8＋33.4）×（1＋3％）＝814kg＝0.814t		
		Φ20 以外　38×（1＋3％）＝39.1kg＝0.039t		
		共计　1.299t		
		钢筋定额消耗量汇总（经材料分析得到）		
		Φ10 以内　0.643t		
		Φ20 以内　0.933t		
		Φ20 以外　0.088t		
		共计　1.664t		
		由于（1.664－1.299)/1.664＞3％，需进行重量调整，其调整量分别为：		
		Φ10 以内　－0.197t		
		Φ20 以内　－0.119t		
		Φ20 以内　－0.049t		

参 考 文 献

[1] 中华人民共和国住房和城乡建设部，中华人民共和国国家质量监督检验检疫总局. GB 50500—2013 建设工程工程量清单计价规范 [S]. 北京：中国计划出版社，2013.

[2] 中华人民共和国住房和城乡建设部，中华人民共和国国家质量监督检验检疫总局. GB 50854—2013 房屋建筑与装饰工程工程量计算规范 [S]. 北京：中国计划出版社，2013.

[3] 中华人民共和国建设部标准定额司. GJD—101—1995 全国统一建筑工程基础定额 [S]. 北京：中国计划出版社，1995.

[4] 中国建设工程造价管理协会. 建设项目施工图预算编审规程 [S]. 北京：中国计划出版社，2010.

[5] 袁建新，迟晓明. 建筑工程预算 [M]. 3 版. 北京：中国建筑工业出版社，2007.

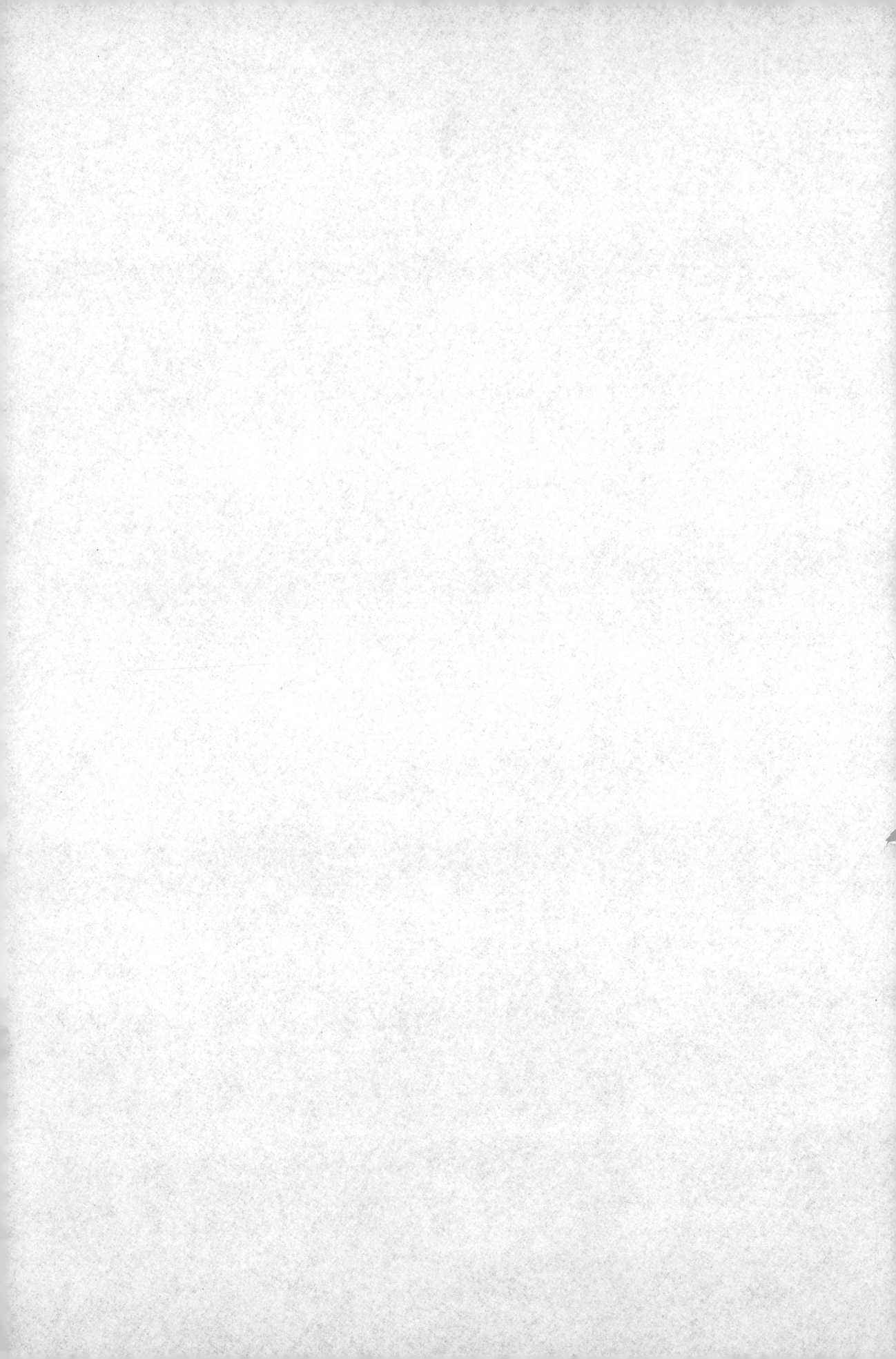